畢業就在夢想的路上，強大！

斜槓青年23歲年薪百萬的密技，學習＋規劃＋自律，30歲前實踐夢想

另維　著

Part 1

Study
人生的路，每一步都算數

如何不虛度年輕時光？——名校大學生是怎樣學習的 006
成功學生的失敗人生，失敗學生的成功人生 021
那個不會穿的女孩的面試 033
糊弄過的，早晚要還 054
那個想太多的高中生 069
人生的路，每一步都算數 079

Part 2

Self-discipline
成功的人，是自律的普通人

悔恨錄：只長年齡，不長見識的人 104
成功的人，是自律的普通人 116
心理學：如何快速學會自律 124
心理學：工作和健康，真的需要二選一嗎 135
減肥是最簡單的自律練習題 146

目錄
CONTENTS

來一盤好玩的心理學 166

Part 3
Choices
他們為什麼長成了兒時夢想的樣子

他們為什麼長成了兒時夢想的樣子 176
斜槓青年：怎樣一個人拿五份薪水 190
除了朝九晚五，這世上還有很多賺錢的方法——
年薪百萬的旅行體驗師 203
這個時代，沒有鐵飯碗，也沒有不務正業 225
我的少年貪玩史 239

Part 4
Passion
用喜歡的方式過一生是怎樣的感覺

年薪百萬的大學畢業生是怎樣生活的 252
用喜歡的方式過一生是怎樣的感覺 261
兩分鐘的贏家 280

少年，請熱愛你最後的莽撞 324
兩千萬人的城市，我們都有自己的位置 341
尾聲 364

後記

後記1 十八歲：祝賀你高中畢業，不聽話的大人 366
後記2 十九歲：大學生活日記 379

參考文獻 392

Part 1

Study
人生的路，每一步都算數

All men should strive to learn before they die, what they are running from, and to, and why.

—James Thurber

人類應該拚命學習，直至死亡。

——詹姆斯．瑟伯

如何不虛度年輕時光？——名校大學生是怎樣學習的

「上大學你就輕鬆了！」

高中老師騙我。

1

這是我對大學最深刻的記憶。

午夜十二點，我睏了，離完成預習任務還遙遙無期。

我洗把臉，塗好睡眠面膜，離開寢室，迎著月亮穿過櫻花林，去二十四小時圖書館。西雅圖的晚風好涼。

圖書館三層樓。到處是人，燈火通明裡，認真的年輕面龐們安安靜靜。長夜中唯一的聲響是廣播，深夜一點的廣播。「一樓咖啡廳還有十五分鐘關門，需要咖啡和宵夜的同學請先休息一下，快點過來。」我在圖書館裡受這種環境刺激的時候，學習效率會高一點。

我記得深，因為那幾年的大多數夜晚，都是這麼過去的。

2

高中老師說，只要考上好大學，你就從此高枕無憂，想怎麼玩怎麼玩。她又騙我。

越好的大學，越是煉獄。

這所大學世界排名第十。

教授講課，旁徵博引，天馬行空，還快，完全不考慮我的接受能力。我剛出國，英語原本就不是母語，如果不事先預習，我經常半天聽不出我在學什麼。可是那些又貴又厚的大學課本，預習起來，每天少則四十頁，多則上百頁。密密麻麻的字母，看著看著就不知是哪一行了，教授還在孜孜不倦地往 E-mail 裡塞臨時讀物。

剛開學，我堅決不落後。二十四小時圖書館耗到天亮。

我想，可以了，我這麼努力，就算沒讀完，也肯定已經在大多數人前面了。第一天進教室，傻眼。幾百人，放眼望去，所有人的課本都標滿記號，還手拿筆記。借同桌的預習文件一看，全是思考總結和要問的問題，而我工整抄下許多小標題和加粗句，以為能加深印象。

課堂討論，別人隨便一張口，就跟演講一樣。我被那強有力的思想、邏輯和表達能力驚呆了——這都是什麼時候想出來的？預習的時候嗎？為什麼我連課本都讀不完，而他總結了全文，還能額外思考？

我跟不上，不是我不努力，是別人花同樣的時間努力，還比我會努力。

我每天都很憂鬱。高中的基礎太差，我根本跟不上大學的節奏。又好像，也不是我的錯。好多同學的口語、知識面和學習能力，簡直比我的高中老師還好。落後的不僅是我，還有我出生長大的地方。

更絕望了。

3

很長一段時間，我所有的時間都花進去了，不見任何成效。怎麼看都是個十足的蠢貨。

束手無策。

我學習習慣差，攤開課本會尿急、口渴、手癢。生理需求解決完了，眼睛還黏在手機上，刷一會兒熱門搜尋，再發一則「不預習，不睡覺」的正能量微博，眼睛好累……

學習的壓力越大，我越無法集中精神，時間耽誤一秒少一秒，我每天熬夜，熬到後半夜，急得掉眼淚。可講課進度那麼快，一晚上哭過去，第二天只會落後得更遠。

只好邊哭邊學，邊學邊哭。

我那時在學心理學。

學到人的日常行為和習慣的聯繫，說神經元時刻都在努力記憶我們的行為。比如，學習時摸一次手機，神經元就會記住一次學習和摸手機的聯繫，重複使下一次行為更容易。於是，下次我們會更加地，在學習時想摸手機。行為聯繫重複到一定程度，會形成模式，永久儲存在我們的基底核裡。這便是習慣。

就算我們後來改掉了習慣，一旦重新接觸相關行為，觸發了神經元對它的記憶，習慣很容易再次形成。花過大量時間練習鋼琴或者籃球的人，就算忘記了，再接觸也會學得很快，便是這個原理。發生過的一切，神經元會記得，有過的好習慣壞習慣，都會伴隨一生。

我如獲至寶。

從此以後，我學習的時候，每一次想到手機，我都急忙念念有詞。

「不，不能讓學習和摸手機產生聯繫，要讓基底核把學習和專注連在一起！快發生作用吧！基底核！」

我知道，每一次自控，都會讓下次自控更容易。有一天我會不再需要自控，那一天優秀會變成我的習慣。

我像一個受虐狂，每天想方設法做叫自己難受的事。

幾年後的暑假，我在奧美實習。年輕同事問我：「另維，你為什麼一來就進入工作狀態了？也沒見你沒事摸手機刷東西什麼的，怎麼做到的啊？求祕笈！」

我這才驚覺，我好像不是剛上大學時的自己了。

原來，學過的知識，會過時，會遺忘，但在努力過程中學會的處事態度和做事習慣，都會留在骨子裡，變成我們的一部分。

4

網路上常有人說，呵呵，晚上熬夜，只能說明白天效率不高。

我想他們大概沒有見過，這世上的許多人，白天效率極高，零碎時間全部利用，晚上依然努力熬夜不知疲倦。這世界充滿可能性，要學的、能玩的、想知道的、可改變的都太多了，一週一百六十八個小時根本不夠用。

他們沒有見過這種人，也不願相信這種存在。二十年後，他們在微信公眾號裡讀到別人驚人的履歷，評論——「目測背景了得」「假得滿屏（螢幕）都是尷尬」。

他們在評論裡和意見不同者爭得面紅耳赤，然後一連幾天都為源源不斷的按讚揚揚自得。他們或許一生都不會知道，這世上有一種二十來歲，時間要一小時一小時安排，對下班和週休二日沒有概念，人生狀態一年一個新樣子，因為年輕的一年時光，實在能做太多事了。

羅CC是我金融課的同學，深圳人。

第一次進教室，我們認出對方是僅有的中國留學生，同桌以示友好，望結成同盟互相幫助。

第二節課，她的位置空了。

商學院錄取率22%，投資銀行（簡稱投行）、四大[1]和世界五百大們，每週站在教學樓大廳裡開交流會，簡直是一張名企業通行證。都熬到這一步了，竟然自暴自棄，剛開學就蹺課。那個曾經努力奮鬥的她看到自己今天的樣子，會哭吧。

第三節課，她依然沒來。我嘆息，都怪我心大，找個盟軍都看走眼，這門課只能孤軍奮戰了。

一週後，羅CC出現了。來得很早，找我借筆記。我注意到，她課程教材上的例題和練習題，已經全部用鉛筆輕輕寫了一遍。她拿著我寫得滿滿的筆記，一行一行，對照修改。擦掉鉛筆換上中性筆，動作很快。

抄完，道謝。問我畫問號的地方現在懂了嗎，要不要她跟我講解一下。

我有點震驚。

她聽講很有自己的節奏。只聽做了記號的題，邊聽邊核對預習筆記。有時候核對完了，教授還沒講完，她就換上鉛筆，翻到下一章預習。跟我說，教授講到下一題了喊她。

我一臉懵，這是何方神聖。

課間，羅CC排隊問問題。排隊的人很多，輪到羅CC，她首先向教授道歉。

「我上週在亞利桑那州打比賽，錯過了兩節課，對不起。」

一口流利的英語。教授眼睛一亮。

「你就是我們班的高爾夫球運動員！你上週的比賽轉播我看了，表現太棒了！恭喜！為你驕傲！」

她居然是NCAA的student-athlete，美國人叫學生運動員。我們俗稱的體育生！

NCAA是全美大學生體育協會，包含無數運動項目。熟悉NBA的人知道，NCAA每年為NBA輸送新兵，相當於中國的國家青年隊。美國人要求職業運動員至少擁有大學學歷，讀書比賽兩不誤。於是，美國大學裡的體育生，地位最高，獎學金最豐厚，也最累。他們每天下午訓練，只能上午上課。作業多，節奏快，大考小考一個接一個。他們卻要像NBA隊員那樣，在全美各地，不同的客場之間飛去飛回，直到球隊被淘汰。

學校的高爾夫球隊全國聞名，是Division 1（NCAA第一級別），甲A級。也就是說，羅CC的賽期，幾乎長達整個學年。在這期間，她每週要保證二十個小時以上的訓練，時時刻刻背負著比賽排名和反覆出差的壓力。

文化課沒辦法上？缺課自己操心補[2]，錯過的考試，自己提前去找教授，安排補考時間。作業，我想不出她拿什麼時間寫。日常的體育訓練耗時間更耗體力。有比賽了，更是少則缺課四五天，多則一週以上。一學期一共才十一週左右。

她才二十歲。

而我，僅僅是面對學習壓力，就已經哭天喊地了。

她到底怎麼活下來的。

我天天跟著她，跟著跟著就懂了。

十二點二十分下課。她買完三明治和咖啡，去最近的圖書館自習，路上已經吃完午飯。屁股還沒坐穩，眼睛已經盯在了作業本上。精神高度集中，我坐在旁邊好像空氣一樣。時間一到，說一句「再見」，起身就走。整個上午，她簡直每一秒鐘都是掐著過的，一天的效率，至少抵我三天。

我高中時，月平均寫小說六萬字，成績卻很差。

班導師說：「都是你天天上課寫小說耽誤的，必須把全部時間和心思放到功課上，你的人生才會有出路。」

上大學後，為了跟上學業，我首先停止寫小說，直到遇見羅CC。

羅CC每次上課，都是有備而來。我問她到底從哪裡擠的時間，她說：「飛機上。」

我說：「飛機上學習我也試過，太難受了，光線不好，還總有人打斷你，根本無法集中精神。還是圖書館裡有效率，安靜，還有旁人用行動鞭策你。」

她說：「我也覺得。可是如果我不在飛機上看，就真的沒有時間看了。」

原來，我成績差不是因為寫小說，而是我沒有合理管控自己，利用時間。還找藉口。

那門金融課，羅CC結業成績4.0，滿分。拚盡了全力拿到3.4分的我目瞪口呆。

從此以後，每一次想放棄，我都更用力地強迫自己——

「為了寫作，高效完成學習任務吧，我沒有其他時間了。」

幾年後，我十五萬字的遊記小說在上學的間隙寫完了，暢銷了。

因為親眼看見世上有人那麼活著。我相信了曾經以為的不可能。

哦，同年夏天，羅CC打出全國總決賽最後一桿，學校高爾夫球隊問鼎NCAA全國總冠軍。

一時間，學校官網首頁是她，美國電視轉播是她，中國高爾夫球官方微博在介紹她，亞洲校友群在討論她。我發微信恭喜她，大約是恭喜的人太多了，她發了個社群動態。

——After winning? A typical day of a student-athlete.

「賽後生活？我是一個『學生』運動員。」

配圖是股票課作業。

言下之意明顯了：我在學習啊啊啊！沒回微信不要怪罪！

當時我正在做《我們都是和自己賽跑的人》的巡迴簽書活動，夜半休息，刷到羅ＣＣ，忍不住爬起來，寫藉口持續出差拖欠的新小說。

5

在商學院，羅ＣＣ不是最拚的。

稅法課，餅乾妹知道的，比R教授講的還多。我好奇原因。

她說：「工作的時候見過啊，同事教的。」她居然每天上午上課，下午在普華永道的稅務組實習，一週至少二十個小時。

我震驚：「功課忙成這樣，你還在四大實習？這是稅季啊！不是說稅季的四大忙到過勞死嗎？」

她說：「是很忙呀。我上班去了，幫我問下這幾個課程重點，晚上去圖書館找你。」下課鈴一響，餅乾妹匆匆收好文具，塞給我一張紙。

我偷偷計算，四大實習時薪二十五美元，那麼她現在月薪一萬四千元人民幣，還不算加班！

商學院的專屬圖書館，清晨七點開門。週末很少有人相約自習，反正幾乎都會去。

餅乾妹喜歡在週五深夜的微信群組裡發文：「各位，這是我剛剛烤好的餅乾，想吃的明天來我座位拿！」——這也是餅乾妹稱號的由來。

她餅乾烤得極好，作業答題也厲害，我特別喜歡坐在她旁邊。

我問問題。她擺手：「我睡十五分鐘好嗎？太睏了，十五分鐘後一定要叫醒我，我跟你講解。」我說：「好。」話音未落，她已經睡熟了。

她是有多累，才能這麼在圖書館課桌上一趴，就一秒不省人事啊。

一個普通週末而已。

她的網路社群個人頁面裡，不是旅行照，就是餅乾照，或者穿著花裙子拿著名牌包的美顏照，一副歲月靜好的樣子。

十五分鐘後。餅乾妹活力充沛，精神奕奕。

我說：「你這麼拚，社群頁面看起來像個無業遊民少奶奶，迷惑一眾競爭對手呀。」

她說：「不是故意的。」她只在放假的時候打開朋友圈，平時都關閉著。

我驚訝：「朋友圈還能關閉？」

餅乾妹示範：我—設置—通用—發現頁管理—朋友圈—點擊關閉。

朋友圈功能徹底消失在了「發現」一欄。

餅乾妹說：「我一刷朋友圈就停不下來，時間都浪費了，只好乾脆關掉，放假再開。」

她說：「我跟 Yuhao 學長學的，早兩年他一直強迫自己每週只開一小時朋友圈，兩個學期之後就沒有刷朋友圈的習慣了。我還在這個過程之中。」

我忽然想起一件事。

稅法本來就錯綜複雜，R 教授還天馬行空。一上課，全班都要撞牆。第一週，有人開始喜歡 R

教授的課了，說雖然上他的課門檻高，但聽進去了就會發現他名不虛傳。

我觀察她，原來她上課錄音，下課反覆聽。

我默默興奮。找到好方法了！明天就用起來！我真是太善於吸納優點了！我不成功誰成功？第二天進教室，懵了。全班八十個人，人人桌上的手機都是錄音介面。別說成功了，沒有在一天之內吸納方法的能力，我就是全班倒數第一。

我讀到大學快畢業，偶爾還是壓抑得想哭。

競爭太激烈了。每個人都在拚命學習別人的優點。誰有個優點，馬上能像瘟疫一般散播開來。每個人的優秀都是多向度的，大家彼此認可，也互相輾壓，再努力都是相對靜止的。

好累。到底什麼時候才是個頭。

盡頭還沒熬到，先發現自己變了。曾經的艱難不難了。以為會把我搞死的障礙，都被我搞死了。我越活越好。

大學幾年，人脫胎換骨得自己都不敢相信。

6

學校很盛行出國交換。外國來的交換生，會有本校生做新手嚮導。北京清華和北京大學都是我們的友好學校，每年秋天互相派送十名交換生。如此一來，我認識了清華哥。

他們介紹：「跟你做新手村任務的，是北京清華大學生物系第一名哦！獎學金拿到手軟，這次來交換一學期，國家每個月給他生活費一千兩百美元。」每個月八千四百塊人民幣零花錢，還是政府給的。我撲上去頂禮膜拜。

那一年，中國還沒有霜凍優格，清華哥覺得新鮮極了，捉住店員瘋狂發問。一張口，我嚇了一跳。

那是一口濃郁的中式英語，沒有一個詞的發音是準的。我聽了足足三十秒，才發現他說的不是閩南話。

——北京清華也太不重視學生口語了，弄個英語練習班不行嗎？

我聽不下去，幫他說。尺有所短，寸有所長，做人不要太勉強。

他拒絕，非要自己說，說不明白就手腳加表情並用。一時間，人人進店都瞄他幾眼。我忍不住離他遠一點。

後來我聽到傳言。

「有人連去中餐廳都要狂說英文，店員跟他說中文他回英文，白痴。」

「而且還說得慘不忍睹！那發音標準閩南語系，連語言班的白痴都聽不下去地糾正他。」

「出來交換三個月，還把自己當美國人了，屌絲（魯蛇）裝模作樣真可怕！」

我悲痛地想，真是砸清華的牌子。

清華哥回國前，我們吃餞別飯。他張口點單，又嚇我一跳。

「你是掉進山洞撿到了《九陽真經》嗎？閉上眼睛聽的話，你完全是個美國人！」我驚叫，才三個多月啊！

他不好意思地笑了笑說：「抓住了一切機會狂聽狂說而已。我沒有你們機會好，常年生活在美國。我可能一輩子只有這三個月可以在純英語環境裡，盡量多收穫一些。」

我想照舊打趣：如今的美國西海岸，算哪門子純英語環境，中餐廳遍地，商場有中文導購，放眼望去，全是中國人，除了上課和寫作業簡直用不著英語，根本不是學語言的好去處。

但我羞愧得說不出來。

他怎麼就做到了呢。

他說：「我知道自己說得不好，可是如果我不說，就永遠不會好。只要我想變好，必然要經歷一遍學習的過程，晚經歷不如早經歷。」

我連忙擺手：「不不不，你已經說得太好了，不知道的以為你高中就留學了呢！」

此時的我，已經在學心理學了，知道人的大腦裡，理解語言的部位——韋尼克氏區很早就停止發育了。因此一般說來，英語口音是否純正，不取決於人在英語環境裡生活了多久，而取決於他去英語環境的時候有多年幼。

看了太多的留學生，我下了一個結論：刻苦的高中留學生還有可能徹底擺脫口音，十八歲出國的大學生，不用痴心妄想。說得流利就好。

我就這樣以科學之名，放鬆了自我要求。我忽然有點恨自己。

清華哥長得瘦瘦的、白白的、小小的，不太起眼。他在我眼前，卻忽然高大了起來。

原來清華人厲害，不在於成績好，會考試。三百六十行，行行不一樣，而成功的充要條件大同小巽。他們知道如何做好一件事，便知道如何做好每一件事。

7

我還是小城裡的高中生的時候，挺自命不凡的。

有人說，他們都說井底之蛙可悲，卻沒有人關心，蛙走出井，看到廣袤天空的那一刻，有沒有很絕望。

特別絕望。

——是我剛上大學的那幾年的最好寫照。

我在源源不斷的震驚和懵愣裡掙扎生存，每一天都戰戰兢兢，不敢鬆懈。我以為我的人生會這樣一慘到底。我沒有想到的是，還沒畢業，我也變成別人的大神學姐了。

十八歲的新生找到我，要和我一起自習，一邊哭一邊寫作業。

「另維學姐，我沒考好，實習也沒回音，商學院應該沒戲了。我現在壓力大得吃不好睡不好，天天掉頭髮，我好羨慕你……」那表情，那眼淚，和四年前的我如出一轍。

我太知道她正在經歷什麼，即將遇見什麼了。

那是我一步一步走過的路。

我說：「別為今天看不見效果著急，就這樣堅持下去，三年之後你且看它。」

實就這幾年。

她抹了眼淚，強迫自己再做一題，雖然她還看不見，她以為那些沒有結果的辛苦遙遙無期，其

她沒有辜負時光，時光也必然不會辜負她。

我想起羅CC說過一件事。

她十八歲那年，作為體育生上美國的大學，被學業和訓練的雙重壓力嚇得屁滾尿流，已經決定了放棄文化課，隨便混個簡單學位，把高爾夫球打好就行。偶然聽說網球隊有個上海學姐，專業是很難學的建築工程。羅CC心想，這怎麼可能做到，一定要去拜訪見識一下。羅CC後來的高效，師承已經畢業的網球學姐。

我忽然明白了。

我們都會變成學姐，畢業離開，但有些東西會永遠留在這所學校。在一屆又一屆年輕的身體裡源遠流長，生生不息——是面對世界的態度、精神和習慣。我看見四年後，我已經不知在什麼地方成家立業，抹眼淚的學妹褪去了今天的稚嫩和焦躁，坐在圖書館，微笑看著一張新的十八歲面孔。

她告訴她：「別著急，三年之後你且看它。」

這一種傳承，深深扎根在這片土壤裡，徐徐飄散在這方空氣中，滋養著每一個路過的有心人。

1 四大：即世界著名的四大會計師事務所，普華永道（PwC）、德勤（DTT）、畢馬威（KPMG）、安永（EY）。

2 隊裡也會安排輔導員，一般是這門課學得特別好的學生，拿薪水的。因為體育生出校園明星，替各種球隊做文化課輔導員是美國大學裡最受歡迎的校園兼職之一。

成功學生的失敗人生，失敗學生的成功人生

弟弟十八歲了，我問他暑假去哪兒工作。

他說，我才十八啊。

我說，你都十八了。

替他著急。

又是一年夏天，華盛頓大學招了六百名中國學生，在北京和上海開新生會，叫我做演講嘉賓，分享大學生活經驗。

我本著為弟弟考慮的心，寫下這一篇大學經驗經，講三件事。

無奈想說的太多，只好寫成三部曲，一篇文章說一件事。

這是第一件事，優秀的人是怎麼規劃大學生活的。

1

手機裡有一些微信群組，不聊天，只尋資源問合作，矽谷校友群組是個典型。有人丟進一份簡歷，說是朋友的兒子，今年加州歐文大學經濟系畢業，在找工作，誰有需求。

我正巧在和冰清學姐吃飯，她在矽谷的創業公司剛剛融資，正到處託人發布徵才啟事。

我提醒她：「你不是正著急找人嗎？」

她說：「簡歷我已經看了。」

沒有第二句話，也沒在群組裡吱聲。

我好奇地點開那份簡歷。兩張紙，大三暑假在北京某銀行實習兩個月，其餘是修過的課，課堂 project，以及大一校際業餘籃球賽名次。放眼望去，大面積留白，字體過大，內容毫無重點。即使學校背景和成績都不差，我也只有兩個感想。

① 這真的是一個畢業生的簡歷嗎？

② 我也上過大學，知道大學四年能做多少事，此人四年都幹麼去了？

松桐是我的高中學弟，聰明伶俐，老中青女班導殺手，大學入學考更是超常發揮，湖北省八十多名進復旦，名噪街坊鄰居。

他大四那年，突然找我，說他在麥肯錫的卞學長，好像和我有交集，求介紹求熟人牽線。

我說：「你簡歷發一份給我，我拿去問問他。」

兩個小時後我催松桐。松桐說：「稍等下，我剛填完資料，簡歷還在生成中。」

我有點震驚。

簡歷發過來，居然是個 word 檔案。一張表格，三頁紙，放眼望去，大二暑假做過經濟學教授的助理研究員，幫忙發調查問卷和跑資料。剩下的經歷，是成績全班 Top 60%，合唱比賽，校園十大歌手，以及模範寢室……

求職網站的浮水印清晰可見。

我下巴都要掉下來了。我不知怎麼告訴他，臨到畢業，簡歷還幾乎是一張白紙，別說麥肯錫了，我自己開個小工作室，都不會為這樣的簡歷心動。

一個大學生，只要他沒有繼續深造的打算，就應該在入校的那一刻明白，大學四年是他從學生到社會人最後的過渡。他應該時時刻刻都在思考這樣一個問題：學歷我有了，還有什麼其他的準備，能讓我在找工作時脫穎而出呢？

——工作經驗、溝通能力、領導力、人脈、穿著、成績單。

他們說：「這不是廢話嗎，常識誰不知道？說得容易，學生上哪兒找工作經驗？」

你去你們學校的論壇看看，是不是有個討論區，叫「工作實習」？你去百度、微博、微信公眾號裡搜搜，是不是很多叫「某某市大學生實習」的帳號，在二十四小時輪播發送各種徵才資訊？

你只要稍微動動手，網路上都有。

你知道自己不是做學術研究的料，畢業要工作，就應該趁大學四年，在學習之餘，有意識地累積職場看重的能力，為自己拚一份有競爭力的簡歷。

你打遊戲的時候，不是深諳同樣的道理嗎？光打怪走不遠，要想未來的路寬，劇情任務、學習技能和組隊交友拜師入幫會，缺一不可。

像松桐這樣的簡歷，大一的時候找暑期實習，作為起點，可以接受。但是四年過去了，過渡期結束了，你的簡歷拿出來，還像個小孩一樣。

用人單位怎麼相信你是開門能解決客戶問題，關門能提升公司價值的專業人士？

2

我說：「如果你的目標是知名外企，首先，簡歷最好只有一張紙。HR的目光停留在你簡歷上的時間，最多六十秒，你要為他節省翻頁的精力。其次，去掉跟工作無關的私人資訊。最後，學歷是基礎參考，放在最上面，占五分之一到七分之一，絕大多數空間要留給相關工作經驗。其他特長和愛好，最後提一下就好。中英文各一份。永遠不要用word格式，要用PDF。」

小松桐說：「知道得這麼清楚，你們大學開這種課啊？果然還是美國的學校含金量高些……」

我們大學不開這種課。

大一時，我想去做餐廳工讀生，包三明治，校內打工申請需要簡歷，我匆忙網路上找了個範本，寫好交出去。面試官毫不留情，當面指著我的簡歷說：「你簡歷裡還有拼錯的單字，排版也不清晰，去Career center看看吧。」

Career center是職業規劃中心。

輔導員說：「另維，你的相關經歷描述不清晰。描述經歷的時候，雇主最看重的是你具體做了什麼。每一行要點描述，用動詞開頭，每句話說清楚一項你在工作中學會的能力，比如溝通能力、領導力、資料分析能力。用資料支撐。」

我一臉懵。我在心裡委屈：我才十八歲，剛剛高中畢業，還是個寶寶啊！

輔導員說：「你十八歲了，一個成年人，大學生。」

我後來漸漸知道，十八歲的美國人，許多已經有了數十年的工作經驗。他們從小學開始，做報童、球童、除草員，再大一點，變成服裝店店員、咖啡店店員……這是他們的文化。也因為如此，絕大多數生活在這裡的十八歲成年人，早就是寫簡歷的老手了。

是我見識太少，還理直氣壯。

我意識到我的落後，很想追趕，於是變成職業規劃中心的常客，每一段工作結束，都把簡歷更新一遍，拿去找輔導員修改。如此一來，隨時隨地都有了能立即拿出手的簡歷。

我對松桐學弟說：「每個大學都有職業規劃中心的，去看看吧。」

他去了一趟，簡歷煥然一新。他歡天喜地，只是有些後悔：大一的大部分課餘時間都用來在寢室連線打遊戲了，在職業規劃中心門前來來去去，從來不覺得跟自己有關。

學校裡上好的免費資源，浪費了四年。

3

簡歷交給了卞學長，松桐很興奮。

「有內部人員推薦，應該能拿到面試吧！我和學長有相同經歷，而且他學電子工程的，專業不對口不說，在我們學校，工科錄取線比文理科低，我應該更有優勢。」

我不可置信地確認了一下，他居然在說大學入學考。

一個大學快畢業的人，居然還在拿大學入學考說事。

大學入學考帶來的一切，榮譽也好，恥辱也罷，從邁進大學校門的那一刻起，應該已經煙消雲散了。剩下的人生路會是怎樣，全看接下來的每一天在做什麼。

我把卞學長的 LinkedIn 發給松桐。那裡面寫著學長這一路上的每一步。

我說：「你們的確都在大二暑假跟著經濟學教授做助理研究員，區別是，你整個暑假只做了這一件事，可對他而言，那是一份業餘兼職。他的全職工作是英特爾的實習生，技術組，這是他的專業背景給他的機會。這兩個經歷幫他在大三暑假找到了一份投資銀行實習工作，關注科技公司，顯然，這時候他想放棄工程師的道路跨界到商科。你看，他大三去美國做交換生，也是在商學院中排名很好的伊利諾香檳大學，選修商科課程。到這個時候，不管大學入學考把他送進了什麼專業，他都是同時具有商科學術背景和工作經驗的人了。

「大四他在麥肯錫做了九個月的ＰＴＡ，兼職助理。縱觀他的大學四年，畢業進麥肯錫，十分合理。因為這樣一份簡歷，讓人一眼看得出他大學四年的進步和規劃。

「他大二的時候已經在為進入麥肯錫做規劃了，穩紮穩打，一步一步。

「而你，助理研究員是你四年裡唯一的相關經歷，更不要提從簡歷看出興趣趨勢，和對自己職業的規劃和準備了。兩份簡歷，同樣的學歷，哪怕他成績稍稍不如你，你是老闆你選誰？」

松桐一臉懵：「我以前沒想過這個問題啊。」

可是，不管你想沒想過，那些人人都想去的公司裡，我見過的走到最後的求職者，帶去的都是寫不下的簡歷。這樣的簡歷需要從大一就準備起。

松桐很委屈。

「我從小到大，就沒好好玩過，好不容易考上復旦，想好好補償自己一回。我積極參加學校活動，合唱團，吉他社，和室友一起打DOTA，追仙俠小說，追女生……對了，我水土不服啊，光上海人不午睡的習慣就適應了大半年。我還特別想家，暑假我媽也想讓我回家陪她啊，陪了兩回，眨眼就大三了。大三著急了啊，又想考GMAT留後路，又要實習換學分，只剩下一個暑假，還是把心思放在學習上吧。我就和我媽合作，她找老家熟人開實習證明，我留在上海考GMAT……

「我也沒耽誤啊，說起來，我每個暑假都很充實，比我無所事事的人多了去了！真的，大一暑假我去偏鄉代課，大二暑假我做助理研究員，大三暑假我考了GMAT，好多人不如我呢！只怪大學四年太快，眨眼就沒了……」

4

一模一樣的困惑，我也有過。

拚盡全力考進錄取率22%的商學院，以為從此高枕無憂了，找工作時，還是沒人理我。

借來offer拿到手軟的同學的簡歷做對比。

順利開啟投行人生，進了華爾街的Bianca，雖然平時和我坐在同一間教室裡學會計，我以為她最多不過比我多了個金融專業，卻原來，她大三暑假已經在紐約的高盛實習。她從大二就開始輔修應用數學，暑假在香港皇家銀行實習。大一暑假在西雅圖的銀行實習，我查那家銀行暑期實習的申請截止日期，每年十一月。如此推算，她大一開學的第二個月，就在琢磨實習了。

大概還沒上大學，已經給自己做了完整的規劃。每學期學什麼課，要在學習之餘申請哪些暑期實習……全都一步一個腳印執行完了，才能在畢業時交出一份去哪兒都能脫穎而出的簡歷。

順利開啟諮詢人生，進了矽谷埃森哲的 Yuhao，大一的時候明明和我水準差不多。我記得他暑假時的社群動態，又是回唐山老家，又是陪媽媽旅行。平時一起上課，也沒覺得成績有天壤之別，找工作的時候，他一投一個準，我兩手空空坐在旁邊看著。

我們研究原因，他比我多兩份全職實習，都是暑假做的。

簡歷拿出來，比我的豐富，面試時聊天，比我有話聊。

大概還有舉手投足，都比我更像一個職場人士吧，畢竟真的經歷過。

都是暑假拉開的差距。剛滿二十歲的我，發出了和松桐一樣的不服氣。

我說：「暑假我沒耽誤過啊，大一暑假在上海作協參加《萌芽》筆會，和趙長天老師交流文學，大二在武漢做封閉式創作培訓。」

Yuhao 問：「筆會多久？培訓多久？」

我說：「筆會一週，培訓半個月。」

「然而暑假有將近三個月。」他繼續說：「我也會回老家，會旅行，但這些事一兩週足夠了，完全可以在兩個月的全職實習結束後或者開始前做。」

他說：「頭兩年我沒找到美國的實習，去了北京一家小型私募，也學到挺多的。」

我終於意識到，四年說起來漫長，但其實人與人之間的距離，只消兩個暑假，就能徹底拉開。

每年都有人說，我們畢業即失業。每年有百萬應屆生畢業失業，每年也都有人一堆 offer 拿到手軟，大四最大的痛苦，是「這幾家公司都挺好的，不知該選哪個」。

早早脫穎而出的人，都是早早規劃好大學四年，一步一個腳印，走出一張漂亮簡歷的人。

他們用大一和大二的暑假初嘗職場。

——這個行業我彷彿喜歡，那就去試試吧，反正年輕，它薪水低，我成本也低，累積點經驗對以後好。

他們試錯，拓視野，在經驗中更加瞭解自己。開學之後，調整選課，調整人生方向。

大三，他們對畢業之後的落腳處，已經有了基礎的概念。看準一家想作為職場起點的公司，把最後一個暑期實習給它。好好表現。表現好的實習生，大都有 return offer。

大四，他們舉手投足，已經是有經驗的職場人，被各種邀請來邀請去，給剛開始著急的同齡人開講座——我是怎麼早早被某某公司錄取的。

因為他準備得更早啊。

5

世上沒有一蹴而就的大神。

二十歲，找工作這場仗，我上來就打了個全盤皆輸，後知後覺地發現，我以為學校裡的努力學習很管用了，其實遠遠不夠。

我不甘心。

我休了 Gap Year（空檔年），離開美國，去廣州和上海做了兩份全職實習。

我返校後，變成了一個大齡姐姐，我以為年齡的劣勢會讓一個女孩子萬劫不復。但其實，我再找起工作，順利了許多。

是我變了。

我的工作經驗，磨去了我身上學生味道的毛躁和扭捏。

6

對一個十八歲的人而言，大學是他在這個世界上最好的平台。

低廉的食宿，超值的教育，全社會的包容與忍耐……如此一塊寶地，如果運用得好，就是在用最低的成本走最遠的路。不好好運用大學平台的人，被獎學金請進名校，四年後也只能泯然眾人。

同樣地，無論在什麼大學，早做準備，一定能獲得提升。

四年復旦，松桐手忙腳亂地為未來擔憂的時候，我的高中同學說起了胖子郭。

「還記得以前班上那個上課看《盜墓筆記》嚇得跳起來，被班導逮個正著的胖子郭嗎？他現在在上海月薪人民幣過萬，還當主管，人不可貌相啊，他好像是個大專生吧！」

胖子郭畢業一年，已經在康師傅帶銷售團隊了。

他從大一開始，每個週末都在路邊遮陽傘下叫賣冰紅茶。暑假全職，坐進辦公室，勤勞又機靈。

同學們到處找工作的時候，他已經被團隊主動要求畢業就過去，第二年就升了職。

我算了算，不奇怪。

按學歷，他是剛剛畢業一年的菜鳥，但是按簡歷，他是從基層穩紮穩打好幾年的老職員。

胖子郭說：「我大一那會兒，只是想賺點上網錢，一開始發傳單，他們老亂扣我薪水；換了個保安工作，我這個人你知道，沒辦法熬夜；後來去賣冰紅茶，又有人帶，又能交朋友，覺得挺充實開心的，就做下來了。這一晃好多年了，我現在最大的煩惱就是學歷不夠用，正在打算去哪兒深造一下，你給我建議建議？」

你看，奮鬥的人，不論起點，殊途同歸。

7

總有人怪罪：公司開口就要工作經驗，學生剛畢業，哪兒來工作經驗？

可是，每個大學生，在真正找工作之前，都有整整四年的時間做準備，如果花了四年，就準備出一張白卷簡歷，能怪誰？

上學，別人在學習，你在打遊戲。
放假，別人在朝九晚五，你在老家吹空調。
四年，別人在抓緊時間歷練，你在抓緊時間享受最後的學生時光。
那麼畢業的時候，這個世界不淘汰你，淘汰誰呢？
所以，不管大學入學考超常發揮還是失常發揮。重要的不是你上哪所大學，而是你每天在學校裡做什麼。因為過去再好也好，再糟也罷，只要人活著，境遇就不會一成不變。
未來的路，全靠此刻的雙腳，一步一步走。

那個不會穿的女孩的面試

1

我去面試普華永道（PwC）[1]。

大廳裡，我對一個女孩笑了一下，我知道她也是面試者。

她怯生生的，高跟鞋三走兩歲，套裝從頭到腳都不合身。一截白襯衫還吊在外面，肩上的書包沉甸甸的，把套裝壓得到處是褶。她像是直接從圖書館裡匆忙跑來的。

我想提醒她整整衣服，見她已經那麼緊張了，沒有開口。

我們同時走出二十六樓的電梯。

這一路陳設華貴，莊重森嚴，到處是「interview candidates this way」的告示牌。不遠處，黑色正裝的職員正在指引面試者，連櫃檯都西裝革履，妝容精緻。女孩不自覺後退了一下，拽住我。

「你看我有什麼問題嗎？就這樣進去沒問題吧？」

我為她塞了衣角。

「完美。」我說。

女孩叫小冬，是附近林業大學會計系的學生，大三。

偌大的會議室靜得落針可聞，幾十個西裝革履的面試者排排坐。小冬把簡歷抓在手裡，盯著看，還有點發抖。

叫到一個名字，一人起身出門，剩下的人更緊張地低頭背簡歷。

小冬壓低聲音：「你不緊張嗎？」

我笑了笑，沒有說話。

我面試的時候，面試官忽然問我：「你多大？」她解釋：「這是校園徵才嘛，來面試的全是學生，而你的談吐啊，狀態啊，穿著啊，沒有一點學生樣，我都有點適應不過來……」

她果然提到了穿著。

我決定講一個故事。

2

我的面試穿著之路以災難片開頭。

讓我從大一說起。

學費太貴了，許多中國留學生都是人生頭一回，一次性刷掉近十萬元人民幣，被自己驚呆了，日日陷在陰影裡不能自拔。見美國人早有半工半讀的優良傳統，紛紛倍感壓力，四處勤工儉學。我是其中之一。

十八歲那年，我申請的第一份工作，是餐廳裡的三明治包裝員。

我拿到面試，立刻連幼稚園同學都知道了，我每天在網路上直播。

「面試到手了！通過這一關我就有工作了！哦吼吼！」

「今天選衣服！我穿什麼面試合適？顏色莊重的，款式正式的，裙子到膝蓋的，除此之外呢？求意見！」

……

面試現場。我本來說英語就緊張，低頭看了一眼自己，更加語無倫次。我知道裙裝不宜短，特地穿了過膝的，還在鏡子前左轉右轉好幾圈，檢查了好一陣。可我忘了檢查自己坐下來的樣子。

我一在面試官面前坐下，就發現不對了，兩條大腿裸露在外，從側面看，簡直要看到腿根。我自知羞愧，努力把腿擠在一起，一面說話一面拉裙擺，沒用，情急之下，乾脆把手放在前面遮。

面試官問：「今天就到這裡，你有什麼問題問我們嗎？」

我連夜上網搜尋並熟背了《面試寶典》，此刻急忙一字不漏地背。

我說：「這是我有生以來的第一次面試，很緊張，表現不好的地方還請多多包涵。雖然我沒有經驗，但我樂於並且善於學習，您能給我剛剛的表現提些建議嗎？」

面試官答：「今年來了很多中國學生，你能說中文是個優勢，我們會考慮。但如果以後來工作，希望你不要再穿這麼短的裙子，very distracting（很容易叫人分心）。」

面試官那句「very distracting」，咬字咬得很重。

我一個女孩子，剛高中畢業，沒見過什麼場面，突然被人當眾這麼說，整個人迅速通紅和火辣辣，傻了好半天才反應過來。

我匆匆答一句「謝謝，我一定注意」，灰溜溜告辭。

我沒有拿到那份工作。

我每天路過食堂，看到別人擺弄蔬菜和麵包，乾乾淨淨，笑容清麗。

而我只能把自我介紹再背熟一點，去面試招了很久還在招人，顯然沒什麼人感興趣的「安全車司機助理」（Safety Van Assistant）。

美國天黑不安全，舉世聞名。尤其是在大麻合法的華盛頓州。深夜裡，一旦出了校警管轄範圍，便有滿身大麻味的黑人持槍搶劫。

學校三令五申夜間不要單獨出門，可學業這麼緊張，逼著大家狂泡二十四小時圖書館，不過凌晨走不了人。如此，「安全車」（safety van）和「安全陪走」（safety walk）應運而生。

「安全陪走」，顧名思義，就是一個年輕健壯的持槍校警去圖書館門口等你，陪你走回家，看你上樓開燈。這項安全服務滋生了許多愛情故事，我們下本書再講。

我申請的工作在安全車上。安全車與安全陪走大同小異。一輛麵包車在圖書館門口裝一車學生，像滴滴拼車（中國一款手機應用程式，提供車輛共乘呼叫服務）一樣，由近及遠把他們一一送往目的地。

這兩項有益於民眾的免費服務，不得不靠學校經費苟活。

我入學那年，校方開源節流，要求安全車提供可觀的搭乘資料，否則取締。司機忙著開車和規劃路線，實在顧不上叮囑學生做乘車登記這件小事，於是突發奇想，招一名助理坐在副駕駛做登記簿使者。

這是一個沒有存在感的臨時工種。那個時候，我想工作，這就是我唯一的選擇。

我施展操練過的面試英語，老老實實穿一條特意從 Forever 21 挖來的折扣西裝褲，去背誦又熟稔了一些的自我介紹。我在安全車的副駕駛一坐就是一年半。

我生在湖北小城，天生暈車，連坐個小城公車都會吐。你能想像我在密不透氣、滿街打轉的麵包車裡，一坐七個小時的場景嗎？我每次上工，半小時內必吐。

漆黑冰涼的深夜裡，我每隔一會兒就下車送乘客，我們揮手笑著說謝謝再見太客氣了。一轉身，我蹲在垃圾桶旁邊吐。吐得頭昏腦脹。吐得好幾次我都以為自己的眼珠子要掉出來了。

那個時候，每次吐完抬頭，看見西雅圖冷颼颼的月亮，想起的全是噴暖氣的食堂和食堂裡新鮮的食物。

聽說在食堂打工的學生，每天可以把賣不完的食物帶回家。

至今我看到在食堂裡工作的小女生，還很羨慕。

3

我很快大三了，已經不再暈車。我還修完了很多會計課，很想找工作。

商學院裡有個職業生涯規劃中心，我三天兩頭去哭自己又沒經驗又迷茫。

輔導員教我：「你要從已有經歷中提煉出擅長的技能，然後有底線地吹噓。」

我們通力合作，把安全車司機助理描述得天花亂墜：

Providing security services to college students,specializing in customer relationship management and communication.

為在校大學生提供人身安全服務，負責客戶關係管理和溝通。

Collecting field based qualitative and quantitative data,completing data analysis with Excel Application.

深入現場，進行定性和定量資料收集，並使用 Excel 應用程式完成資料分析。

畢馬威送來了面試通知。

週一，我收到郵件，虎軀一震。連滾帶爬回到職業生涯規劃中心，我揮舞手機大聲呼喊。

「我居然拿到面試了！KPMG[2]！KPMG 啊！」

輔導員說：「在美國，四大都是行為導向型面試（behavioral interview），我們來模擬練習一下。來，『星星四步法』，預備——開始！」

我說：「星星是啥？」

原來，這世上有許多小孩，從小參加志工面試、環球遊學面試、工作面試、大學入學面試……面試是他們的家常便飯，以致不同類型面試的準備方法，早就被取了名字，作為他們中小學功課的一部分。

是我起步太晚，起點還低。

輔導員解釋：「『星星四步法』是準備行為導向面試的經典方法，你去上網查一查。」

好在網路發達，我搜了一下，很快明白了。

星星四步法叫STAR Method。行為導向型面試，是讓面試者講自己的經歷和故事。通常，問題提出來，面試者如果能用三十到六十秒講一個故事，對他的答案進行具體說明，他的面試會更加深入人心。而在面試中直擊要點地講故事，和寫大學入學考作文一樣，有明確的方法。STAR Method就是那個方法。

它分四步驟，STAR分別是每一步的首字母縮寫。

S：situation，境遇。開篇一句話交代故事背景。例如，上學期，我們小組四人參加了麥肯錫在學校舉辦的商業諮詢挑戰賽。

T：task，任務和目標。第二句說明我們要完成一件什麼事。比如，我們要為微軟的Bing搜尋設計推廣方案，並為來自麥肯錫和微軟的評委做Presentation（簡報），我們一共有七十二個小時準備。

A：action，行動。兩三句話講你採取的行動。

R：results，結果。一句話說結果，贏和輸不重要，關鍵是學到了什麼，做出了哪些改變。

我一看題庫，密密麻麻十幾頁紙，讓人眼花撩亂。

我急哭了：「我來不及了，離面試只有一週了。」

輔導員說：「離面試還有一週。在關鍵時候，七天長得足以改變人生。一切在於你選擇如何對待這七天。」

我哭完，回家，把深夜和冷雨關在窗外。窗戶上映著我二十歲的脆弱的年輕的臉。我對著昏黃檯燈，把十幾頁題庫重新歸類，想了十個故事，十個故事可以回答所有的問題。我把故事一個字一個字地寫出來。

這過程很像備考托福口語。還好我為之花過太多時間，找到了可參考的經驗，我越寫越順手。寫完了故事，我把它們列印出來，時時刻刻拿在手上。吃飯背，走路背，睡覺背。我的目標是背到脫口而出，背到面試官以為我口才特別好。

我花了六天時間，向科比布萊恩學習，每天淩晨四點起床，為了不吵到室友，躡手躡腳躲進洗手間，對著鏡子壓低嗓門背。現在回頭看，當真只有二十歲才扛得住這種作息。

幸好那時那樣做了。才讓後來的故事有可能。面試前一夜，我背熟了六個故事，完成度60％。我對自己說，就這樣吧，我盡力了。

這六個故事讓我通過了校園裡的第一輪面試。

4

美國大學生的工作面試，第一輪通常在校內。但凡是有名有姓的公司，第一輪面試通過之後，面試者自由選擇想去的城市，公司出錢買機票、訂酒店、報銷伙食、幫忙租車，有的公司（比如微軟等科技公司）甚至準備好景點門票……請你去第二輪面試。

第二輪面試在公司進行。我選的是畢馬威的舊金山辦公室，面試時間週一上午十點。

週末。我寫完作業，飛到舊金山，機場停著公司為我租好的小轎車。我戴好墨鏡，把一首*California Love*（加州之戀）開到最大聲，一腳油門，飛馳在北加州奪目陽光下的寬闊高速公路上。酒店是威斯汀，二十二樓。畢馬威親自給我訂的，都不用我自己動手。

半個舊金山都被我盡收眼底。我站在窗前，俯瞰城市。

學習真好啊，一夜之間，窮學生就能搖身變成金融街精英。我驕傲得像一隻孔雀，對著落地窗開屏，激動得睡不著。對了，我的旅行箱裡，還有一套和我精英身分相配的好西裝。

我特地為這場面試買的。

我看了好多職場美劇和職場穿搭的公眾號，前者說「Your suit talks」（你的西裝會說話），後者教我「女人要捨得投資自己，因為花出去的每一分錢都會寫在臉上」。

沒錯了，金融人士個個西裝革履，好西裝就是那個世界的門票。

我花了好幾個下午，在商場裡試西裝。昂貴的西裝穿在身上，我感到自己頓時發光了，升值了。往那兒一站，聚光燈劈哩啪啦閃，帶著背景音樂。

我一看價格，嚇傻了，三千美元。馬上我又反應過來：我已經不是從前的我了，我馬上就要在高大上的辦公大樓裡工作賺錢了，三千美元，不過是我過一些時日的薪水啊！

這西裝分明是屬於我的。沒錯，我買的不是西裝，是我美好的未來。

5

就這樣，我穿著我的好西裝，帶著我的聚光燈和背景音樂，出現在畢馬威舊金山的大樓。然後我看到了那個金髮男孩。

他手裡拿著一套裝在套子裡的西裝，髮絲服貼，腳步極正，不小心和我的目光撞上，乖乖，他就那麼直勾勾地對我微微一笑。我心想，不愧是 KPMG 的精英啊！一個眼神都是見過世面的樣子。

可是他對櫃檯說：「您好，我來面試稅務組實習生，能麻煩您幫我放一下這套衣服嗎？」我目瞪口呆。

我從踏進公司大門開始，每一步都恨不得跪著走，他同樣是來面試的，居然讓櫃檯放衣服？櫃檯居然恭恭敬敬接下了衣服？這得是一套多好的衣服啊！

他自我介紹：Noah Van Hollebeke, from UT-Austin. 德州奧斯汀大學，那是會計界的哈佛。

我輸了。

他身上那套西裝，顏色暗沉，散發著隱隱光澤，從頭到腳沒有一絲褶皺，襯得他也像在發光。他的自信從衣角溢出來，鑽進眼睛裡，讓他目光如炬。

我低頭看看自己，膝蓋褶著，褲腳有痕。不僅我輸了，我三千美元的西裝也輸了。

才剛見面。

終輪面試是背靠背面試。HR帶你參觀並介紹一遍辦公大樓，然後把你引進一間玻璃房，你坐著，供水，三個面試官輪流出現，每人三十分鐘。三個面試者坐在三間玻璃房裡，面試同時進行，面試官的輪換順序應該是隨機的。

我坐在房間裡，率先進來的是個西裝筆挺的白人，他入座，說：「我叫 Jason，某某部門，Partner。」我打了個冷顫。

四大會計師事務所的森嚴等級，我只在課本裡學過，如今面試剛一開始，居然就是一個合夥人坐在我面前。

我第一次見到活的合夥人，不由得露出「哇」的表情。馬上意識到這很業餘，哇到一半，趕緊吞回去。裝作拿礦泉水，太緊張沒拿住，掉了。我連忙撿起來擰瓶蓋，轉不開。

合夥人看不下去了，轉開了遞給我。我握瓶的手用力過猛，嗆了，還擠了自己一胳膊水。

合夥人出門找餐巾紙。

三十分鐘的面試，話還沒說上一句，五分鐘沒了。我一直道歉，合夥人也尷尬，面試在僵硬的一問一答中結束。

我暗暗想，合夥人都好嚴肅啊。可是轉眼，我就看見他在金髮男孩 Noah 的玻璃房裡開懷大笑。他們兩個人，像元首會面一樣握手，輕微躬身，請對方入座。馬上又談笑風生，氣氛好得我隔了幾層玻璃都能嗅到。我的心沉到了水底，再沒有起來，面對後面的兩個面試官，也結結巴巴。

我和 Noah 的差距表演，才剛剛拉開帷幕。

公司提供午飯，我們由三個員工帶著，去一家裝潢華貴的義大利餐廳。好吃的太多，我點了一盤招牌蝦蟹義大利麵。Noah只點了一小盤扇貝，我默默地嘀咕：「太不會吃了，真辜負這麼好的餐廳。」一開吃我就發現不對了。

我的麵得用叉子捲起來咬斷，我不得不又低頭又俯身，吃相難看不說，叉子上、嘴上都沾著醬汁，我不停地擦嘴，員工跟我說話，得等我先忙活半天。

而Noah時而高談闊論，時而活躍氣氛，間隙裡叉一塊小扇貝放進嘴裡，閉上嘴咀嚼幾下，像個貴族。一頓飯吃下來，別說嘴巴，連叉子都還是反光發亮的。

我這才明白了什麼。

雖然一上午的高強度面試叫人肚子咕咕叫，但這一頓飯，員工是來進一步瞭解面試者的，Noah是來展現自己的，只有我是來吃飯的。等我反應過來的時候，吃什麼都香的形象大約已經深入人心，已經沒人打擾我吃東西了。

他們聊得氣氛熱絡。我為了不被發現不知道他們在說什麼，只好更認真地吃。服務員送來飯後甜點菜單，Noah擺擺手，說：「不用了，謝謝。」我說：「一塊提拉米蘇，謝謝！」沒錯，我此行最大的收穫八成就是這頓飯了，吃點好的吧。

我挖一勺提拉米蘇放在嘴裡：「太好吃了！」

「再點一個？」員工們笑咪咪地看著我。

「可以嗎？」

他們笑著點頭。「公司請客，你們上午都辛苦了。」

說得好。我默默鼓掌。新蛋糕端上來，我看見Noah一臉震驚地看著我，索性徹底放棄治療。

我飛到舊金山獲得了一頓午飯，得拍照發微博才算來過。員工看出了我的渴望：「拍吧，年輕人都喜歡這一套。」

Noah 也掏出了手機。

他說：「是啊，我也喜歡拍，我們拍個合照吧，紀念這頓珍貴的午餐，我從你們每個人身上都學到了很多！」

氣氛終於從尷尬轉為活躍。

再然後，我再也沒有見過他們。

6

一年後。

我在普華永道的面試等候室。

小冬坐在我身旁，怯生生問：「你的西裝好漂亮啊，一點都不皺，很貴吧？」

一瞬間我回到了一年前的舊金山。

我剛上大三，雄赳赳氣昂昂去面試，被競爭對手閃瞎了眼。

臨走還要追到電梯裡，向 Noah 表達敬佩之情。

我說：「你好厲害呀！我看你跟面試官都聊不完，而我半天找不到一個話題……」

他笑著說：「面試通知裡不是寫了面試官的名字嗎，我在LinkedIn和Facebook上搜尋過他們，對他們的學歷啊，經歷啊，去過哪裡玩啊，有一點基本瞭解，來之前設想過聊什麼比較容易。」

我驚訝：「居然還有這種操作！你怎麼這麼神?!」

他說：「我大四了嘛。」只比我大一歲啊。像隔了一輩子一樣。

我最好奇的還是那身西裝。我繼續問：「一進來就注意到你的西裝了，太有質感了，什麼牌子？」

他答：「H&M。」

我看看自己身上輸掉的三千美元，不敢相信。

我追問：「H&M版型這麼好？怎麼會一點褶皺也沒有？」

「熨的。」

我忽然想起來了。我見過他，就在早上，我迷迷糊糊下樓，向KPMG給我的威斯汀早餐衝刺的時候，他在我隔壁的房間。

我路過，看見虛掩的房門裡有個修容整齊的金髮少年，半裸身子，低著頭認真熨燙一件襯衫。

我還停下來看了好一會兒的。

我記得他身後的舊金山清晨的微光，和他一樣不疾不徐，從容不迫。

7

小冬還在看我的西裝。

我問她：「從今天早上起床到現在，你都做了什麼？」

她說：「八點起床，刷牙，洗臉，買早餐，趕地鐵，路上吃完早餐就給我媽打電話。我昨晚沒睡好，今天還是緊張，我媽一直安慰我，叫我別把面試當一回事，就當是歷練人生，我剛掛電話就遇到你了……」

我說：「我八點起床，把西裝和襯衫熨了一遍，之後吃早餐、化妝，然後才來這裡。而且我出遠門的時候，一定會把西裝裝進西裝袋，拿在手上，不塞箱子，所以它不會太皺。」

小冬睜大眼睛。

她說：「你就是那種起點很高的白富美吧！果然是不一樣，我連西裝都是拿到這個面試之後才急急忙忙買的。打理什麼的，根本一竅不通——你說的這些，從來沒有人教過我。」

我說：「現在有了呀。」

我又一次看見 Noah 最後的背影。

他挺拔，西裝合身且服貼。

我那時以為好西裝就是貴西裝。

那道背影，讓我明白羅伯特．科利爾的話。

「All power is from within and is therefore under our own control.」

所有的力量都來自內部，因此由我們自己掌控。

衣服能有多襯氣場，比起它本身的好壞，更來自我們如何對待自己，如何對待它。

那道背影至今清晰。

我記得我望著他，又嫉妒又感慨。

我心想，我要是能有他一半派頭就好了。

於是他的談吐、穿著、禮儀和舉手投足，全部深深刻在了我的腦海裡。我每回想一次，就尷尬癌病發一次。

我想學。

我抓耳撓腮，無從下手，很長一段時間，我所有的嘗試和努力都沒有結果。

每一天都對自己又失望又絕望。

但是。

當我拿到亞馬遜全球總部的金融分析師面試，向員工學長丹尼陳討教經驗。

忙碌的丹尼學長只回一句：「最近天天加班到凌晨，沒空細講，你把STAR Method掌握就差不多了，這是題庫連結。」

只這一句，我已經心領神會。

我對著題庫寫故事，發現大部分都已經有現成的了，準備工作一個週六已經搞定。

8

我悟到的越來越多。

比如，面試不是演講，面試更像相親。故事背得結構完整、情節跌宕太次要了，面試官更想知道，他以後想不想和我坐在一起工作和交流。

一場成功的面試，多半應該是一次愉悅的聊天。時間到了，面試官還與我聊得依依不捨，才是最成功的面試。

所以，我不再奮力講故事了，我把注意力放在聽者的反應上，及時回饋，舒適地聊天。

比如，花俏漂亮的經歷和出國計劃，你覺得自己厲害極了，可跟這份工作有什麼關係呢？他若問起了，一兩句話簡述，重點放在無關經歷對毅力人格的塑造、處事態度的培養，而不是事情本身。

所以，我不再長篇大論回答我如何成為一個作家、NBA主播或者旅行體驗師，而是繞過問題，說我為什麼來到這裡，我對這份審計師的工作有多熱情，多期待。

比如，我不再恐懼那些頭頂哈佛、牛津、北京清華高帽子的競爭者，出現在同一場面試，說明大家水準差不多。

我也不再對沒有學歷光環加持的對手掉以輕心，他們能站在這裡，才是真正的出眾和有本事。身邊的人是否打亂我的陣腳，不在於他們厲害還是膿包，在於我的心態。

我說，沒有人能夠影響我，就沒有人能影響我。

比如，我不再懼怕大公司。

我需要他，他也需要我；他挑選我，我也挑選他。這是和戀愛一樣相互配對的過程。不是我努力就合適，不是我合適就能在一起。

一份錄取是能力，更是緣分。

所以，每一場面試，我盡人事，不再強求。

比如，我意識到，所有公司加持的待遇和光環都不是自己的。

沒有我的城，我只能像摩天大廈裡的其他職業人士一樣，小小地依附在某個平台，蟄伏，學習，累積，用雙腳走出一條對得起自己的路。

比如，我在一次又一次的嘗試中，越來越知道自己想去哪兒，不再大量投遞簡歷。

……

我整個人，就在這樣源源不斷的領悟中，漸漸褪去了自命不凡。

愛美如我，當然恐懼年華流逝，容顏衰老。

可是當我看著鏡子，裡面那個人眼裡有故事，舉手投足都是年華打磨出的進步。

因為這些進步，比起毛毛躁躁的十八歲，我更喜歡如今的自己。

9

我收到普華永道的面試通知的時候，即將期末考試。

我考完試，搬完家，距面試只剩一天半，還要趕路，絲毫沒有時間準備。

又有什麼關係呢？

我已經練習過太多次，面試應該是什麼樣，我腦子裡有清晰的概念。

我看了一遍面試官的 LinkedIn、微博，稍稍構思了一下話題，提前把資料查好。耗時一小時。

我經歷過的，都不知不覺地有用了。

人的成長，如此潤物細無聲。

面試輕鬆順利得像一場閒聊。

回家的路上，我複製貼上發送過無數遍的感謝郵件。

「感謝您的時間，我學到很多，希望有繼續向您和團隊學習的機會。」

二十天後，社群平台傳來消息：

另維好命喲，都沒見她準備，隨隨便便就進了普華永道。

---

1 PricewaterhouseCoopers International Limited，四大國際會計師事務所之一。

2 畢馬威（KPMG，簡寫自 Klynveld Peat Marwick Goerdeler），為四大國際會計師事務所之一。

後記

又是一年畢業季，學姐上台介紹經驗，學妹排隊求祕笈。

我周圍門可羅雀，因為所有人都去圍盧娜了。

盧娜紮馬尾，微胖，塗大紅唇，一身黑色裙裝。她大三在德勤諮詢實習，從西雅圖轉到紐約，如今還沒畢業，已經收到了麥肯錫的全職錄取通知。

據說錄取比例是二百選一。

我見過她。

四年前，食堂面試結束後，我難過地坐在矮樓外的台階上發呆。

她坐在我旁邊。

她說：「我是個傻子。面試官問我人生最印象深刻的困難，我說高中跑八百公尺。

「從小不愛運動的我跑得胸口劇痛，要暈倒了，連老師都叫我放棄，但我的字典裡沒有『放棄』，我堅持挑戰自己，突破極限。我見面試官一臉懵，連忙解釋中國的高中不重視體育課，成績好的大都體育差。面試官更加懵了，我想把故事圓回來，上升到人格魅力的高度什麼的，她老打斷我，害我到最後都沒圓回去……

「太慘不忍睹了，人生第一次面試，我全程都在重複講這個故事，她全程都在奮力岔話題。而且，我現在反應過來了，三明治包裝員是體力工作，我上來就講個我跑八百公尺都能出人命的故事，誰敢要我啊？」

我說：「我才是傻子，我直接讓面試官當眾說我裙子太短，very distracting。」

我們互相笑了一會兒對方的傻，心情好多了。

那個時候，我們都只有十八歲，還不知道經年之後回頭看，像那樣每一次總結過失，意識到差距並付出行動，都會是人生的一座里程碑。

我們不知道，因為人生在朝前進的時候，是那麼潛移默化，稀鬆平常。

四年過去了。

盧娜在人群中演講，一身西裝，老練，穩重，自信。

原來面試這東西，原本就該是從大一練習的能力。

而四年足以使人百煉成鋼。

糊弄過的，早晚要還

1

我在普華永道的時候，有一天臨到下班，組長來了。張口就問實習生要一份金融分析。

我們組兩個實習生，我和一個記不住大學名字的女孩。她剛滿二十歲，單眼皮，話不多，看起來也不出眾，眼睛裡隱隱有股狠勁。我叫她小K。

組長說：「我們組在投標，一個大客戶，剛剛客戶打電話來，希望大老闆去講講行業分析和Why PwC，老闆已經在飛機上了，你們快把PPT做出來——明白我要什麼對吧？我要一份PPT，老闆下飛機翻翻就能拿去給客戶present的那種。台詞寫在note裡，口語一點，全英文。」

我和小K立即心領神會，就是諮詢嘛。

商學院每學期都有商業案例挑戰賽[1]，平時上課類似的作業也不少，我雖然不愛好這個，也早已耳濡目染得一聽就懂。

我一做起來，就不敢裝江湖百曉生了。

我想好敘述思路，搜出許多資料，乍看都沾邊，細細一讀，沒一句是我想要的。

瞅一眼左邊，小K已經開始做PPT了。

我心想，難怪她上來就說「行業分析讓我來！」，原來這麼簡單，真會挑分工。

我東摸摸西摸摸，遲遲動不了筆。

努力回想學校裡類似的小組作業，好像我從來都是搶開場白和總結，沒沾過金融分析，知道是知道，具體怎麼做還真不清楚。

我連忙翻作業，想起儲存作業的雲端硬碟Dropbox在中國打不開，急得出汗。

再瞟一眼小K，她已經完工了。

她螢幕上的PPT清晰漂亮，我自詡快速學習能力驚人，連忙偷學。

哦，複合柱狀圖，分離型圓形圖。

我也會。

我偷偷對照著她的成品，不明白的功能到處點擊試一試，搜尋一下。進展不錯，只是速度快不起來。

小K問我需不需要幫忙。

我說：「我這部分不像你的行業分析，到處都是現成資料，融資管道好多都不是公開資訊，根本沒辦法下手。」

可是她又一會兒就做完了。

她只看了一眼，沒有思考就有了答案：「你繞開啊，稍微誇一下他很好，但是現在行業裡有更好的，然後重點講講行業標竿的做法，我們如何學習嘛……」

我還是疑惑：「你怎麼知道誰做得最好？」

她不以為意道：「《財新》裡有個深度報導講過，我無聊滑手機的時候看到過，有印象。」

PPT交上去，組長帶著優酪乳回來。

「老闆很高興！說我們的PPT思路好、資料內容好、頁面好，說了三個好！太難得了，來來來，請你倆喝優酪乳，不愧是美國名校回來的！」

小K說：「沒有啦，只有另維的學校比較好。」

我的臉瞬間滾燙，彷彿挨了一耳光。

真丟人。

我連忙說：「小K你水準比我高多了，參加過商業挑戰賽吧？這效率一看就是練過的。」

美國商學院裡的商業案例挑戰賽，從拿到題目到講演，常常只有四十八到七十二小時。

小K說：「嗯，參加過六次。」

我驚訝：「上大學到現在每學期一次啊？」

她說：「對啊，我學校不太理想嘛，只能自己多補補課。前四次都是參加性質，上來就被淘汰了……不過，我覺得這次PwC要我，可能跟我剛剛拿了PwC的商業挑戰賽美國中部賽區前三名有關係，我同學跟我其他條件差不多，申請實習完全沒有回覆。」

我想了想自己。

新生的時候，我聽說商科生一定要經歷商業挑戰賽，興致勃勃地報名。

作業沒寫完，我心想，怎麼能因為課外活動本末倒置呢？還是下學期做好準備再來。
我很會找理由退賽，覺得自己小小年紀懂取捨，真有智慧。
然後，我下學期沒參加，下下學期又忘了，下下下學期已經想不起來這件事。
反正是課外活動，沒人說我，我過了這麼久不參加挑戰賽的生活，也挺充實的，而且到畢業都沒參加過的人也很多啊。
一腔熱情就這樣不了了之。
最早的時候，我也是對自己有要求、有想法的人，不相信自己會有平庸的未來。
就這樣一步一步，小小地妥協，小小地放過自己，許多小事想做沒有做，想成為的人沒有成為。
而時間一轉眼就過了。
差距都寫在臉上的時候，也是為時晚矣的時候。
商學院重點培養 Presentation（簡報）的能力，幾乎每門課期末都有小組 Presentation，占分15％以上。
雖然不如挑戰賽要求高，但內容相同，都是拿到一個題目，組員分工，各負責一部分ＰＰＴ和上台發表。
第一次我被隨機分配了開場白和總結任務，上台的發表都練完了，金融分析同學還在找資料。
我深深記住了那部分最費事，從此以後每次作業盯住開場白搶，搶不到也堅決避開金融分析。
小組作業，分數全組一樣，我每次都十分同情那些吃力不討好的同學。

就這樣順利活到今天。

2

組長讓我們講一遍PPT。
每一個細節都講懂，以防老闆提問。
小K快速完工。
輪到我時我只能說：「這個資料是小K幫我找的，啊，那張圖是小K做的。」
我準備弄懂的，只是時間太倉促，還沒開始。
於是變成了組長和小K的兩人對話。
小K沒提她幫了我的忙，組長始終兩個人一起誇。
但是下班後，組長突然來電話，SOS！
只打給了她。
我們一起走在回家的路上，我回頭目送她衝鋒上陣的背影。
明明都是從零開始的嶄新生活，我只能站成一個旁觀者，感嘆別人。
果然人有沒有能力，說得再怎麼天花亂墜，一旦開始做事情，都藏不住。
而你怎樣度過青春，下半生就擁有怎樣的開場。

3

我想起剛見小K的時候。

她說：「我知道你們學校，你們商學院很厲害啊，之前微軟 Bing 的行銷方案挑戰賽，你們拿了全國第一。」

我說：「我知道啊，那個團隊裡有個中國人，叫 Luna Guo，內蒙古人，她是我最好的朋友，我們一學期同桌兩三門課。」

小K立即羨慕地「哇」了起來。

好朋友拿第一名這件事，我可驕傲了。

校際決賽時，盧娜叫我幫忙錄影。

就在我的鏡頭裡，老師看著她，當眾大聲說：「你們代表了 Foster 商學院的水準！」

全場鼓掌，我與盧娜相視一笑。

我們一起開慶功派對，那感覺，像是自己得了第一名。

我對小K說：「盧娜他們後來被微軟請去總公司發表，微軟說希望她把微軟列為畢業後的考慮之一，不過她已經決定去麥肯錫了，她的故事我在〈那個不會穿的女孩的面試〉裡寫過。」

我還說：「對了，你說的那個 Presentation（簡報），我電腦裡有錄影，你感興趣的話我問下她，看能不能發一份給你。」

小K滿臉崇拜：「謝謝！你好厲害啊！來四大真好，認識這麼多厲害的人！」

我嘴上謙虛，心裡得意極了。

此刻，自己動手做得一塌糊塗才覺悟。別人的厲害，並不關我什麼事。

回想起來，學校，真的太好糊弄了。

搞不懂的，死記硬背到考試萬事大吉，平時累積人緣抱抱大腿，再不濟讓教授知道你真的盡力了，都可能成為 PASS 神器。

後果一時半會兒體現不出來，那日子一眨眼全過去了，還以為自己和腳踏實地的人結局一樣。

然而沒學會的，不會因為時間流逝就自動變成會的。

糊弄過的，早晚都要還。

它們一個一個匍匐在並不遙遠的未來，爭先恐後，等著做打在臉上的耳光，前行路上的絆腳石，隨手關掉你一扇命運的小門。

二十多歲的同學、同事，就在這一扇又一扇小門的差距裡，拉開了整個人生。

4

沒幾天，我又被自己早年的糊弄坑了一次。

A2^2交代：「證券發行說明書上要備註加權平均的演算法，另維你檢查一下我的 word 裡的文字描述和 excel 公式有沒有出入。」

我說：「啊？」

我高中數學不好，大學學公平價值一類的全新知識還行，一遇到標準差、加權平均等帶點數學基礎的概念，立刻先天性理解無能，一律考前強記公式，PASS 即大吉。

我連加權平均是什麼都說不清楚，怎麼替演算法敘述檢查錯誤？

我默默把這項任務留到最後，打算下班回家求助樓上的投行學長李凱文。

快下班的時候，A2說：「另維你還沒開始？小K你幫她一下！」

就這樣取消了我的任務。

沒有了壓力，下班回家我就不想動了。

可不動的結局是什麼呢？

明天，來年，沒學會的依然不會。

有朝一日再被它絆倒，又只能追悔莫及地嘆一聲，那次搞懂了就好了，然後匡噹一聲，摔倒。

就這樣，由一個追悔莫及的數學概念、一個追悔莫及的單字，漸漸堆積成追悔莫及的一生。

我來人間只走一趟，我應該看看太陽，應該伸手擁抱一切可能與渴望，不能讓悔恨堆積成山，埋掉生活的希望和光芒。

深夜一點，李凱文出差回家，我拎著一袋水果打著哈欠敲門。

「我給你帶了禮物，你跟我講講加權平均吧！」

李凱文一臉鄙視：「你不會吧，國中數學啊，四大用人標準這麼低？」

國中數學，是國中學會了才會的數學，又不是國中年齡過了就自動明白的數學。

而不管是國中還是大學快畢業，道理都一樣。

此刻的每一次放過自己，都是在給未來的自己挖坑。

我忍住摔門的衝動，老實承認：「我國中數學不好，後來也沒補這一塊，所以至今不會，特來請教。」

李凱文問：「你的GPA（成績平均積點）怎麼算的？」

我說：「我每門課的分數乘以學分占比？」

李凱文說：「學分比例的分母統一放到下面。」

他隨手打開一個資料庫，示範 excel 的 sumproduct 功能。

我重述兩遍，確定了技能已解鎖，高高興興告辭。

他繼續嘲笑我：「你們老闆知道自己的金融組裡混進一個不會算加權平均的人肯定暈倒，還好意思開心。」

那又怎麼樣，我知道今天回家，我會因為終於沒有糊弄自己了，睡上一個好覺。

有朝一日再撞上這個問題點，我也不會失眠。

今天少給自己挖一個坑，未來就少一次措手不及，少一次悔不當初。

二十多歲的年月，我因為又朝前走了一小步，更加喜歡自己了。

5

實習生經常交流。

Vivi 是銀行組的，圓圓的臉蛋很可愛，在英國留學。

她跟我抱怨：「你們組真好，小項目人少，每個人都接觸好多。我們組六個實習生，我通常分不到工作，偶爾分到也都是『粘數』，什麼有用的都沒學到。」

粘數，就是把 excel 裡的數字，複製貼上到 word 文件裡。

她坐鄰桌，我說：「你們組人多，趁機來我旁邊坐吧，我會的都教給你。」

四大裡互相幫襯，彼此教授的氛圍極濃，我受了太多人的提點，自然想回報。

Vivi 坐到我旁邊來，我盡心盡力回答她一切問題。

手續費收入要改，她拿了新數字，來來回回翻了五分鐘。

我瞟一眼：「你怎麼在資產負債表裡找手續費收入？」

她：「那應該在哪兒？」

我：「P&L 啊，損益表，然後對著大表上的編號翻明細。」

她說：「哇，你果然學到好多。」

我愣了一下，沒吱聲。

會計四大表的基大學目，入門課考過一百遍，大一學的。

就是想進商學院學人力資源，這些也是必修內容。

她又驚叫：「這個損益表做錯了吧！收入寫成負數，支出成正數了！」

我看了一眼：「借正貸負……」

她：「借正貸負什麼意思？」

我很想講，但借和貸是現代會計的本源概念，大家各自有工作，講授都是兩三句話說清楚的，她上來甩給我一個如此巨大的命題，我實在不知從何說起。

她的小老闆來了，問：「粘個數要這麼久？」

Vivi 答：「我沒接觸過這家公司，而且我不是會計系出身，好多東西看不懂，比較慢。」

小老闆：「沒關係，耳濡目染就懂了。你還剩多少？Josh 手上工作做完了嗎？幫一下 Vivi。」

我也沒接觸過客戶公司，但我拿到一個會計科目，就大致知道它應該放在哪兒。

我也不知道他們會收入記負支出記正，但當我看到報表是什麼，我便理解為什麼。

一門學科，誰剛接觸都是一頭霧水。

所以我們交學費，上大學，在裡面完成必要的累積。

Vivi 又沒事做了，百無聊賴地刷起了社群平台。

長大後的世界真的不一樣。

高中的時候，你不會，老師管教你。

大學的時候，你不會，老師回答你。

到了工作，你不會，沒關係，別人會，別人來做就好了。

你學到多少，能不能在這裡活下來和走下去，和我有什麼關係，我只希望你能幫上忙。

聽說實習生拿 return offer 易如反掌，Vivi 打聽全職。

經理說：「我們希望實習生體驗完這裡，也去多體驗其他工作，把機會留給還沒體驗過的人。

聽姐姐一句話，四大是金融工作的最底層，你條件這麼好，來這兒虧了！」

他們不得罪你，用漂亮的場面話拒絕你。

你不會痛，也不知道自己有亟須摘除的瘤。

6

我也忽然懂了，我為什麼總覺得剛工作就接觸了好多。

第一天上班，組長丟給我兩個 excel，叫我參照去年的格式，把資料整理出來。

個把小時後他問：「做完了嗎？」

我說：「其他都好了，有一個公式寫不出來。」

於是他湊過來看了看那個公式，說：「哦，這裡換一個字就行了。」

他邊改邊教，兩分鐘搞定。

如果我問的問題，不是「都做好了，除了這個……」，而是「你去年 excel 裡的公式都是什麼意思」，那麼他需要放下手中的工作講上幾天幾夜，還不確定我能不能學會。

我幫不到忙，他肯定寧願自己做了。

如果我沒有獨立完成公式表，就不會成為全組最瞭解它的人，組長也不會說「那乾脆讓另維去盡職調查吧，避免溝通成本」。

如果去企業做盡職調查的不是我，樣本出問題，需要和總公司溝通的時候，組長就不會帶著我。

這所有的學習機會，如果第一天我寫不出那百八十個 excel 公式，全都不會發生。

我想起大三，第一次學習用 excel 公式處理龐大的資料，怎麼也理解不了是什麼東西，上課大眼瞪小眼，下課哭天喊地求幫助，在圖書館看教學影片看到天亮，夜夜冥思苦想著睡著，苦思冥想著睜眼……

萬事開頭難。

幸好那時逼了自己，把自己從高中生小白逼成了有準備的人，才會有後來。

工作中的學習，大概就是這樣子了。

和學校截然不同，更多的是查漏補缺，見縫插針，在會的基礎上有所提升。就連培訓也充滿針對性。

而系統瞭解一個行業，建立知識體系，看懂術語，它們是基石，應該交學費，在學校裡學。

Vivi 說，在哪兒實習都一樣，在公司裡吃著零食等人喊你打雜，混個實習證明。你又不可能像正式員工一樣做事。

小K說，正式員工也就比我們大一兩歲，現在不趕緊學，一兩年後我們還是不會。

小K粘數，一邊貼上一邊改格式。

組長很驚喜。

她說，她大一暑假在畢馬威粘了一個夏天的數，對四大對格式的要求和標準有所瞭解，就順手給後人省省事。

她做事的時候，身旁的正式員工會停下手中的工作湊上來，說：「我學習一下。」

一個初入職場的新鮮人，他是如何度過大學四年的每一天的，都寫在他展現出的工作水準裡。

工作間隙，組長和小K閒聊。

組長問：「你還有多久畢業？來我們公司吧！」

小K說：「我想去投資銀行，渣打。」

組長繼續問：「那怎麼不去？」

小K說：「我投了，沒理我。他們應該只要清北復交常春藤吧。」

組長說：「那也要看實力，我大學好朋友在那兒，讓他介紹一下，弄個面試應該沒問題，剩下看你自己的造化……不過以我對他們的瞭解，你這水準可以的。」

小K說：「龍哥你怎麼這麼好！」

組長說：「沒事，進去了你就是龍哥的甲方了，罩罩龍哥，別叫他們欺負我。」

……

原來人脈是這麼來的。

實力做襯，別人覺得幫你一把，就是幫自己一把，是划算的投資。

7

我從前也聽職場故事，聽過許多互相關照、走後門的故事，憤憤不平。如今自己走了進來，置身其中，才終於有了自己的理解。

原來，進門這件事，實力、運氣、上一代的累積都管用，但學校也好，公司也好，都不是進去就結束了，它們是新生活的開始。生活能過成什麼樣，一看前期累積，二看後期努力，自己的。好工作都是倒給錢的學校。

能學到多少，和世間的任何一所學校一樣，在於自己。

---

1 Case competition，一種在商學院裡流行的校際比賽，參賽者組好五人團隊報名，收到一個商業問題之後，需要在四十八或七十二小時內想出解決方案，做成PPT，並在規定時間內完全Presentation（簡報），由評委進行評分和淘汰。比賽過程和內容完全模擬諮詢公司的日常。

2 四大會計師事務所的職位名稱，Associate Year 2，指在事務所工作到第二年的人。

那個想太多的高中生

我剛上大學的時候，常為自己的大幅落後，恐懼得做惡夢。

在那之前，我在小城裏樊，一直為自己的人生規劃能力沾沾自喜。

那時候的我，一個高中生，暑假裡閒逛柏克萊大學網站，意外發現了許多課堂影片，按學科分類，類別多得令人咋舌。

我在上面玩了一個暑假，半懂不懂聽完了好幾門大學基礎課，提前知道了自己不喜歡經濟，對程式設計無感，而會計和諸多人文科學很有趣，想再多知道一點。

就這樣，突然有了期待學習的專業，期待走進的課堂。

「我要上一所好大學」——前所未有地，人生目標也頓時清晰明確了。

於是，我這個遊手好閒的混日子學渣，如沉睡的巨龍般甦醒，搖身變成奮鬥的學渣。

我的方向感明確，每一天都被目標叫醒，再也不用被老師和家長管教著學習。

就連早已徹底放棄的高三數學，也因為認識到它涵蓋的統計是好多有趣學科的基礎，被我撿起來，不吃不睡，津津有味地惡補。

這就是我的逆襲故事。

1

我一度覺得，我基因變異式的開竅，開過光一般的超前意識，會奠定我閃閃發光的大學四年。

很快我發現，從前我自信，是因為見識太少。

原來，大學的課堂影片，根本不用跑到學校官網裡挖地三尺。所有的影片網站，美國的YouTube、可汗學院，中國的新浪、優酷、A站、B站、人人……都有「大學公開課」的專題區塊，按學科分，按學校分，一個比一個精細完整[1]。

而美國的高中生，別說提前搜尋大學公開課看著玩了，他們可以提前選修大學的功課，或者參加一場考試。

考過了，將來不管上什麼大學，都能把學分帶過去[2]。

以為這樣就完了？

這連入門都不算。

在高中階段，提前接觸感興趣的專業，實地考察夢想的大學，思考總結，是西方的高中生們必須完成的重要作業。

比成績單還重要的作業。

考試容易。

2

探索自我這麼虛無縹緲的東西，可是個漫長的過程。

陳空跟我講過這個過程。

八年前，他在執信中學讀高一的時候，沉默寡言，成績不好，是典型不鬧事，也不知腦子整天在哪裡信馬由韁的學生。頭髮亂糟糟，走路低著頭，一身和別人一模一樣的青蛙裝，沒有特別好的朋友，作為發光孩子王身後不起眼的小跟班，一張邪惡版小帥哥的臉都拯救不了他的存在感。

鄰居要出國。

陳空爸腦門一拍：留學？排場啊！把我兒子也帶過去吧。男女搭配，上學不累！陳空不明不白做了留學生，由學校安排在寄宿父母家，每個月六百五十美元。

寄宿父母是一對退休的律師，空巢。

一場緣分。十五歲的小陳空叫一聲爸媽，寄宿父母配合學校要求，嚴格執行父母的義務。

陳空十年級的寒假，年年在夏威夷過冬的寄宿父母不去夏威夷了。宿爸要求陳空羅列一張大學清單，稍感興趣的都寫上。他們一起，一個一個登錄這些大學的官網，申請 Campus Tour，規劃路線。從東海岸開始，每個長假考察一批大學，順便全家自駕遊。用陳空高中餘下的三年，篩選出他夢想的大學，確立明確的目標。

幾乎所有的美國大學官網，都在很明顯的地方，有一個 Campus Tour 按鈕。點開，是一張任何人都能提交的申請表。

選擇日期。

整整一天，學校負責分團，配講解員，準備披薩，和提供宿舍夜宿。讓高中生全方位感受這所大學。全部免費。只需要按時現身。

三年過去，陳空在寄宿父母的引導下，考察了二十多所大學，初步確立了建築師的夢想，目標是華盛頓大學建築工程系。他奮力學物理，學數學，立志把必要的學術基礎打牢實，一有空就看建築大師紀錄片，還做了學校寫生社社長。

日子過得馬不停蹄，每一分努力都有意義。

再也不是那個，每天起早貪黑去學校，卻不知道自己在幹什麼的廣州小少年。

我聽到這裡，已經十分羨慕陳空憑空而降的家庭教育了。

陳空說：「這一套早就被社會高度認可的高中生必修課，家庭只是其中一環，更厲害的是高中和大學之間的配合。」

3

美國大學的錄取通知書，大約是從高四的十二月開始，陸陸續續寄進家門。二月份便大概到齊了。

然而，陳空高中最忙碌的時光，竟是大學錄取通知書到手後的三個月。

和填報志願一樣，美國大學需要學生主動申請。步驟複雜得多，好處是數額沒有上限。因此，大多數畢業生都手握許多錄取通知書。

陳空拿了七個。這廂，陳空在抓耳撓腮、夜不能寐，痛苦地七選一；那廂，大學們也在絞盡腦汁，攻打學生爭奪戰。陳空開始三天兩頭地收到邀請函。都是來自那些錄取了他的大學的。

他們使盡渾身解數，比著賽地誘惑陳空：

「親愛的陳空，歡迎你來參觀你未來的學校，我們為你安排了為期三天的豪華體驗套餐。」

「住宿舍，吃食堂，千萬別帶錢，開銷是我們的！」

「你想坐什麼航班？我們幫你買機票！」

「這裡有一份各專業基礎課的課程表，歡迎隨便進去，感受課堂。」

「別忘了帶禮服哦，我們還為你準備了華麗的舞會！」

「親愛的陳空同學，你申請大學辛苦了，來我們這裡玩一趟吧，反正費用我們出，還送你代金券，只要是校內，想買什麼都可以哦！」

「我知道你手裡有許多錄取信，考慮一下我們哦！」

「……」

高中的最後小半年，陳空的教室裡，是大片大片的空桌。同學們都在全國各地的大學裡，體驗課堂，參加舞會。住著學校給的房屋，使用著學校買的機票。

爸媽送他去機場，高中老師遠端輔導他注意事項。每一段大學校園體驗之旅，都需要請假三到五天。每一個普通高中生，在做出最終決定之前，都會經歷三到四次這樣的免費旅行。

在西方人眼裡，選擇一所大學，和結婚一樣，除了講究客觀的排名和條件，更是在選擇未來生活的方式，扎根的城市。一定要氣場合，氣質符，叫自己心生喜歡才行。這一切，都需要切身相處，才能體會。

4

我越觀察，越感到，美國社會引導青少年探索自我的意識，值得學習。我聽到陳空的高中生活，看見他的蛻變，十分佩服。後來我發現，他並沒有講完。

校園邀請遊在四月左右結束，高四還剩下兩個月，還有作業。

那些作業，我在大學裡，每年都會看到。

學年快結束的時候，我的許多課堂，尤其是小班課，教室裡會突然多一個小孩。他們會在課間走上講台，大大方方地介紹自己：「我是附近某某高中的學生，不知這裡有沒有學長學姐。我來做作業，感謝大家配合。」

他們的作業，是自行聯絡一個大學教授，獲得他的許可，去聽一節課。採訪教授和學生，透過切身的考察和交流，進一步瞭解自己未來想學的專業，寫一份調查報告。

我至今記得，我第一次在教室裡見到這些學生的情景。成本會計課，一個十七歲的金髮男孩在講台上大聲說，他計劃讀會計專業，將來做一名會計學教授，專攻成本會計。美國人見怪不怪，我和我的台灣友人 Lydia 大眼瞪小眼。

我說：「十七歲知道自己要做會計學教授是一種怎樣的感覺？」

Lydia 答：「大概，會有一個……比我們的十七歲麻煩很多的十七歲吧。」

西方人認為，找到自己的熱情所在，比大學入學考重要，也比大學入學考難。因此需要花更多時間以及更多幫助，比如全社會的共同配合。

5

我不是在說，這一系列的高中生傳統完美無缺，適用於所有人。我見過許多它可笑的地方：我的室友凱特琳，當年參觀三天，愛上帥帥的導遊學長，在宿舍衣櫃裡獻出貞操，然後選擇了這所學校。一年後她戀愛失敗，談起那該死的校園體驗遊就咬牙切齒。

陣雨哥的妹妹安娜，當年去參觀她夢寐以求的耶魯大學，碰上連綿陰雨，淋得她莫名沮喪，家人說什麼，她都不肯再去。一年後路過耶魯大學，又見耶魯大學風和日麗，美如古堡，後悔得直想打自己耳光。

我還見過好多美國人，大三了，還常常偽裝成高中生，混進各地大學校園參觀日的免費宿舍，窮遊全國。

……

青春太迷茫了。每一天都是變數。

再先進的理念，安裝在還滿手青春的人身上，都能被玩出五花八門的效果。

再好的引導，也不是所有人的解藥。

西方人知道。所以，「探索自我」這項作業，並不會隨著高中畢業而結束。

在大學裡，換專業，雙學位，三四五六七八學位，轉學，休學，都是開放的，任君選擇。

他們統計過，美國的大學生，平均每人換三點六個專業。

好多學分修完了，人的想法就變了。沒關係，算了，修別的。

青春就是用來撥開迷茫的霧，遇見真實的自己的。彎路，誰也不能替誰走。

探索自我，本就是貫穿一生的話題。

6

在宣導個性化教育的西方國家，一切早已約定俗成。中國落後了嗎？並沒有。

我去上海的高中做講座。文學社的講座，教室裡坐了不少年紀稍長的人。

原來，已經畢業的學長學姐經常回來參加講座，他們有的去了英國留學，有的留在了本地的復旦、交大，順口就解答了高中生們對大學的疑問。

老師也鼓勵：「啟平，下週末你帶學弟學妹們逛逛復旦，把你在學校裡有趣的經歷都跟他們講講，幫助他們樹立方向。」

我來自北京四中的同學也說：「我們雖然不硬性要求，但班導天天鼓勵我們，把週末利用起來，好好瞭解一下北京的各個大學。

「知道自己將來想在哪兒生活，就知道要朝什麼分數努力，人就更有動力。」在北京，就連五環外的農民工愛心小學，都在組織學生去大學裡體驗生活。

我去支教（支援偏鄉教育），一問孩子們將來想去哪兒讀大學，各個爭著說要去北京航空航天大學（簡稱北航）、北京農業大學（簡稱北農）。因為北航有什麼什麼，北農有什麼什麼……說出一堆我不知道的東西，他們見過。

一線城市的教育理念已經很先進了。但是我的家鄉，還在要求高中生「兩耳不聞窗外事，一心只管高考（大學入學考）分」。

想上什麼大學，大概說得出來就行了，咱們有空還是多做兩道題，提高分數，才能改變命運。也是大實話。於是我終於明白，教育資源分布不均，並不是有些城市比起有些城市，哪道題思路更好，哪個單字發音更標準。而是對性格的塑造，對自我探索意識的培養，以及，在人生規劃的迷霧裡，猶如指明燈一般的循循引導。

1 中國的大學公開課做得實在是不錯。牛津、劍橋、耶魯、哈佛、印度理工等外國大學的有字幕，中國國內大學更是品種豐富，清華、北大、浙大、武大，從應用數學、機械工程到博弈論，從人類學、社會學到心理學，一切課程可暫存，可下載。我最近喜歡的ＡＰＰ是「新浪公開課」，最喜歡的課程是耶魯大學的心理學導論。

2 其實高中生提前拿美國大學學分這件事，二〇〇九年算新鮮，如今在中國國內也很普及了，基本早有留學打算的中學生都會考，許多國際高中也都設有ＡＰ課程。ＡＰ就是一場考試，滿分五分，考過了就能免修大學的相應課程，直接兌換學分。分數線因學校而異，一般是三至五分。ＡＰ一共有三十多門，以致有「堅決不輸在起跑線上」民族文化的中國學生，大一剛入校，許多人按學分來算都快能當大三學生了。

3 美國高中有四年。

人生的路，每一步都算數

1

周小順是逆襲之王。

2

有一回，台灣友人 Lydia 吐槽台灣的基礎教育，拿出了一張在台灣熱傳的圖片。

歐美人才養成

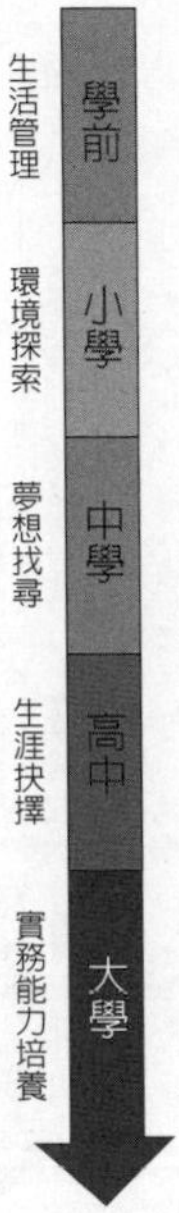

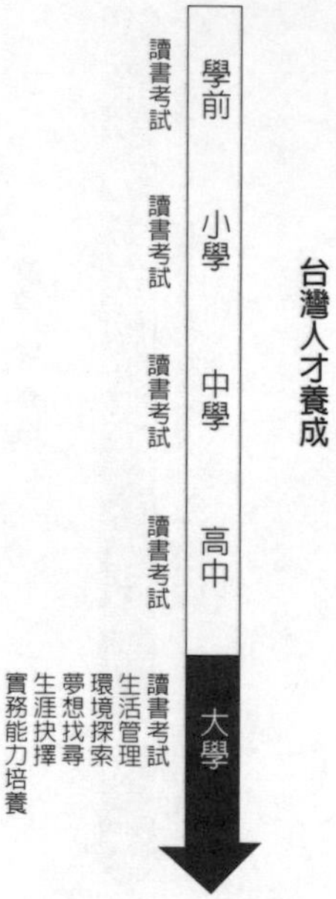

我感嘆：果然是海峽兩岸一家親！

好多人義憤填膺：愚蠢的應試教育，落後，死板，把人一生都毀了！看看人家西方多人性化！

每天埋日日怨，說得自己深信不疑。越發覺得世界黑暗，生活絕望。於是真的越來越不行。

周小順不。

周小順問我：「另維小朋友，你上回來吃燒烤的時候，講的美國高中生的故事我很感興趣——

我沒有條件去美國留學，怎麼做能像他們一樣呢？」

3

周小順是我家巷口燒烤攤的兒子，原名周順。父母養兒防老，希望他孝順。

周小順生在工人家庭，牙還沒長齊，爸媽先趕了失業潮，支起一家看見警察就跑的三輪車燒烤攤，踏夜營生。又為了幫周小順樹立考取襄樊五中的遠大理想，把攤子支在學校對面，叫他連屁都聞的是學霸們放的。

我小的時候，酷愛燒烤，每天天一黑，就迫不及待去小周燒烤報到。

我坐小板凳，周小順也坐小板凳。我吃燒烤，他趴在小板凳上迎著燈泡寫作業。

他那時曬得黑黑的，圓溜溜的眼睛，像溜溜球一樣溜，嗓門巨大，小個子小頭，透著一股子機靈勁。我的燒烤一好，他爸媽就喊：「順兒，上菜！」

他就麻溜地起來，雷厲風行端大盤。

他還嘴甜：「另維小朋友，你最喜歡的脆骨來了，我做主送了你一串，感謝你的可愛美化了這條巷子！」

那時候，周小順一邊賣燒烤，一邊做留學夢。

他一把夢想說出來，就被他媽擰耳朵：「給我老老實實做作業拚大學入學考，出國，出國是你窮人家孩子想的嗎？！」

經年之後，周小順逆襲成了別人家的兒子。

就連他小時候賣過燒烤的巷口，但凡有家長經過，都要就地取材，展開一番勵志教育。

——你看人家周順哥哥，一邊上學一邊賣燒烤都比你有出息，人家上高中就知道拉關係，一放假就到處去大學裡拉關係，你怎麼就只知道打遊戲？

……

鑑於周小順走過的路，總是被鄉親父老誤解，訛傳成他自己都不認識的版本。我決定把他自我探索的過程一五一十寫出來，以正視聽。如果遇上還在高中裡迷茫度日的有緣人，希望能幫助你。

4

網路公開課

周小順走進網咖，交了一塊五毛錢人民幣。

前頭說了，周小順原名周順。

周順的同桌叫周帆，成績差不多，個頭差不多，再加上一帆風順組合，總讓眾人誤以為他們是親兄弟。

高一寒假，周帆被家長重金送到美國讀高中，他告訴周小順，美國高中生的生涯規劃意識了得！高一就開始瞭解大學的專業有哪些，接觸課程，根據興趣程度反推高中生活該怎麼安排了！

周小順也想這麼有規劃地過青春。

他沒有想：有錢真好，一字之差，兩種命運。

他想的是：我在襄樊五中裡，怎麼像他一樣，接觸大學課程，規劃自己呢？

他想不出來。

所以他上網搜尋。

大學公開課，網路搜尋結果幾百萬個。周小順看得眼花撩亂。

網易公開課，新浪公開課，貓貓狗狗公開課，有網站有APP，可收藏可下載。

根據大學分類：TED，國際名校公開課，中國大學公開課，可汗學院。根據學科分類：文學藝術，哲學歷史，經管法學……一切羅列清晰。

細看，牛津、劍橋、哈佛、耶魯、巴黎高商、印度理工，外語課程全都有字幕，中文課程，更是橫跨港大、台大、北京清華、北大……

坐在電腦前，輕輕一點擊，世界名校的無數公開課，全都為你播放。免費。

周小順驚呆了。

網路上有這麼多好東西，為什麼網咖裡的少年要玩遊戲呢？

高一暑假，周小順把所有零用錢都獻給網咖，給自己列了個聽課時間表。

上午八點，耶魯大學心理學導論。

上午九點，史丹佛大學程式設計方法學。

上午十點，牛津大學經濟學原理。

……

這比周帆聽從學校安排，去附近的大學旁聽基礎課厲害多了！

周小順足不出網咖，居然也豁然打開了眼界。

原來，這世上有這麼多我不知道的好玩學科和職位。

原來，這座城市裡根本不存在的人類學、心理學、金融工程、博弈論、Java……會讓我意猶未盡。

原來有些學科，我會越聽越入神，理解力超常，而有些學科我越聽越走神，完全理解不了個中邏輯。

原來天賦和興趣是這麼回事。

而只要上了大學，我就可以丟掉那些走神的，一心一意專攻喜歡的。

……

周小順每天都被新發現砸中，幸福感應接不暇。

飛來橫「喜」的是，再開學，曾經一聽就暈的高中英語聽力，居然也變簡單了。

周小順作為高中生的迷茫，是不知道每天花十六小時學習的東西，除了大學入學考，到底有什麼用。

外面的世界是模糊的，他看不見，所以老師口中他必須耗盡此刻來奮鬥的未來，對他而言什麼也不是。

於是，當下的日子變得暗無天日，難熬，絕望。

現在不一樣了。

周小順找到了他的答案。

原來黑板上無聊的代數題，就是他以為很高深的程式設計邏輯。

原來經濟學也是數學，心理學也是數學，機械工程、電子工程、金融工程更是數學。

原來人工智慧還是數學。

原來物理題看似沒用，建築工程、哲學，乃至宇宙萬物的原理都在裡面。

原來他學這些知識，不僅僅為大學入學考，更為了大學入學考之後，擁抱新世界裡他還不知道存在的無限可能。

從前，周小順只從班導師的描繪中想像大學。

那描繪包括「上了大學你就輕鬆了」「上了大學你隨便談戀愛」「上了大學就再也沒有早晚自習了」……

並不太懂這樣的日子到處都能過，為什麼非要拚死拚活去大學裡過。

周小順現在懂了。

他想學的那些課程，和他只有一場大學入學考之隔。

還有比這更值得奮鬥的事嗎？

實地考察（上）

遠在美國的周帆，不僅在提前接觸大學課程，思考未來想學的專業，更在透過對大學的實地考察，切身瞭解不同大學裡的不同生活特點，思考自己將來究竟要考取哪裡，確立目標。

周小順也想這樣。

周小順的班導師不講。

她只講題。

她說：「做題吧，一分壓萬人，多會一道題，你就比幾萬人多一份改變人生的機會。」

「改變後的人生是什麼？我是誰？我想成為怎樣的人？哪裡才有我想要的生活？」班導師從來不提。

關於大學，只有「上了大學你就輕鬆了」，還有「上了大學你就能好好玩了」。

這不是周小順要的答案。

襄樊（現更名為襄陽）是小城，方圓百里只有一個襄樊學院（現更名為湖北文理學院），周小順蹺課去一探究竟。

偏僻的山腳，古色古香，進城的公車永遠人滿為患，整個校園沒比高中大多少，節奏緩慢，宜居，宜養老。

周小順還不知道自己要什麼，但一眼已經知道，他不想在這裡生活四年。

太年輕的時候，我們見識太少，沒見過我們想要的生活。

沒關係，我們一路走一路看，瞭解我們不想要什麼，一個一個排除出去。

世界這麼大，一定有人在過我們想要的生活，也一定有專屬於我們的鮮花遠方。

而所有的拒絕舒適，繼續前行，都是在幫我們靠近那個值得的地方。

從前，周小順貪玩，成績中等。

爸媽苦口婆心：「兒啊，好好學習啊，不學習沒大學上啊！」

班導師寬慰：「有的有的，以目前的成績，穩定到大學入學考，襄樊學院沒問題。」

周小順忽然不偷懶了，他要更好的分數，換更多選擇權，避開不想要的未來。

他不需要大人的管束了，他自己有足夠的理由努力。

大學的官方微博和微信公眾號，也許是你的橋樑

最困擾周小順的問題是：我將來想去哪兒，讀什麼大學呢？

高二分科。分科有口訣，成績好的選理科，成績不好選文科，文科都學不會趁早轉藝術生。

同學們還陷在如此思維定式裡的時候，周小順已經學會了反推法。

他從五年後往回推。

——從大學課程來看，我程式設計有天賦，喜歡金融，將來想學金融工程。

那必然是理科了。尤其要打牢數學基礎。

只是，去哪兒學呢？

在襄樊五中，年級前五十名，學校把他們封為北京清華北大之星，照片貼在櫥窗裡，告訴他們北京清華、北大不無可能，一定要志存高遠。如果你從第五十名開始詢問目標大學，問到第一千名，會發現遍地武漢大學和華中科技大學，彷彿這世上沒有其他學校。

漫長三年，太多人拚命考大學，卻毫不關心哪所大學適合自己，哪座城市有想要的生活。只在最後關頭，指望一本《高考（大學入學考）志願填報指導手冊》，解決「人生的下一步怎麼走」這個最複雜的疑惑。

周小順在淘寶上買了一本《高考（大學入學考）志願填報指導手冊》，放在課桌上的書堆裡，沒事就翻著玩。看到印象不錯的大學，就搜尋它的官方微博和微信公眾號，關注起來。

看看校園活動、校園美景、校友故事、學院和專業介紹……彷彿自己也生活在那裡面。立即就知道了，這段路的盡頭全是值得奮鬥的美好。

立即能量滿格。

追蹤觀察了一陣微信公眾號和微博，周小順漸漸對不同大學的風景、風俗有了基礎瞭解。

他開始有新的訴求。

他留言。

不僅僅索要鼓勵的話，更認真詢問大學生們，如果自己想去學金融工程，在高中裡做什麼準備最好？他漸漸聊熟了一些樂於助人的學長和學姐。和他們做社群平台裡的按讚之交，策劃找個假期，去大學裡找他們，一起上上課，看看校園。

寒假，周小順掏出壓歲錢，買了一張五十一塊錢人民幣的火車票。

住在學校旁邊三五十塊錢人民幣的小旅館，從武漢開始，踏上了自導自演的大學校園實地考察之旅。

實地考察（下）

周小順不喜歡武大華科，連江城武漢也不喜歡。說不出為什麼。

這下糟糕了。

襄樊人就這兩所女神學校，女神不是自己夢想的模樣，周小順好絕望。

不喜歡所處的世界怎麼辦？走出去，世界太大了，總有一個喜歡的。

他朝遠處走，長沙、鄭州，哪裡都覺得不是自己想扎根的地方。

直到他看到上海。

他走在邯鄲路上，走過梧桐樹蔭，走進復旦。

吃到旦苑裡實惠美味的小籠湯包，耳邊全是吳儂軟語，整座校園在喧囂的城市裡鬧中取靜。

光華樓前的草坪上坐著世界各國的留學生，一切正青春。

坐幾站地鐵，陸家嘴的高樓直入雲霄。

走進去，大廳裡的液晶螢幕變換閃現著世界各國的時間和股價。

最著名的律師事務所、銀行和品牌在辦公大樓的名牌上乖乖排隊。

周小順從來沒見過這麼現代化的地方。

他安靜又激動地想，原來電視裡的世界真的存在。

就是這兒了！

這就是我奮鬥的意義，這就是我一定要來的地方。

十幾歲最好了。

有足夠的時間做夢，因為生活圈太狹隘，看不見外面的世界存在多少壁壘，真心實意地相信：全世界都在我腳下，只要我努力，就想去哪兒去哪兒，就什麼都能實現。

而這個國家，真的給人一次這樣的機會。

只要通過一場人人能考的大學入學考，就能換取整個人生的嶄新開場。

這真的是人一生一次最好的機會。

走了這麼多地方，十七歲的周小順終於意識到了。

他回到五中，只覺得明確的目標給身體注滿了力量。他前所未有地沉心學習起來。

在湖北，大學入學考全省前幾十名，才有望上復旦，周小順差得遠。

但十七歲的好，正是它給人一切皆可改變的信心，和爆發出來，就真的能改變一切的巨大能量。高三，周小順努力爬上排行，花了半學期。最後一學期，他越戰越勇，奮鬥成魔了，幾度衝上復旦線，驚得隔壁班導師都來請他做進步分享。

5

可惜大學入學考，不是一個人人都能心想事成的地方。

黑馬之所以稱之為黑馬，是因為牠少見。

全省前九十名上復旦，周小順考了九百多名。

他的人生選擇權，止於武大錄取線最低的寥寥幾個專業。

班導師手持《高考（大學入學考）志願填報指導手冊》，匆匆開了一個家長會。要開始填志願了。十八歲們寒窗十二年，未來四年的生活，嶄新人生的起點，就這樣被決定。

周小順說：「太草率了吧。」

班導師說：「就這樣，後面還有很多同學等著。」

班導師替周小順選了武大測繪系。

周爸周媽說：「我們也不懂，咱家沒出過大學生，一切聽老師的。」

周小順不同意。「我不去武大，我不知道測繪是什麼，也不喜歡，我要去上海。」

班導師教育他。「我替學生報過的志願比你吃過的飯都多，你在叛逆什麼？我帶了你兩年，你的情況我最瞭解。我幫你分析一下。

「第一，上海的生活費一個月要一千五百元人民幣，而同樣是上大學，武漢五百元人民幣管夠。你的家境不適合去上海讀書。

「第二，上海的金融行業競爭多激烈，你去讀個二流大學，拿什麼競爭？寧當雞頭，不當鳳尾，你與其去上海被復旦、交大、同濟壓得抬不起頭，不如在武漢傲視群雄。

「第三，測繪你不學怎麼知道不喜歡呢？

「大多數同學在進專業系統學習之前，都是不瞭解那個專業的，你不知道並不落後。……」

周小順說：「我要去上海財大學數學，再想辦法修金融二專。我查了，我的分數夠。」

班導師說：「報志願選專業這麼大的事，你小小年紀懂什麼？你見過上海財大什麼樣嗎？」

這一刻周小順準備很久了。

周小順靜靜看著她，回答：「我見過。」

他反問班導師：「你見過上海財大嗎？」

班導師閉上了嘴巴。

6

周小順大學入學考結束的時候，已經對許多大學的地理位置、特色專業如數家珍，「Research」[1]水準，比起在美國學了三年 Research 的周帆，一點也不落後。

周媽說：「你的努力爸媽都看見了，我們確實懂的沒有你多。」

好多人年少的時候，只聽從，不規劃，到頭來發現日子不順意，就怪罪別人操縱了自己的人生。

似乎很少會問自己，人生的選擇權這麼重要的東西，我當初為之奮鬥了嗎，用力捍衛了嗎？

如果沒有經歷努力的過程，又憑什麼要求結果呢？

人生規劃，本來就是一件很難的事情。

再早開始，都不嫌早。

周小順離開襄樊，開始他早早就規劃好的大學生活去了。

7

周小順剛上大學的時候，價值觀遭受強烈的衝擊，性格變了很多。

我路過上海，約他晚飯。

他說：「我晚上都在上海大劇院看話劇。」

那些日子，高中裡博聞廣識的周小順聰明地發現自己原來很狹隘。

一見鍾情的女同學鄢冰喜歡話劇和音樂劇，說的東西他一句也聽不懂。

他說：「我想約她看音樂劇，一查，票一千多塊人民幣一張，居然是我一個月的生活費。」

他說：「別說我是燒烤攤長大的，就算我是有錢人家的小孩，在襄樊也接觸不到她那些玩意。」

他說：「是不是當初聽了班導師的話，今天的日子就會過得容易一點？」

他說：「都是我自己搞死自己的，沒別人可怪罪。」

他不僅自卑自己的家庭，還自卑自己出生長大的城市。

大一，不同地區和階層突然湧入一處，世界第一次露出真實的面孔，是人心理健康最危險的時候。

我擔心他，想找他聊聊天。

他沒理我。

他所有的時間，都用來追趕前十八年累積的差距了。

讀書學習，打工賺錢，陶冶藝術情操，馬不停蹄。

他那時候，在上海大劇院兼職做保安。

有時負責檢票，有時負責領路，一天一百塊人民幣，可以站在遠處看節目，出門還有直達學校的地鐵站。

我說：「你累不累啊！」

他說：「我的工作一可以賺錢，二讓我接觸社會，三培養我的藝術修養，一石三鳥，開心都來不及，累啥？」

8

再聯繫已經是三年後。

我想幫朋友轉簡歷，在朋友圈打聽貝恩諮詢。

「萬能的朋友圈，誰認識上海貝恩的人？推薦個有顏值還有能力的名校小美女。」

周小順默默出現：「我。」

他居然已經在貝恩諮詢實習了半年，正負責幫老闆粗篩實習生簡歷。

他的目標太明確了，高中就知道自己大學四年的目標，是在陸家嘴、金融街上的大廈裡，每天穿著西裝進出工作。

他進入大學，首先搞清楚了，他畢業後想要的工作是投資銀行或者諮詢。都是高門檻行業。好在，他才十八歲，有四年的時間規劃和準備。

周小順四處找走通了這條路的學長，研究他們的養成路線。差距很大。

沒關係，想要什麼生活，就管住自己，邁開雙腿，一步一步朝那裡走。差距在哪裡，就補哪裡。大學入學考沒考上商科，他就去申請金融二專。

校內擠不進，沒關係，二專外校也能學，金融搶不上，小事，學經濟。經濟加數學的背景不比金融差。

在同學們還在迫不及待回家鄉，約高中玩伴通宵玩樂的大一暑假，他留在上海實習。名聲響亮的企業不要他，他就從名不見經傳的小企業做起。

大一試了諮詢，大二試了小銀行投資部，大三已經明確目標：未來找工作，首選諮詢。

周小順每天刷一遍學校BBS、微信公眾號、人人和微博的實習資訊，等他要捕的兔子。

故事講到這兒，你應該已經知道結果了。

貝恩諮詢的實習招聘放出來的時候，他那份為之準備了三年的簡歷，實在是比復旦、交大、同濟的許多人合適太多。

機會來的時候，大家都撲上去。

隨手試試的人，隨手就做了墊背，襯托別人的價值。

9

周小順大學畢業了。

他實習表現優秀，順利拿到全職。年薪二十萬人民幣。和上海的同行比，這不過是個正常年薪而已。但周爸周媽得到消息，好長時間都認定兒子是碰到騙子了，不敢相信有人能一畢業就賺這麼多錢。

過年，周小順把爸媽接到上海，一玩小半個月，又買上一大堆禮物，一家人一起，拎著大箱子坐飛機回家。爸媽喜笑顏開，合不攏嘴。

三年過去，周小順升職，加薪，帶團隊，成了新人口中的小老闆。

本該日漸老去的父母，有了周小順的孝順，竟逆生長起來，尤其是周媽，看起來一天比一天俏皮和年輕。

有起有落才是人生。周小順捲入辦公室政治，做了犧牲品。

周小順絕望了。

——多年的奮鬥化為烏有，累積脆弱得不堪一擊。沒背景的人再努力，也不過是權力者手中的螻蟻。一朝就能回起點。原來真是這樣。

處理結果出來，老闆給他兩個選擇：一是介紹他跳槽去一家同類的公司；二是公司資助他進修，去美國或者英國讀ＭＢＡ，讀完回來。

周小順這廂還在受寵若驚地挑選，那廂，手機已經被獵頭打爆，各個都在熱情地助他另謀高就，保證薪水和福利都上漲。周小順這才意識到，他的起點已不是記憶裡的燒烤攤店小二。

這些年走的每一步都算數。

周小順終於領悟了。

原來，人生的起點不是一成不變的，它隨著學歷、工作能力、經驗和被放大的視野，一直在水漲船高。一時半會兒的倒楣，拿得走他的工作、積蓄，卻拿不走他的人生履歷。

周小順在紐約讀完MBA，沒有回上海。

他經由MBA的同學介紹，去了矽谷的諮詢公司重操舊業。

LinkedIn張貼出來，每個月都有後輩鍥而不捨地發私訊，求教經驗。

還有獵頭三天兩頭打聽他的換工作意向。

這一年，周小順常常去金門大橋。

高一的時候，周帆在網路空間建立了一個叫「美國生活」的相冊，上傳的第一張照片便是他站在金門大橋上。

每一張照片周小順都記得。

說不上羨慕，年少不懂那種羨慕。他只記得，他坐在網咖裡看大學公開課的時候，休息時間做得最多的事，就是一張一張翻那些照片。

一邊看，一邊覺得那個世界好遙遠。遠到連朝它努力的想法都沒有。

十年了。

生活天翻地覆，整個人脫胎換骨。

周小順如今的樣子，哪裡是那個剛剛冒出規劃高中生活的想法，在網路上輸入「大學公開課」的高中生能想像的。

而一切居然只過了十年。

他還這麼年輕。

周小順眺望金門大橋通紅的輪廓、金黃的燈光，水面延伸的盡頭是舊金山城，全是他根本沒想過能親眼看到的風景。

真感謝當初那個下狠功夫學習的自己啊。

10

周小順二十九歲這一年，他最欣賞的一家創業公司C輪融資七千萬人民幣，創始人請他去做營運長（COO）兼合夥人。

周小順作為被引進的人才，在全公司的期待下，海歸了。

我在北京實習，相約吃燒烤，去他的公司等他下班。

櫃檯領著我，輕輕敲他的門，說：「周總，您的客人來了。」

我簡直沒認出他。

精緻的西裝，修容整潔的面龐和髮梢。

桌子上攤著供應鏈總結報告，電腦螢幕顯示的是金融分析，密密麻麻的數字和中英文，看起來十分高端。

氣質更是完全變了。

哦，他也不叫周順了，老闆桌上的石刻名牌寫著 Sean Chou。

這些年，我想起周小順的時候，總是在深夜遊蕩街頭，看見路燈下的燒烤推車的時候。

可是坐在我面前的人，一招一式，舉手投足，分明活脫脫是個海歸高富帥。

我說：「功成名就了呀你，最近什麼打算？」

周小順一說起最近打算，又開始了他的反推法式人生規劃：

「我計劃五年後做到ＡＢＣＤ，所以四年後我至少要擁有ＡＢＣ，三年內達到ＡＢ，兩年完成Ａ，這樣算下來目前的時間很緊了，這週我必須搞定A的準備工作的15%……」

1 Research：老師安排一項作業，學生需要利用圖書館、論文、網路、詢問、討論等一切方式「research」，做調查研究，思考角度，找到屬於自己的答案。你會發現 research 是大學裡掛在教授和學生嘴邊最多的詞，你問他什麼，他都先問你 research 到了什麼，或者講完之後提醒你去 research 什麼。在這樣的成長環境下，大部分學生 research 的能力非常強。高中生查找、申請、實地考察大學也是 research 的過程。我曾在比爾．蓋茲的小學看到老師們對小學生 research 能力的培養，連上歷史課都是課題交代下去，學生帶著 research 成果來教室討論交流，老師只做引導。可惜的是，同一個西雅圖，我在中東難民區高中做志願輔導的時候，發現高中生們有吃不完的漢堡和薯條、喝不完的牛奶，設施完善的球館衣櫃和浴室，卻不具備 research 的能力。如果不告訴他們怎麼做，他們就不知道怎麼做，也不會想方設法去做。

附言

我為什麼一定要把周小順的故事寫出來呢，因為鄰居妹妹的一段懊悔：

「姐，我上高中的時候真的只覺得提高分數最重要，沒有想過專業和學校的問題，大學選專業也是那個學校英語最好就選了英語，現在真的很後悔。

「大學四年學校專業的選擇太重要了，比如我現在找工作，很多工作我可以做，但是申請有一個硬門檻，大學學位必須是統計經濟之類。

「我現在想申請 applied econ（應用經濟學）博士，也是因為沒有經濟或數理背景不太好申請。

「回頭想想，如果高中的時候有人引導我發掘愛好，根據個人發展選專業和學校而不是一味看分數，現在會好很多。」

許多人花了太多功夫在大學入學考上，忽略了選專業和報志願才是下一段人生真正的開始。我的鄰居妹妹小宸，從小生得「排場」，彈一手鋼琴，走路揚著脖子，像一隻驕傲的天鵝，玩伴們都敬稱她為宸妃娘娘。

她成績一直不錯，我們是四中校友。

這些年，她從四川畢業，出國讀研，留在華盛頓工作，一路高歌猛進，越來越知道自己愛什麼、要什麼。

她走那麼遠了，還在為十八歲之前，沒有花在研究志願的時間買單。

好多父老鄉親說起周小順，都說他後來幾年連撞大運，跑得很快，平步青雲。

哪兒有什麼平步青雲。

無非是他數年如一日，堅定不移地日積月累的時候，漫長的寂寞時光外人看不見。

他也不是後來撞了大運，才逆襲的。

從他十五歲思考想要怎樣進入大學，並付諸行動的時候，就已經走在逆襲的路上了。

因為面對未來，一直主動出擊，選擇生活。他再也沒有被生活選擇。

青春都是迷茫的，規劃是貫穿一生的指路燈。

我希望你早點出發。

Part 2

Self-discipline
成功的人，是自律的普通人

The successful men are average men, self-disciplined.

—Unknown

成功的人，是自律的普通人。

——佚名

悔恨錄：只長年齡，不長見識的人

你想過自己四十歲時候的樣子嗎？

我常常想。

今天懈怠了，今天很舒服，今天會讓四十歲的自己變成什麼樣子呢？

今天奮鬥了，今天很辛苦，今天會讓四十歲的自己變成什麼樣子呢？

凱爾特人的場館裡掛了一句話：

What hurts more. The pain of hard work, or the pain of regret?

哪個比較痛，奮鬥的痛，或悔恨的痛？

1

我有一天目睹了一場自殺。

跳樓。

我路過的時候，人已經被搬走，員警在調查取證，周圍全是竊竊私語的居民。

除了「活著才有希望啊，怎麼能這麼年輕就選擇死呢」，居然有不少聲音在說，理解。

四十多歲的中年男人，孩子叛逆期，老婆更年期，父母開始頻繁生病，自己的身體和精力明顯變差，一大家子要養。

失業大半年不敢告訴家人，每天早上裝上班。

雖然這些都不是自殺的理由，但實在是壓力太大了。

我想起大三修變態心理學，教授講，現在就連社會福利相對完善的美國，自殺率第一名的年齡段，也從十幾年前的六十五歲以上，變成了四十五至六十五之間的族群，他們所面臨的生活壓力已經成為社會問題。

親眼看到，才真正觸目驚心。

我的圖書編輯家明也是一個四十歲的人。

我去出版社溝通新書進度，在辦公室門外迎面撞上他。

面色枯槁疲憊，佝僂，穿得很舊，四五十歲模樣。

我與男人擦身而過，溜進CEO辦公室。CEO西舟姐三十五歲，是《我們都是和自己賽跑的人》的行銷編輯，辭職創業，和我很親。

我知道她正著急組團隊，隨口問：「來面試總監的？」

她答：「文學編輯。」

我「咦？」了一下，我以為文學編輯是大學剛畢業的人的職業。

她說：「你以為的沒錯，所以我現在心情挺沉重，看著一個年紀比我還大的人低聲下氣面試入門級工作，一副快被生活壓垮了的面相。但是聊了一下，他真的不行，履歷、能力和想法都跟不上，這個年紀發展空間也實在不如年輕一點的，教不來了。替他難受。」

我聊完書稿出門，男人還沒走，蹲坐在辦公樓外抽菸。

他跟我說話：「我看他們對你怪好，你是作者吧？我年輕時候也是個文學青年，可惜沒抓緊寫點東西……」

他大概很想傾訴，越說越多——

他年輕那幾年缺乏規劃，上班混日子，下班只顧玩，沒學到什麼真本領，沒想到時間這麼快。如今活得只剩責任，一屋子人巴望他巴望不上，天天著急，其實他最著急。

他抽一口菸，說今天是他的四十歲生日，他跟他女兒同天，女兒讀國中，還不知道回家怎麼面對她。

我想起張愛玲的話：「人到中年的男人，時常會覺得孤獨，因為他一睜開眼睛，周圍都是要依靠他的人，卻沒有他可以依靠的人。」

心裡難受。

我對西舟姐說：「你不是缺人缺得吐血嗎，就家明吧家明！」

還搬出心理學背景遊說：「我以學費擔保，他現在瀕臨崩潰，你以為你只提供了一份工作，其實你是救人一命勝造七級浮屠！而且我的書不是要出了嘛，剛好安排給他，我肯定積極配合工作絕不拖稿！」

西舟姐白我一眼，說：「你以後千萬別當老闆。」

2

我的書進入製作程序，聯絡我的文學編輯是家明。我倍感親切，認真合作。很快我有點崩潰。

審過的稿子細節不符合出版規範，連我媽都能看出來，他沒有。

西舟姐隨手翻一翻，又找出好幾個錯別字。

更要命的是，書稿裡所有的英文都被他一句一句改成了Chinglish（中式英文），網路翻譯的那種，折騰得陣雨哥加班回家還得幫我一起連夜改句子。簡直是在幫倒忙。

安排他負責別的事，溝通媒體，他說不清楚需求。

盯校園活動，二十多歲的女人們踩著高跟鞋全場跟，一個行銷編輯，主持人遲到了她拿起麥克風就頂上。

整個團隊健步如飛，唯獨家明一個人慢吞吞的，看著像在動腦子，張口問的全是「我能不能早點走，家裡有事……」

工作沒做完，有突發狀況，下了班從來聯繫不上，都是很遲地解釋：「家裡老人有事，在陪孩子……」

顧家是好事，他又是個長輩，我說不出「盡量工作時間把工作完成呀，不然團隊的工作會卡住」之類的話，只好默默當背黑鍋的人。

我這才意識到，從前在工作中接觸的四十多歲們，也會留很多時間給自己和家人，但他們要麼有手下負擔具體執行，要麼業務極其嫻熟，不需要多餘的時間。

我也第一次親眼看到，原來人的工作能力和社會能力，真的不會和年齡一起成長，早年沒鍛鍊過，四十歲當真能依然什麼都不會。

做著二十多歲人的工作，知道得不如他們多，體力還跟不上。不敢想像經濟狀況

叫人看著心疼，想幫忙，卻實在找不出他擅長的東西。

家明的收尾工作，是我付了我的助理加班費，拜託她幫忙處理的。

一個一九九五年生的小女生，三下五除二就把家明怎麼教都出錯的工作做了。

我的書一結束，團隊就馬不停蹄製作其他書去了。

不知道家明後來的命運。希望他好吧。

3

我又想起金 Tina，那真是個狠角色。她三十出頭，在普華永道做經理。

普華的非名校生不多，他們因此總被扣帽子，要麼是「雖然看著工作拚命，其實後期發展潛力十分有限」，要麼是靠關係進來的。金經理帶著這樣的「被成見」空降。

我們組交工[1]，六十一頁的審計報告，她圈出二十三處錯誤：這份闡述主標題和副標題間多空了一行，那張表格的數字沒對齊……

我們抓起表格左看右看：齊的呀！

我們打開電子版，放大好幾倍，驚了，確實有一丁點沒對齊，有違四大倡揚的專業精神。

六個人輪流放大縮小加電腦畫線，來回檢查沒發現的錯誤，她用肉眼翻紙質版翻一個週末，居然成群結隊地無所遁形。

我們凌亂了，這是為什麼。

「大概她看過的審計報告，比我們吃過的飯多吧……」

我們肅然起敬。

她說：「客戶也是從這兒跳槽出去的，不管他跳到哪兒去，能耐丟不了，我能抓出來的錯誤，他也能抓出來，你們小心檢查。」

我們都被嚇到了。

於是那個週五，下班時間、加班時間依次過去，全組人馬誰也不走，公司在成都專門有個「檢查格式部」，專業部門確認了沒問題，我們依然不放心，又重新檢查了六七遍。

金經理有一回講笑話。

早幾年的審計忙季，她凌晨四點下班下樓，計程車司機看不下去。

「哎喲喂，您說您一個女的，怎麼也加班到這個時間！」

經理大手一揮：「大爺，我們這兒不分男女，都是牲口。」

眾人大笑。

我不提倡加班，但也忍不住默默佩服。

因為如今我看到她三十二歲的樣子。

我請教的財務問題她隨口解答，清晰明瞭。

我做不出的效果，她看一眼就會。

面對客戶，我不知所措地博弈，她點撥一下，我馬上就能處理。

我跟著她一個月，簡直勝讀一年書。

哦，她也迷茫，生活陷入瓶頸，停滯不前，但她面臨的選擇，是繼續工作，或者返校讀書彌補第一學歷的不足。

而且稍微開門一張望，門外全是揮舞著更高薪水的獵頭。

人的際遇最說不準，可能今天是經理，明天就失業、跳槽。

但無論在哪兒，展現出來的工作能力都在舉手投足裡。

碰到我震懾我，碰到別人，也同樣震懾別人。

歷練過的，當真都被時間沉澱成了本事。

而剛畢業就上班混日子，下班只顧玩，經年之後除了一事無成和中年危機，還能有什麼呢？

4

我十九歲的時候，在一所社區大學裡，偶然修一門心理學導論。

好些人不聽講，教授是個高個子的黑人大叔，停了講座，突然提問。

「我今年四十歲，是不是比你們大很多？」

我們紛紛點頭。

「可是我覺得，我和你們之間的年齡差，特別快，特別短，我現在閉上眼睛，我十九歲在橄欖球場上跟大塊頭們幹架的日子就在眼前飄，好像昨天一樣。」

我們配合演出，哄堂大笑。

教授換了個坐姿，說：

Believe or not, one day you will wake up, YOU will be 40 years old.

——你也會有這一天的：睜開眼睛，又是一個一模一樣的清晨，而你四十歲了。

You will ask yourself, what has happened in my life? If you don't have a solid answer for that. Trust me, that moment, will be the saddest moment of your life.

你會忍不住問自己，這些年我做了什麼？

如果你連個說得出口的答案都沒有，那個瞬間，會是你人生最痛苦的瞬間。

你會抱頭痛哭。

大半生過去了，最有勇氣、力氣的時光全沒有了，這場最重要的考試該交卷了，你才發現自己還沒開始好好答題。

把你送入大學的入學考有許多反轉，因為年輕，有時間。

可是人生這場考試，每一筆落下去，都是刀刻的，沒有橡皮擦用。

活到七十五歲，一生也不過九百個月，兩萬七千三百七十五天，而大學四年加起來，不過是其中短短的一千四百六十天。

這奠定你日後人生基調的一千四百六十天，一覺醒來少一天。

你知道嗎？

在你又隨手浪費掉一個過一天少一天的一千四百六十分之一的時候，在你滿不在乎的時候，在你看不見的地方，有許多人正在冥思苦想，怎麼讓那一天更有意義。

在你們共同的四十歲那天，你面目全非，後悔得哭的時候，他們拿起鏡子，對著他們少年時夢想成為的模樣，會心一笑。

而你只能哭著回想，你也有機會的。

你面前也有過一張人生的考卷，那時你手裡有筆，有充足的時間答題，答好了你就也是自己夢想的樣子。

可是一轉眼，你只能看著別人實現理想，回想自己當初是哪根筋壞掉了，要瞎糊弄最該奮鬥的日子。

你的十八歲、十九歲，寶貴的大學時光，正是答題的黃金年齡。

你每天幾點起床，幾點睡覺，偷了幾分鐘懶，做了幾分鐘事，都是在給那份四十歲要交的考卷寫答案。

你現在手裡拿著筆，一筆一畫寫出來，都是自己人生的答案。

怎麼會不想好好寫呢？

你就只寫這麼一次。
全班鴉雀無聲。

5

我總有一天會四十歲的。
從那一刻，我的腦子裡常常響起這個聲音。
它左右我的許多決定。
比如，我那時想修心理學雙學位，打聽一番，熱情滅了大半。課多，費事，時間成本不划算，經濟成本更不划算。
於是我閉上眼睛，想像我的四十歲，和她對話。
我問：「另維，這是你四十歲的清晨，你從床上坐起來，回想已經過去的大半生，想起你遙遠的十九歲，那時你有機會學一個心理學學位，你因為嫌費事放棄了。往後的二十年你一直好奇這個學位會帶你去哪兒，沒有答案。你會後悔嗎？」
會。
我光是想一想，就已經悔恨得咬牙切齒了。
於是我爬起來，忙不迭申請心理學院。

六年過去了。
現在我二十五歲，心理學塑造了我的思維方式和價值觀。
還有好長的路要走。
我也漸漸養成這個習慣。
我已經進步很多了，但每天還是有很多時候，一癱下來就不想動，對自己說，「列好的計劃明天執行也沒差啊」，無法熄滅滑手機的欲望。
我管不住自己的時候，就閉上眼睛，去我四十歲那天的清晨。
我因為得過且過，經常偷懶，對自己說的「明天吧」比「必須今天」多許多，「算了吧」比「再堅持一下」多許多，寫出一張爛透了的答卷。
考試時間結束，我抓著頭髮捂住臉，後悔得痛哭。
阿拉丁看我可憐，抱著神燈拍拍我。
他願意給我一次機會，僅此一次，讓我重新活一遍。
我跪下來哭著謝謝爸爸，發誓我絕不辜負他給的機會，絕不辜負自己只有一次的一生。
睜開眼睛，真好。
我二十五歲，命運的畫筆還在自己手中。

我寫答卷去了。

6

1 交工：指承建單位把完工的工程移交使用單位。

成功的人，是自律的普通人

最近自律很紅。

我有個叫塔塔的四中學妹，是自律教的忠實信徒。

簽名是「越自律，越自由」，

看到一篇〈成功人士都是這樣自律的〉，絕對轉發。

結果，文章再也沒有點開，繼續抱著一堆作業去圖書館玩手機。

玩完了又生自己的氣，打越洋電話跟我哭訴時間都浪費了，生活好苦惱。

一哭又哭掉一個下午，更加崩潰。

1

世上有這麼一群人。

上班主要思考吃什麼，下班吃完了無所事事，我的最愛裡全是明天開始執行的瘦身祕笈。發現自己又胖了兩公斤，還嘲笑每天健身打卡的同事：看到你努力了也這麼胖我就放心了。

你放心個啥？

半年後同事往你面前一站，瘦得跟修圖的一樣，而你已經又胖了不知多少個兩公斤，你很爽嗎？

是的，你很爽，頓時渾身充滿正能量，覺得自己和理想身材也只隔了小半年。

可是好幾個小半年過去，你還和你的肉一起躺在床上滑手機。

網路上有人發了「懶癌晚期的日常」和「拖延症都是這麼寫作業的」，你一滑滑走兩個小時，還要轉發自嘲一輪，「就是仙女本人了」，覺得自己很有幽默感。

你的評論獲讚好幾百，網友紛紛說找到了組織，要和你緊緊拖住，你瞬間覺得世界充滿拖延症，想自律和做到自律之間有不可逾越的鴻溝。

人性的一部分，大家都一樣。你找到歸屬感，loser 得更加心安理得了。

終於有一天，你徹底忘記了那個也渴望過上進的自己，還沒非凡已經相信平凡是生活唯一的答案，看到新聞裡的最強畢業生四年考了多少證、去了多少地方、拿了多少獎學金還 GPA 全滿。

瑟瑟發抖地問，優秀的人都沒有拖延症的嗎？

是的，我負責任地告訴你，優秀的人沒有拖延症。

2

說說我和塔塔共同的女神——茹比。

雖然她是網紅臉，還不紅。

和我幾乎同齡，心理學和應用數學的大學雙學位三年不到拿下[1]，衝浪、攀岩和滑雪都是好手，滿身奢侈品，男朋友也很厲害。

我大學還沒讀完，她已經牛津大學心理學博士畢業，做了一名科學家。時不時去 Facebook 矽谷總部駐紮小半年，神不知鬼不覺做左右網友情緒和行為的心理學實驗——世界第一批社交媒體心理學實驗。

塔塔在北京讀大二，心理學同門，見過茹比，因為茹比偶爾會回中國開學術研討會。

塔塔聽我提過茹比，想方設法結識本尊。

然後塔塔就跪了。

茹比身材健美，生活極度規律。每天早起跑步，紮個馬尾辮，轉眼就坐在咖啡廳或圖書館，旁若無人地看書、翻文獻或者回郵件。在工作場合說話，每次都是有備而來，從穿著到說出口的每一個字都不捅簍子。並且感覺永遠不急不徐，有條不紊。

有一天下大雨，塔塔想，終於不會跑步了吧，結果茹比在健身房裡揮汗如雨，引體向上一做好多個，旁邊的肌肉男全看呆了。

又一天，茹比抽空跑了個馬拉松，全馬，跑完了回學校討論學術，跟沒事一樣。

塔塔終於鼓起勇氣約茹比聊天，請教學習，茹比說下午四點有一小時的時間。她們坐在咖啡廳裡聊得正忘我，茹比忽然開始收東西。塔塔看手機，一小時還差兩分鐘，茹比說完再見轉身離開，剛好一小時。

原來自律的人是這樣的。

每一個小時都安排得清清楚楚，永遠不打亂仗。明明事情又多又難，卻像是手裡牽著木偶線，一切都打理得井井有條。而只把自律掛在個人簽名檔裡的人剛好相反：生活掌握著木偶線，自己是被動的木偶，永遠是在氣喘吁吁追趕進度，不知什麼時候是個頭。

掌握了每一個小時的效率，就把生活完全掌握在了自己手中。

那種氣場真迷人。原來世上真有這樣的人。

塔塔說：「另維學姐，難怪他們說人和人的區別，比人和動物還大。」

3

我認識茹比的時候，她也就是個長得好看一點的普通人。

她那時和塔塔一樣年紀，十九歲。

那一年，我們都在加州柏克萊大學讀夏季學期，碰巧合租了同一套公寓，又修同一門心理學。

開學前一天，我們一起去夜店跳舞，第二天進教室才發現昨晚居然有網路作業要交，教授郵件通知過，我們忙著搬家和熟悉新室友，都沒看到。

就這樣課還沒開始上，先把 4.0 的滿分丟了。

我還在悲痛，她已經給教授寫了好幾封懇求郵件。

教授回覆「成年人要為自己的過錯負責」，拒絕。

我自責難受了一整晚。

那一整晚，茹比把自己關在房間裡奮筆疾書。

她把每次考試、交論文和作業的日期寫在行程日誌上，在旁邊標注分數目標，附一句「再丟分，一輩子不買包」，還加了三個感嘆號。

那門課每節新課前，都要在網路上做一套預習題，我們說好先做完的截圖發給對方。

第一章漏做之後，她每一章都提前一週預習完。我當時的目標是上課前預習完。

我說：「你有必要提前那麼久嗎？」

她說：「我就喜歡懲罰管不住自己的我，你咬我？」

我們去圖書館自習。讀累了休息十分鐘，一起玩那年流行的「憤怒鳥」。然後一晚上嘻哈快活，都沒再看一眼課本。第二天剛一坐定，她把手機塞給我，叫我收進書包，她打死我也不要在學習任務完成之前還給她。

她大學院校不是最好的，該有的壞習慣也都有，沒想到博士考那麼好還讀完了，還繼續一路開掛，掛到塔塔不叫她老師，叫「茹比上神」，掛到我每回稍微介紹一下她的光環，朋友都不信這等強者會被我認識。

其實也不奇怪。

她十九歲時，每天都在想方設法懲罰自己的壞習慣。

對生活中的每一次不滿意，都有不放過自己的決心和行動力，同樣的錯誤絕不犯第二次。

如果每天管住自己一次，現在八年過去，她至少管住自己兩千九百二十二次。習慣成自然，她應該早已成精。

我想起 Helen。

柏克萊的公寓，其實是 Helen 租下的，我和茹比都是她在論壇招募的室友。

開學前一天，我們三個屋簷下的新夥伴聯絡感情，Helen 提議白天逛街，茹比提議晚上夜店，我們玩得好開心。

第二晚。Helen 又來叫我去夜店，我知道再玩功課就徹底跟不上了，想拒絕不知怎麼開口，磨磨蹭蹭化好妝，看到茹比連臥室門都不開，隔空甩出一句「不去，沒讀完！」，就不再說話，我才敢試著說，「要不……我在家陪她好了？我也還有作業。」

Helen 後來一週裡三四天都要濃妝豔抹著半夜出門[2]，最後幾次考試不及格，早早退掉了夏季學期。

她畢業之後沒找到工作，離開美國，回到泉州，每天在社群平台直播追劇，宣揚留學無用論，看不出在做什麼工作。

如果我想知道最近哪個男明星紅，就去她社群頁面看看她在叫誰老公。

後來，Helen 叫我登入她的微信，發西雅圖定位的社群動態。

我發了幾次，發現她在做美國代購，只好關掉她的訊息提醒，再也不回話。

4

都說世上有個80／20法則，20％的人掌握80％的資源。

不管我們願不願意，我們這一生，都是在爬梯子，爬上去了就是二，沒爬上去就是八。

爬上去的人，全都自律又高效，各有各的經驗竅門。

因為成功過，他們全都知道努力的意義，相信生命的無限可能。

然後，他們漸漸在各自的領域嶄露頭角，形成強大的人脈圈，強強聯合讓他們的事業和生活越來越得心應手。生下的後代，因此各個含著金湯匙。

而loser們放眼一望，世上全是年輕時輕易放過自己的人，心安理得地想，果然大家都一樣。

要是有人能收穫不可思議的成功，簡單，長得好就是一路睡過去的，長得不好就是爸爸厲害。

他們沒見過其他可能性，所以不相信。

二十歲左右是個神奇的年齡。

二十歲那幾年，因為變數大，20％和80％的邊界最模糊。

每一次考試的結果。

每一次走到舒適圈邊緣，選擇突破還是「算了吧」。

每一個週末，選擇早起幹活還是「再睡一會兒」。

每一個小時，選擇背單字還是「再來一局農藥（榮耀）」。

都是在畫下半生的「二八線」。

我們爬的那個梯子，看似長，實則短，好多人爬著爬著就停了，任一生最好的機會和青春一起從指縫流走。

一輩子停在那裡，以為人生就該那樣，到死也不知道，其實他年少時有一刻，離突破真的不遠，再堅持一下下就到了。

那個突破原本應該改變他一生。

天賦和家境固然難以逾越，可是大家來到世上，都是不知自律為何物的嬰兒，誰也沒比誰多會一點。

而人的最終，正是這些生活的好習慣——時間管理、自律、效率，把同一間教室裡的人慢慢分開，送進截然不同的生命軌道。

這些明明再努力一點就能掌握的東西，憑什麼他能養成，你就不能？

---

1 上一代影響最深的就是年少時期的教育資源了，茹比國際學校畢業，帶了十幾門AP上大學，跨進大學校門時已經是大二學分。我二〇一〇年出國，高中在襄樊四中，連AP是什麼都不知道。而我的很多高中同學，連SAT是什麼都不知道。

2 美國不准二十一歲以下的人喝酒，進夜店。

心理學：如何快速學會自律

你聽說過 mental energy 嗎？

中文翻譯成了「心理能量」[1]，聽起來像玄學。翻譯得不好。

人類的大腦在最近的兩百萬年裡，體積增加了三分之一。

新長出的地方有一個叫額葉，我們的自律能力就在裡面[2]。

我們使用自律控制行為的時候，額葉高度活躍。

自律成功的同時，我們在消耗心理能量。

大腦很像手機，心理能量是電量，有限。

白天使用了，晚上還不充電，第二天就別想開機。

如此一來，道理很簡單了：人的自律過程，其實就是消耗心理能量的過程。

這個過程學術界叫 ego-depletion，自我耗損[3]。

人的自律力，也隨著心理能量的消耗，慢慢減弱直至徹底失靈。

直到他們通過高品質的睡眠充電成功，能量滿格開啟新一天。

我們都經歷過的。

我們決心減肥，很有毅力，一整天都沒怎麼吃，

好不容易挨到最不該吃的晚上，卻忍不住大吃大喝起來。

因為一整天的勞作之後，我們用完了心理能量，自律比白天困難了。

好多人每天起床，第一件事是摸手機。

看微信，看朋友圈，有時再把知乎、微博甚至微信公眾號刷一遍，

床還沒下，眼睛先累了，大腦更是已經疲憊。

在每一個充足睡眠之後的新一天裡，

心理能量如此有限，怎麼能一天還沒開始，先在沒用的事上狠狠花一筆呢？

同理，遲早散去的流言蜚語，已經改變不了的考試成績，

再也不想攜手同行的前任。

放在腦子裡不停想，不會產生任何積極結果，

還占用的全是你花在別處就可以無限作為的心理能量。

不划算。

讓我基於心理能量，說五個科學有效的自律辦法。

1

把最重要的事放在最前面

關於自律力的研究，西方心理學有幾個經典實驗。

比如，實驗者按照科學家的指示，觀看動人的電影並忍住情緒——忍住哭，忍住笑，然後開始解數學題。結果發現，同樣的數學能力，已經使用過自控力的人，即使是用在了和數學思維毫無關係的忍住哭泣上，他們的解題效率、注意力和自控力也都下降了。

心理能量有限。

這個祕密也由此揭開了面紗。

所以，人清晨的自控力普遍比下午好，下午的自控力比晚上好。

你撞見前男友和現女友秀恩愛，表現得大氣自如一百分，轉頭發現自己背不進單字，還打破了節食計劃暴飲暴食，這不是你還愛他，是因為你的心理能量在「大氣自如」的時候，消耗過度了。

所以，我們最好把最重要的事情，放在剛起床時做。

那是一天中自律力最好的時候。

把追劇、滑社群動態和那些可有可無的事情盡量忍到後面去，反正就算到時累了算了，也傷害不到你的未來。

滑手機的欲望，是說忍就能忍的嗎？

當然了，有方法的。

每一次忍不住了，想偷懶了，馬上問自己一遍：你真的要把好不容易充滿的有限心理能量用在這裡嗎？用完之後，你就做不了別的事了哦！一整天又浪費了哦！

還管不住？

想想這些：

你上一次自律失敗遭遇了什麼？構思好的論文，因為不得不在最後一夜寫完，寫得亂七八糟；跟著室友熬夜導致自己錯過面試／女朋友／複習考試，你捶胸頓足對天發誓不會再犯……記住這種悔恨、自責，再也不想體會第二遍的痛苦，在管不住自己的邊緣，把它們拿出來，細細咀嚼，好好回憶。

久而久之，悔恨的痛苦和自律失敗，這兩件原本沒有直接聯繫的事情，經過你的思維訓練，在你的大腦裡形成了因果聯繫。每當你稍微想偷懶一下，立刻被偷懶之後的悔恨痛苦折磨。自律自然而然就更容易了。這便是巴夫洛夫的經典條件反射理論[4]。就像失戀男在吃黃瓜的時候被女友甩，從此看到黃瓜就心酸，很多年無法吃黃瓜。

最後，重要的事情說三遍。

早上起床不要先玩手機！

早上起床不要先玩手機！

早上起床不要先玩手機！

目標越具體，越容易控制自己

你覺不覺得，上課的時候，如果你對一個問題點，只理解了大略的概念，事後很容易忘記。而如果你記住的是老師舉的具體例子，它可能會在你腦子裡存很久，將來能講給孫子聽那麼久。

自律力發揮起來，是一樣的道理。

我們的大腦對具象化的東西印象更深。自律計劃越具體，執行起來就越容易。這是社會心理學家鮑邁斯特的自我調控理論。

比如，不要再把計劃列成這個樣子：明天學習一天，週末兩天要全用來學習！

對自己說：明天八點前要坐進圖書館，下午六點前不能出來，十二點可以外出吃飯，一小時內必須坐在座位上，繼續做題目。

如果你還沒有這樣做，試試吧，你會發現管住自己比過去容易了一點。

因為你知道該從哪裡下手了。

實驗說，只要視線裡有手機，哪怕是別人的，也會影響你的注意力

心理學家做了個調查，問人們，覺得怎樣杜絕手機的影響最有效。

人們普遍認為不看手機，或者螢幕朝下就可以了。

心理學家在華盛頓做了個現場實驗。

發現不僅不玩沒用，螢幕朝下也沒用，只要手機在視線裡，哪怕不是自己的，注意力都會受影響，而人們幾乎意識不到。

更有趣的是，兩個不太熟的人談話，如果桌子上有手機，哪怕全程沒有人用它，僅僅是手機的存在，也會降低人們的親密度、同情心和信任感。

茹比學完這些，堅決要改掉學習時摸手機的習慣。

她把手機調成靜音震動放在看不見的地方，每想摸它一次，就問自己一次：你想拿寶貴的心理能量滑手機嗎？

對自己說：你不會只查單字不刷微博就把手機放回原處的，別自欺欺人了。

現在，好多人問茹比博士：「你是怎麼做到學習的時候完全不玩手機的啊？為什麼我也控制自己，卻還是不停地想玩？」

她說：「你和我身為人類，大腦裡都有一個叫鏡像神經元的東西，它負責不斷有意識和無意識的模仿，讓我們看過、做過的事情越來越容易。

「所以，你每摸手機一次，下次摸手機就更容易；你每成功抵制手機的誘惑一次，下次也會更容易。

「因為神經元活動大都是無意識的，你覺得難的時候，只感到一切遙遙無期，並不知道自己其實已經在慢慢變好了。

「你甚至不會發現，自己已經失去了玩手機的欲望，直到別人睜大眼睛問你，『天哪！你怎麼做到學習起來完全想不起手機啊？』

「你這才意識到，你居然神功已成。」

保證高品質睡眠

前面解釋過，我們的心理能量要靠睡眠充電。

我們只有在深度睡眠中才能緩解疲勞，加強新陳代謝，得到能量累積。

深度睡眠也被稱為黃金睡眠。

如何提高睡眠品質，一直是個熱門話題，眾說紛紜。

心理學家證實過幾個。

大概是盡量排除睡眠干擾，比如在安靜和全黑的環境裡入睡，如果環境不夠黑，可以戴眼罩。

於是眼罩公司笑了。

比如睡前不要看電子螢幕，因為螢幕上的藍光會擾亂大腦的睡眠信號，所以看書或者 Kindle 更好（有些手機的睡眠模式就是除藍光模式）。

好多公司都笑了。

人體的個體差異太大，比如光線就影響不了我的睡眠品質，我聽聲音才睡不著。同時，許多人開燈睡不著，要聽音樂入睡。

所以，我不愛盲信過於籠統的意見。

每個人都是特別的，瞭解自己最有用。

我透過對自己睡眠品質的長期監測[5]，發現在我大腦疲勞的時候，睡半天還是醒的，在身體疲勞時進入深度睡眠很快。

我經過長久的對自己的觀察，如今喜歡睡前放鬆，不喜歡睡前工作和學習。喜歡身體累了再睡，如果不夠累，我會在睡前跳運動量很大的健身操。這讓我基本掌控了自己的睡眠品質。

這一段沒有科學依據，是我的個人經驗，只用來說明最好的方法是探索到適合自己的方法。

對了，我們如果直接從深度睡眠中醒來，會感到大腦疲累，這和睡眠長短無關。

而且，並不是每個人都需要每日七到八小時的睡眠才健康。深度睡眠平均占總睡眠的25%，有些人更短，有些人更長。先天基因和後天訓練都有影響。

我在《用喜歡的方式過一生是怎樣的感覺》裡寫到的R教授，活到八十五歲，他每天只睡四個小時；李凱文說他必需保證九個小時以上的睡眠，第二天才能工作。他們成績都很好。

我還在課本裡學過每天只睡一個小時，健康活到七十多歲的極端案例。

個體差異是一件神奇且有趣的事。

總之，關於如何提高深度睡眠的比例，花時間瞭解自己，比學習別人有用。

你睡好之後的身體，頭腦清醒，疲勞感歸零，精力充沛，思維變快，注意力和記憶力提高，心理能量滿格。你一定感受得到。

認真想想那樣的一覺是怎麼睡出來的，把它變成睡眠習慣。

不要跟不自律的人一起學習

這個有點殘忍。

我告訴你為什麼，你就會原諒自己了。

我們從一九六二年的電梯實驗說起。

如果一電梯人都面對著牆壁，唯一一個面對電梯門的人會不知不覺轉向牆壁。

同樣的套路，心理學家又嘗試拿下帽子，戴上帽子，連轉三面牆壁，全都屢試不爽。

從眾的遠古人更容易活下來，因此我們身上都攜帶從眾基因。

於是心理學有了著名的社會影響理論。

甚至，家裡有肥胖的人，其他家庭成員肥胖的可能性也會更高。

我們每個人，都逃不開身邊的人對我們的影響，這影響很多時候是無意識的。

更不要說有些人，自己玩手機就算了，還動不動就跟你閒聊天，你裝沒聽見，他們就馬上開始胡思亂想你們的友情怎麼了，或者回過頭嘲笑你清高。

前者你回頭還得負責開導他的玻璃心，後者讓你明明在做想做的事情，還要自我懷疑。

這樣的朋友，叫你自習一次，第二次你就找個藉口推託了吧。

不是今天不出門，就是學完了再回微信說不好意思今天出門沒帶手機，總而言之，絕對叫不出來。

不用擔心會因此失去朋友。

如果你科學地學過人類情感，會知道「相似性」[6]才是友情和愛情的長期黏合劑，學習習慣不好的朋友，你在他面前好好學習，反而會叫他不舒服。

我有很多不愛學習的朋友，我們不一起學習，不妨礙我們一起打球、拍照、逛街、旅行、吃飯。

2

最後，讓我再說一個心理學的經典實驗——棉花糖和孩子。實驗者給一群四歲的孩子棉花糖，告訴他們，如果能等上十五分鐘，他們就能拿到兩顆棉花糖[7]。這是在測孩子延遲快感的能力。

延遲快感，delay gratification，就是在知道現在付出，未來會收穫更多之後，願不願意放棄即時的享受，選擇付出。

這種行為習慣從孩子的幼年開始，展現在生活的方方面面，比如作業寫完了再去玩；好吃的留到最後吃；只要學習機會好，願意承受低薪工作……

心理學家追蹤觀察了棉花糖小孩們幾十年，發現能等十五分鐘，有能力「延遲快感」的孩子，不僅普遍大學入學考分數更高，而且不管進入什麼領域，幾乎都比選擇「即時快感」的孩子成功。

延遲快感的孩子更有天賦嗎？

四歲，大腦裡掌管自控力的部分幾乎還沒開始發育。

比起盯著棉花糖看，很快就忍不住吃掉的「即時快感」的孩子，「延遲快感」的孩子們有的閉上眼睛不看棉花糖，有的轉頭給彼此扮鬼臉。

如果非要說天賦，他們最多的天賦是面對問題，知道想辦法、找方法。

你看。

懂得尋找合理方法，從而學會自律的人，真的會擁有更好的一生。

---

1 Mental energy，心理能量，其實和物理學中能量的概念很像，只是後者客觀存在，可測量，前者是一個心理現實，也被認作人的生命力、活力值。心理能量是從佛洛伊德時代就有的概念，心理學鼻祖級大師榮格也講過，可惜佛洛伊德只是提到，並未加以解釋。心理能量和自律聯繫緊密。佛洛伊德極具爭議性，他曾三十二次被提名諾貝爾生理學或醫學獎，卻到死都沒得到，至今不被美國學術界認可為心理學家（佛洛伊德生平內容來自《變態心理學》課本）。

2 額葉，frontal lobe。內容取自《生物心理學》和《發展心理學》課本。

3 自我耗損，即 ego-depletion，由美國心理學家 Roy F. Baumeister 及其團隊提出。用以解釋人意志力和自制力的降低。

4 Classical conditioning，經典條件反射理論，更著名的說法叫「巴夫洛夫的狗」。一百多年前，蘇聯著名生理學家巴夫洛夫餵了幾隻狗用以醫學研究，有一天他發現，狗聽見自己的腳步聲會流口水，心想：這是為什麼呢？讓狗流口水的應該是食物啊！他由此受到啟發，做了一系列實驗，證明人和動物經過訓練，會對本沒有聯繫的事物產生反應。《宅男行不行》中，謝爾頓曾用同樣的方法訓練過佩妮，而引起了倫納德的不滿。

5 我喜歡做數據分析，一直在戴監測睡眠時長和品質的手錶。

6 異性相吸不符合科學現實，已經證明。

7 Delay gratification 和 instant gratification，即延遲快感和即時快感。棉花糖實驗是心理學經典實驗，後來延伸出了很多種變體。美國心理學家 Walter Mischel 寫過一本 *The Marshmallow Test*，我的教授推薦給我的，非常耐讀，推薦給你。Mischel 教授目前執教於美國哥倫比亞大學，主要研究性格心理學和社會心理學，是二十世紀被引用最多的二十五個心理學家之一。

心理學：工作和健康，真的需要二選一嗎

「宋叔叔去世了！」

那天，我媽連夜打來越洋電話，叫我趕快別工作了，快出去玩。

我一臉懵。

我媽大學畢業就回了襄樊，而她的高中兼大學同學宋叔叔，考了上海交大研究生。

宋叔叔研究生畢業之後，留在上海打拚，三十多歲就做了基金公司合夥人，浦東浦西好多房，早早把一雙兒女送進了學費三十萬一年的國際學校，一度是家鄉父老羨慕的對象。

宋叔叔面龐英俊，學生時代是足球好手，也沒有家族病史，這樣一個身體健康的上居男神，五十歲生日剛過，就心臟病搶救無效去世，驚得一眾老同學措手不及。

「醫生說……」

一連好幾週，我媽每天夜裡十一點準時來電，一邊哽咽一邊吼。

「醫生說，你宋叔叔的死因是長期壓力巨大、焦慮引起的心血管疾病！你還在工作嗎？馬上停止！」

我爸更誇張。

「都說隔壁院子那個好吃懶做的胡小寶不成器，紐西蘭留學九年，大學畢業證書都沒拿到，回襄樊開個餃子館，還睡醒了才開，睡過了隨便──現在看來，人家那才是大智慧！」

「人就活一輩子，要那麼多壓力幹什麼？健康最重要，生命沒了什麼都沒了！千萬別學你宋叔叔！」

1

好多人稍微努力一下，精神萎靡，天天犯睏，身體像台劣質機器一樣不是螺絲脫落，就是局部生鏽。於是馬上下結論：不是我不努力，是身體吃不消。還是別給自己太大壓力，健康第一，其他隨意。

碌碌無為了半輩子，夢想都被別人實現了，不如他的老同學紛紛比他見多識廣。

沒關係。他對自己說，雖然別人成功，但是我長壽啊。

真的是這樣嗎？

不奮鬥，沒頂過大風大浪大壓力，就真的會更健康長壽嗎？

二〇一二年，威斯康辛大學健康心理學系公布了答案。科學家們追蹤三萬個成年人的健康狀況八年，把他們分成三類：常年承受巨大壓力的人、一般壓力的人和很小壓力的人。看看誰先死。結果發現，死亡率最高和最低的，居然都是壓力巨大的人。

真奇怪。

於是，科學家把壓力巨大的人分為兩類：一類相信壓力有害健康，一類不這麼認為。

壓力對人體影響的真相，就這麼揭開了。

堅信壓力就是慢性自殺的人，死亡風險最高，比第二名「生活壓力適中」的人群，死亡風險增加43%。覺得壓力助人成長、給人動力，是件好事的人，別說死亡風險增加了，他們是最長命人群——超過生活壓力最小的。

是的，你沒看錯。

科學家說，能慢性殺人的不是壓力本身，而是人們面對壓力的負能量。

如果你讀過報紙上鋪天蓋地的「四大員工猝死辦公桌前」「高三學生不堪重壓跳樓身亡」，並且的確因為壓力大而頭痛失眠，效率低下，身體越來越差，連個小感冒都半年不痊癒，你一定很難相信「壓力無害說」。

你一定更難相信，世界上真的有一種人，他們喜歡壓力。

面對壓力，他們看到的是一次突破自己的好機會。

——我要從這機會中學習，我要戰勝它，擅長它，並因此變成一個更強大的人。

然後，他們真的爆發出了驚人的能量。

不僅僅是工作效率更高，效果更好，更有創造力。

他們還在和壓力相愛相殺的過程中，精氣神越用越足，越發健康了。

這可能嗎？

我的行銷編輯西舟姐，幾年前剛與我交上朋友，便與我訴苦。

她喜歡做書，但她不得不為了工作任務，捏著鼻子哄眼睛[1]地替她不認可的內容寫推廣企劃，而且寵愛她的大老闆跳槽了，她的直屬上司一直在奮力刁難她……

她說，我如果是一個剛畢業的新人，磨練一下無妨。但我入行快十年了，天天重複作業，學不到新東西，也看不見發展空間。三十一歲的人了，狀態越來越差，身體也不好了，今年一直在感冒，吃了小半年中藥，還不見好……

她說，想辭職休息一段時間。

西舟姐就這樣，由一個中國最好的出版社的資深編輯，搖身變成獨立企劃人，也就是自由工作者。她一邊調養身體，一邊在家為喜歡的書做推廣企劃。

獨當一面，可比負責大公司流水線裡的其中一環艱難多了。

西舟姐反覆碰壁，被媒體跳票，被合作公司坑，走投無路，到處找路。從前的同事都嘆氣，好端端的，幹麼沒事找事。西舟姐咬著牙，三百六十五天不停歇地琢磨圖書推廣，做出好多暢銷書。

她就這樣，跟著感覺任性了一次，跌跌撞撞了五年，不小心證明了自己的實力和資源。

五年之後，碰上一家出版公司重組，被請去做了ＣＥＯ。

現在的西舟姐比五年前忙碌太多，上上下下的開會，招聘，學習企業管理，還抽空幫我看這本新作品。看到這一篇，她很激動。

「你記不記得我辭職之前，不是頭疼就是胸悶，每天喝中藥，還以為真像網路上說得那樣，女人過了三十就是不行了，承受不了那麼大工作壓力了。可是現在，我事情更多，責任更大，壓力更大，人反而一天比一天有精神！感冒都沒有了，跟你說得一模一樣！我還正在琢磨這事呢，太奇怪了！」

不奇怪。這是人體的正常現象。

我們的身體感受到壓力的時候，會喚醒大腦的交感神經系統（SNS）。交感神經系統有兩種反應機制：我們因此要麼進入恐懼狀態（threat），要麼進入備戰狀態（challenge）。

這是怎麼一回事呢？

我們都知道，生物的進化是以百萬年為單位的[2]。我們身體的許多功能，還是為了在草原上和野獸搶食物而存在，交感神經系統就是其中之一。我們遇到危險的時候，交感神經系統會迅速做出判斷。如果覺得能打贏，它會把人體所有的能量調集起來，進入最佳狀態——備戰狀態。

備戰狀態裡的我們，周邊血管變寬（peripheral vasculature），心臟的做功效率增加（cardiac efficiency），我們渾身充滿血液和氧氣。我們感到精神百倍，思維敏捷，簡直眼觀六路耳聽八方。這些都是大腦在為更好的表現做足生理準備。

這也是最有益身心健康的狀態。

在這種狀態裡，別說日常效率明顯提高了，武松打虎、女童搬石救母之類的奇蹟，從生物學角度講，都是有可能的。

人體這種驚人的狀態，現代生物心理學把它翻譯成「充滿勇氣」和「信心十足」。

相反地，如果交感神經系統判斷我們會輸，就會提前啟用保護機制。我們的周邊血管變細，血壓增加，心臟做功效率大幅降低。我們會感到缺氧，不舒服，腦子跟不上。

這就是恐懼狀態，好處是我們被打倒在地的時候，流血量會相對少。撿回一條命的概率增加。

可是我們在現代社會裡面臨的壓力，早已不是被豹子追著跑，和獅子搶食物了，我們不會大量失血，恐懼狀態變成了傷害身心健康的禍首。

——我們不僅臨場表現變差，身體不適，長此以往，還容易患心血管疾病[3]。

2

我們可能都偶爾經歷過備戰狀態。

高三的時候，每天十六個小時瘋狂做模擬題，不走神不懶惰，一年學完三年功課。

如果再注意運動、休息和飲食，簡直天天都跟超人一樣。

多少年後回憶起來，都忍不住感嘆：那真是我的人生巔峰啊，效率最高，知識量儲備最大，吃得沒牛多，還比牛賣力，簡直不知道是怎麼過來的。

當然了，也有人面對大學入學考，精神萎靡，注意力渙散，越睡越睏。

這真是個悲傷的故事。

坐在同一間教室裡，面對同一場挑戰，別人的腦子越轉越快，如有神助，超常發揮。

你坐在那裡思考：我為什麼發抖、缺氧，我是不是身體都被大學入學考拖垮了，應試教育太可怕了，是我這種不擅長考試的人的惡夢……

我是誰，我在哪裡，為什麼大腦一片空白，這道題明明老師講過，為什麼想不起來……

因為在恐懼狀態裡，身體根本就沒有給你足夠的氧氣和血液。

因為你面對壓力所選擇的「我會輸」的情緒狀態，已經提前讓你的身體進入了loser模式。

同樣是上大學入學考的戰場，別人是吃了威而鋼的阿諾史瓦辛格，而你就是去挨打掉血的。

網路時代，社交媒體一打開，千篇一律的「你要與正能量同行」「你要遠離負能量人群」，被爭相轉發。

可是有多少人真的相信，精神力量的強大？

正能量，負能量，我們面對一切事物的態度，都比我們以為的強大。

我們的意志、行為，甚至健康狀況，時時刻刻都在被它們左右。

而我們作為人類本身，毫無意識。

3

你問：我知道面對壓力的態度很重要，但是我就是控制不住害怕呀，負能量呀，能改變嗎？能。

哈佛大學健康心理學系公布過一個震驚學術界的研究結果。

他們安排水準一致的三組人考GRE（美國研究生入學考試／資格考試）。

考前，他們對其中一組人進行密集培訓，讓他們瞭解備戰狀態：

「身體一旦進入備戰狀態，交感神經系統會把你渾身的血液和能量都調動起來。

「如果你在考試中心跳加重，那是你的心臟在為解決問題做準備；「如果你呼吸加快，發熱冒汗，非常正常，那是身體在給大腦輸送更多氧氣，以幫助你更敏捷地思考！」

不出所料，備戰狀態組考得最好，沒有進行心理干預的第二，恐懼狀態組最差。

科學家們追蹤觀察備戰狀態組，發現了更厲害的。

他們不只在那一次GRE考試中提高了成績。後來的期末考試、體育比賽甚至工作面試，他們的表現也都有了明顯的進步。也就是說，一旦學會了這種思維方式，人們可以主觀地把備戰狀態召喚出來，用在生活的方方面面。我們只需要在每一次感到壓力的時候，有意識地告訴自己：

沒必要恐懼，我心跳加速，那是它要運轉出更多血液；我呼吸加快，那是大腦在收集更多氧氣，我的身體正在為戰勝這件事做出最好的準備。

你讓我再說具體些？

好。

首先，閉上眼睛，放鬆全身肌肉，把呼吸拉長到每分鐘四至六次。

這會增加我們的心率變異性（HRV）。

就是心電圖上每次心跳之間的細微波動，一個預測心臟問題的重要指標。

增加心率變異性幫助我們適當放鬆大腦、身體和情緒，暫時從令人窒息的緊張中逃離出來。

所以人們愛說：「別緊張，深呼吸！」

然後，是時候對壓力好朋友說聲 hello 了。

告訴自己，別怕，去抱一抱她。

她不是來看你搞砸，再順便傷害你的身心健康的。

如果你喜歡她，相信她是好朋友而非敵人，她會把你的身體調整到最佳狀態，好讓你能更好地處理手中的一系列任務。

謝謝她。

最後，看看你的待辦清單，是不是已經按照重要程度排好了先後，此刻在做的事，就是對此刻而言最重要的事。

好了，別再管昨天和明天了。

昨天你改變不了，明天的問題自有明天的自己解決，不需要此刻操心。

集中注意力，沉浸進此刻。

這個策略叫mindfulness，正念[4]，是目前西方心理學最熱門的東西之一。我們下本書細說。

總之，壓力使我們心跳加快，大腦發悶，額頭冒汗。

這是正常現象。

而它是化為焦慮，像個恐怖分子殘忍地傷害我們的心血管，還是化作勇氣，像善良的好朋友溫柔地保護我們的身心健康，取決於我們看待它的眼光。

我們面對壓力的方式，比壓力本身更強大。

4

今天我又收到好幾則微博私訊。

想辭職的，想放棄考研究所的，認為高三就是世界末日的，每個人都覺得是壓力把他們折磨得體無完膚。

我曾經也在同樣的痛苦裡無法自拔，直到我為了我的心理學學位，不得不修習壓力的最新科學研究成果。

也就是我覺得有必要寫出來的，這篇文章裡所說的一切。

好多人有這樣的疑慮。

——我將來選擇壓力大的工作還是輕鬆的工作？我把健康賠進去值得嗎？老了之後會後悔吧？

這個問題，前半句我沒學過，每個人都有自己的人生路。

後半句，健康心理學已經研究出了權威答案。

成年人最健康的生活方式，絕不是一味逃避壓力。

那是什麼呢？

史丹佛大學的壓力研究專家凱麗教授這樣說過：

One thing we know for certain is that chasing meaning is better for your health than trying to avoid discomfort.Go after what it is that creates meaning in your life, and then trust yourself to handle the stress that follows.

我們已經確定的是，追求意義比逃避壓力更有益健康。
最健康的生活方式，是做那份讓你覺得有意義的工作，然後找到面對隨之而來的壓力的方法。

1 武漢當地人常用口頭禪，多用於自嘲或調侃，與成語「自欺欺人」同義。
2 如果對人類進化感興趣，強烈推薦哈拉瑞的《人類大歷史》。
3 我不是叫你諱疾忌醫，有病當然得上醫院，我說的只是日常心態調節對身體產生的影響。
4 Mindfulness 翻譯成了正念，翻譯得好奇怪，很容易引人誤解，在英語裡，mindfulness 原指留心、小心、注意。

減肥是最簡單的自律練習題

我真的減肥成功了。
兩個月，沒花一分錢，沒吃一粒藥，沒耽誤一天上班。
用零碎的時間，完成了一場和自己的簡單決鬥。
寫了日記，送給也在路上的你。

1

七月一日　北京　驟雨　今日關鍵字：決心

我拉肚子了，耶，我心花怒放。

我很喜歡拉肚子，忍幾天不適，再一看鏡子，兩三公斤肉沒有了，人瘦下一圈，小腹平坦，腰線婀娜。

在我的記憶裡，我一直是這樣的美好體質。

不僅僅是拉肚子，不吃早飯或晚飯，連喝幾頓湯，或者拉一泡分量充足的屎，我都能眨眼瘦。

所以我不信什麼少油少鹽、過午不食，我大口吃奶油，大口吃宵夜，忘記運動沒關係，稍微胖幾天也沒什麼了不起，我知道我能在關鍵時刻眨眼瘦。

直到今天，我第無數次面對拉了一週肚子依然圓溜溜的自己，終於不得不承認，我不是我記憶裡的那個人了，我沒有那種美好體質了，什麼時候失去的都不知道。

前些年我看到街上的不起眼大媽，贅肉鬆弛又下垂，肥胖臃腫，滿臉粗糙，總覺得她們離我很遠，根本不是同一種生物。

相熟一些的大媽看到我，喜歡動手動腳。一會兒摸摸我的胳膊，一會兒捏捏我的腰，酸溜溜地說：真瘦，我年輕的時候也這麼瘦，年紀一大就不行了。我心裡想，呵呵，算了吧，自控力缺失，管理不好自己的身體，怪什麼年紀，我可是看見自己有發胖徵兆，就馬上控制食量的人。可我發現大媽們不僅控制食量，還又狠又堅持：高膽固醇不吃，碳水化合物少吃，堅持廣場舞……

我又想，算了吧，老天爺不讓你當瘦子。

這些年，斷斷續續地，我發現自己手臂長拜拜肉了。

小問題，我的最愛裡存點影片，有時間跟著做做手臂運動就沒了。

想運動擠不出時間。

沒關係，暫時先穿帶袖子的衣服就好了。

好像有小肚子了。

不用擔心，小肚子是最好減的，幾頓飯不吃就下去了。

小肚子沒下去，腰還跟著粗了。

拉個肚子就好了吧。

還是沒瘦。

那……可能要好好運動一下，瘦回來之前暫時先穿遮肚子的衣服吧。

就這樣，我學會一肚子時尚聖經、遮胖大法，能穿的款式卻越來越少。好久沒有人捏著我的胳膊酸溜溜說我瘦了，有一天終於驚覺，我已經和記憶裡的自己判若兩人。

2

那個時候在環航太平洋的船上，我與旅行體驗師網友會面，半天不敢相認。

她在微博上是個瘦子，可是在我面前，簡直是一塊正方形。

胖姑娘是攝影師，好多胖女孩找她拍寫真，經她妙手，全部搖身變成直逼女模級別的瘦子。

我佩服得五體投地：「你簡直是修圖之神！收我為徒吧！」

我跟著胖姑娘學藝。

她果然專業，我們拍完照，坐在甲板餐廳裡一邊聊天一邊修圖，她三下五除二修完風景，打開Photoshop 精修人像。

然後，照片裡的她就在我眼前，一點一點從胖胖妹縮成瘦女孩。

我漸漸發現，胖姑娘不怎麼交朋友，她甚至不怎麼動。她的修圖工程太浩大了，從頭到腳每一塊肉都要調，一張接一張。

她只能一坐大半天，修得無聊了，就一邊說話一邊修，一邊吃東西一邊修。
修完了朝天疾呼：明天一定要少吃多運動！
不可能的，明天的照片一拍，又是一場浩大而漫長的修圖。
我跟著胖姑娘看了兩天修圖，又坐出幾磅肉不說，眼睛都要瞎了。
她能這樣生活，也當真毅力了得。
胖姑娘和男友總是吵。他替她拍照，拍完了她就鬧：他把她的某某部位拍胖了，沒有用心找她顯瘦的角度，沒有把她框進容易修圖的背景……有一天胖姑娘的男朋友發飆了。
「你怎麼又把我拍這麼胖！」
「你本來就這麼胖！」
我們旁觀，笑作一團。
陣雨哥笑得最開心。
「哈哈哈，簡直就是你的重現！」
我不服氣：「我修圖不花那麼久吧！」
「你兩小時內吧，沒她久，不過她修的效果比你好。」
「那也浪費很多時間啊，你都不管管我？」
「我說過好一陣子啊，我說你埋頭苦修那麼久，修得再瘦，又和你本人有什麼關係呢，充其量做個見光死的假瘦子。你沒聽進去，你說都什麼時代了，現在的女生都修圖。」
我每在微博發一則九宮格圖，都要一張一張把美圖軟體們使個遍，這兒推推，那兒縮縮，一不小心縮失真了，推倒重來。

我的自我要求可高了，一忙起來就兩耳不聞窗外事，沒半個小時絕不抬頭。誰質疑我，我就教育他，這是網紅必修課，你不懂。

我一天只有二十四個小時，花在了這裡，就不能花在別處。

年輕的時光過一天少一天，讀書、看風景、看電影、運動、交朋友、寫作，做什麼不好，我為什麼要捧著美圖秀秀每天一耗半小時呢？

得不到任何累積和提升，最多不過練就一手快手「推背」——還並不能真的把自己推瘦。

這真是個可怕的惡性循環。

我越來越胖，越來越依賴美圖軟體，砸進去越來越多的時間，去換一個和照片相差越來越大、越來越難修圖的自己。

然後嫌棄那個辛苦拍照的人，為什麼要拍顯胖的角度，為什麼要抓顯胖的姿勢。

並不是顯胖好嗎。

我瘦的時候，很自信，沒這麼多戲。我特別輕盈，特別靈活。我記得十九歲的時候，我在夏威夷路邊的地攤上隨手買一條沙灘裙，衝著玻璃窗一照，真瘦啊，心情好得跳來跳去。叫路人幫忙拍照，路人隨便一通狂按，都瘦都長都好看，想修圖都無從下手。

因為瘦過，更知道身上肉多，有多不舒服。

伸個懶腰會被肉擋住，很容易熱，更容易餓，穿高跟鞋馬上會累，照片怎麼拍都不好看。不輕盈了，不自信了，不愛拍照片了，衣服懶得搭配了，買都不想買了。告訴自己瘦了好好買，然後沒有然後了。

體重一天比一天難以控制，裝扮得一天比一天邋遢，整個人陷入一個沒有出口的惡性循環。

3

我從前安慰自己，我條件挺好的，如此放飛自我地想吃就吃想喝就喝，也沒有胖成立方體，那些每天哭著運動的人，好多比我努力還沒我瘦。

我這是目光短淺，還是自欺欺人呢？

最早的時候，我是個人見人捏「好瘦哦」的小女生。

後來他們說「你這身材剛剛好，不胖不瘦」。

再後來變成「微胖是最好的身材」。

現在他們說「像您這種圓潤可愛型的……」。

我雖然心裡不樂意，嘴上已經開始時不時自嘲「我們胖子都是潛力股」，覺得自己是不懼惡意、內心強大的現代女性。

青春都快沒了，還好意思自稱潛力股？

這樣的發展趨勢，加上越來越大的年齡，我離正方形還遠嗎？

大媽們已經在安慰我了：年紀大了是這樣的，發胖是自然規律，不可能一直跟十八九歲的小女生一樣。

我還有科學依據呢。

我在《生物心理學》裡學過：青春期的女人可以輕易消化一大塊奶油蛋糕，不長胖，但是隨著年齡增長，新陳代謝減緩，脂肪含量逐年增加，肌肉品質逐年減少。

二十五歲是坎，三四十歲是坎，生育和停經都是坎。

然後呢？

我的新陳代謝一天比一天慢，我在無限發胖中過完所剩無幾的青春時光，每天拍打著自己的贅肉散步，看到細瘦的十八歲們，忍不住上前捏一捏，回味一下瘦的觸感，巴巴兒地說：

「好瘦哦，我年輕的時候也這麼瘦。」

十八歲看一眼我的模樣，在心裡回答，呵呵。

4

我忽然明白，女人恨老，恨的不是老，是隨老失去的美麗、活力、自信。在她們眼裡，是老讓她們臃腫和醜陋。

十八歲的時候，面龐圓潤，肢體細膩，身子裡裡外外恢復力超強。因為來得太容易，每天理所當然地擁有，理所當然地揮霍。

絲毫察覺不到也不會相信，一切都是年齡使然，會很短暫。
花完了才明白，青春當真是老天給予的最好的禮物。
就這樣了嗎？
當然不是了。
越到後來，越不會存在不好好管理身體，還能保持身形的女人。
美就這樣，由天生麗質，變成了一種本事。
這不是很好嗎？
小時候的美，因為與生俱來，我們那麼無能為力。
如今的美，因為要投入，要付出，好與壞的選擇權都在我們手中。

5

我選擇瘦。
這一天，我對著鏡子，認真下定決心。

七月四日　北京　晴空萬里　今日關鍵字：方法

我給自己出一道題，為期兩個月。

用暑假時間，從實習開始到實習結束，把每天健身塞進時間表，看看這一劑嶄新的六十天生活小挑戰，能給人多少改變。

決心很重要，可是決心沒有執行等於零。

執行相對簡單，栽下頭一股腦向前跑就行了，難的是找到一條好跑道。

我要減肥了，健康減肥，從健身開始。

可我怎麼健呢？

最簡單不過找私人教練，然後吃喝訓練全丟給他指揮，可是好貴。

幾十人的健身課便宜，可是我馬上要去四大朝九晚到不知幾點，下了班頂著夜間交通尖峰去上課，再一身臭汗回家，聽起來就不是長久之道。

自己在家練？我要買跑步機嗎？我管得住自己嗎？……

我稍一思考，腦子馬上亂成一鍋亂燉混煮的豬肉冬粉，人都餓了。

我找不到頭緒，煩躁不安，忽然想起商學院策略思維課裡學過的 Alternative Analysis，選擇分析表。

——思維混亂不堪的時候，畫一個表格，把可能性羅列出來，試著客觀地一一分析利弊和可行性，答案自然浮出水面。

首先，我需要知道「參考標準」，即我要做決定，應該先考慮哪些影響因素。換句話說，就是問自己一個問題。

How does this alternative impact ＿＿？

這個選項會影響＿＿。

填空。

我根據自己的情況，填了十一個空。

①經濟成本：健身日漸昂貴，學費是一筆大開銷。

②通勤：北京的交通阻塞嚴重，每天多一趟通勤，容易使人身心俱疲，嚴重影響堅持。

③健身器械：大部分健身專案需要借助設備，尤其是對特定肌肉的訓練。

④健身頻率：健身次數，每週多少次，每次多少小時。量變才能質變。

⑤健身節奏和計劃：如果不制訂計劃，知道每天練什麼、練多久、練到什麼程度，如果不腳下走一步，心裡想十步，做什麼事都是在抓瞎。既不知自己在哪兒，也不知自己要去哪兒，更不要談健身成效了。

⑥教師指導：車往南開，永遠也到不了北面，除非你繞地球一圈。有些努力毫無價值，老師能帶你穿過彎路，付出正確的努力，比如糾正動作。

⑦健身陪伴：有時候光靠自己埋頭苦幹，痛苦又難以長久，找朋友一起互相監督，互相鼓勵，路會走得快樂得多。不過益友比賽進步，損友比賽鬆懈。拉朋友一起健身，效果看運氣，看眼光，看自己是什麼樣的人。

⑧飲食調配：減肥是「管住嘴，邁開腿」。每天吃什麼也很重要。

⑨ 自我堅持：成年人的生活已經夠累了，下班回家一躺就不想動是本能。如何不放過自己，不說停就停，是成功的關鍵。

⑩ 習慣養成：把健身養成一個不做就難受的生活習慣，像吃飯睡覺一樣平常。

⑩ 社交打擾：人都有社交需求，而健身要花時間、花精力，自然會打亂原本的社交節奏。如何不受他人影響，也是一門學問。

參考標準 Criteria	重要度 Importance	選項A 私人教練	選項B 健身房團體課	選項C 自己在家
經濟成本	高	-1 幾百塊人民幣一小時，如果想每天練一小時，健身開銷比薪水還多	0 價格適中，可以接受	+1 零成本，不花錢！
通勤	高	-1 下班累到不想動，還要塞車去健身房，想想就覺得不會發生	-1 同上，團體課還要社交，除非班上有暗戀的小奶狗，不然實在毫無動力	+1 直接回家很爽
健身器械	高	+1 錢花到了，器械想怎麼用就怎麼用	0 有，但不能隨便用，比上不足，比下有餘	-1 沒有任何器械，投資起來貴還占地方，不如去健身房
健身頻率	高	0 有專人管加分，價格太貴減分	+1 有人帶加分，價格適中不減分	+1 不要錢加分
健身節奏和計劃	高	+1 有專人制訂計劃，加分	-1 買一節課是一節課，沒人管整體計劃	0 全靠自己，是好也是壞
教師指導	中	+1 一對一的私人訂製教學	0 老師主要起示範作用，不管效果	+1 國中在體校籃球隊進行過專業訓練，十多年舞蹈基礎，有身體訓練和如何防受傷的基礎知識。可能過時，需要再學，但不至於讓自己陷入危險
健身陪伴	中	+1 有人從頭到尾陪著指導，是不會寂寞的	+1 約或者交幾個朋友互相監督一下	-1 自己在家練，太容易懈怠了

參考標準 Criteria	重要度 Importance	選項A 私人教練	選項B 健身房團體課	選項C 自己在家
飲食調配	中	+1 我見過不少好教練，每天替學員安排健康飲食，還盯著檢查	-1 沒人管	-1 全靠自己
自我堅持	高	-1 過於依靠別人，沒有訓練自己的毅力	0 沒什麼顯著的正面或者負面影響	+1 過程最艱難。但堅持下來了，我就是一個更有毅力的人了
習慣養成	高	-1 靠管的人省事，但是自覺不是自己的。而習慣靠自覺。	0 沒什麼顯著的正面或者負面影響	+1 養成的習慣，都記在我自己的神經元裡
社交打擾	低	-1 一天只有二十四個小時，和私人教練過就不能和朋友一起過，影響其他社交	-1 影響其他社交	-1 影響其他社交
	總分	**0**	**-2**	**2**

結果很明顯了。

團體課對我而言，最無用。

最適合我的是自己在家練，可是有許多「負分」待解決。

我把問題一一羅列出來，思考解決方案。

健身器械：器械針對性強，主要用於訓練具體部位。我作為初學者，首先要練體能，這兩個月可以先不考慮器械需求。解決。

健身節奏和計劃：市面上有許多制訂健身計劃的APP，以及各式各樣的健身操影片系列課程。進程監測有智慧秤。我認真比對之後，下載了Insanity健身操影片，免費；網購了雲麥好輕體脂秤，九十九元人民幣；一塊瑜伽墊，五十元人民幣。解決。

健身陪伴：自己在家練，上哪兒找能每天互相監督的夥伴呢？網路上。

我寫了號召帖，建立微博健身打卡群組，揚言要每天定時直播健身操九十分鐘，連續兩個月。一兩千人的打卡群組，總有人記得互相提醒和打氣。而且，我大搖大擺立旗子宣告，絲毫不給自己留餘地，既可以和讀者一起進步，又能獲得免費的互相監督，比花錢找私人教練還狠毒和有用。劣勢變成優勢。完美解決。

飲食調配：減脂餐一類的健身部落格版主大把抓，還選擇繁多。解決。

社交打擾：一天有限的二十四個小時裡，我不可能抓住全部。必須放棄一些。成長就是不斷拾起和放棄的過程。重要的是想清楚對自己而言，什麼最重要，什麼可放棄。

和朋友逛街和吃飯固然享受，我為了瘦，願意暫時放棄兩個月。解決。

你看，但凡是問題，一定有解決方式。

只要你知道問題是什麼，認真思考它。

人類這麼柔弱的種族可以統治地球，因為我們有其他一切生物都無法比擬的會思考的美妙大腦。

生而為人是幸運，千萬別浪費。[1]

我的問題都解決了，該怎麼執行完全明朗。

我每天下班回家，打開「一直播」影音平台，按照 Insanity 健身操影片的課程表跳操九十分鐘。我有一個網路打卡群組互相監督。我將根據健身效果調控飲食。直播每晚九點開始，為期六十天。

挑戰要開始了。

生活真好玩。

九月十日　北京　天涼好個秋　今日關鍵字：執行總結

第一天，太久沒運動，身體負荷不了，直播健身，變成了直播嘔吐。

第七天，距離直播時間還有五分鐘，賴在床上不想動，手機不停震動，螢幕上全是「另維姐姐人呢人呢？」「我們都準備好了你人呢！」，煩躁得想砸手機，沒事幹麼給自己找罪受？無奈旗子立得太飄揚，只能爬起來硬扛。

第十天，體重不減反增，人更是不見瘦，開始控制飲食。少油少鹽，用沙拉代替米飯。

第三十天，體重突然開始直線下降，連續十四天一天掉半公斤，我一度以為是秤壞了。

第四十五天，堅持不難了，時間一到身體自動進入狀態，生物鐘形成了，身體不練不舒服。

第六十天，我瘦回了最喜歡的自己。

其實人做任何事，路無非兩條，過程也都大同小異。

放任自己，度過輕鬆的當下，回過頭來後悔，自我厭棄。

管住自己，咬牙挺過艱難的當下，變成一個更好的人，一天比一天自信。

這是一道送分的選擇題啊。

一定會遇到刺耳的插曲。

路人笑話：就這身材還來直播健身啊，膀大腰圓，脫我也不看。找點正經事做吧，別炒作了，紅不了的。

惡毒的人諷刺：真正健身的人，流汗的時間都嫌不夠；作秀的人，八字還沒一撇，先急著自拍甚至直播。他們什麼時候才能從幻覺中醒來，明白自己沒什麼好演的，他們沒有那麼多觀眾。

善良的人建議：你先排練好了再來直播吧。不忍心看你出醜丟人。

我告訴自己，我的目的不是表演，是練習。別人那樣說，因為別人不懂我，別人也沒有義務懂我。

我不可能叫所有人都懂我。

我的時間有限，別人不負責任的話，他們自己說說也就忘了，我又何必糾結。我知道自己要去哪兒就好。

耳邊的風遲早會散，隨他去吧。

也驚訝地發現，好多以為解決不了的大難題，其實根本不是問題。

普華永道在中期審閱，我每天九點上班，八點下班到家，九點開始直播健身，結束已經將近十一點，洗澡看書寫作睡覺，再怎麼一氣呵成也能忙活到夜裡十二點半。

每一天如此結束，註定了我幾乎所有的時間都在獨處，我以為我會徹底變成一個不合群的人。

事實是，朋友理解，他們在社群平台裡看到我每天直播，甚至避開在那個時間段聯繫我。

偶爾小聚，我飯沒吃完，他們先著急：趕緊回去啊，你不是要直播嗎。加油啊，別打臉！

他們甚至時不時到我家裡來，在鏡頭外與我一起跳健身操。也要活動活動筋骨。

我沒有因為每天在家直播，不出門會友而失去朋友，一來我沒那麼重要，二來人是能相互溝通理解的動物。

更發現每天九十分鐘不間斷超出我的極限，頓頓吃草也使我崩盤，於是每週給自己一個chat day和chat meal，玩好吃好。

適當放鬆沒有影響故事的結局，還讓小生活有了小盼頭。

我就這樣慢慢摸索著自己的玩法。

原來，好計劃不是提前設計出來的，而是一邊執行，一邊調整。慢慢摸索最適合自己的平衡。

兩個月太快。

反正兩個月一定會過去，荒廢著過也是過，對自己狠著過也是過。

狠一狠，人就習慣了。

這一套「決心—方法—執行」的流程，越玩越上手，越練越容易。我又快放假了。

這一次我想用一百天讀十本書，用三十天精進excel，或者每週學會一道菜……小生活裡好玩的太多，以後的日子還沒到，先被我迫不及待排滿了。

這些階段性的限時小目標，就這樣把人生分割成了一個又一個好玩的遊戲。把每一天都變成一道有趣的練習題。

後記：一小節關於減肥的心理學小知識

從脂肪細胞說起。

脂肪細胞一旦成功長在人身上，是不會減少的。唯一的方法是物理地把它們抽出去，比如抽脂。

可為什麼我們健身、節食之後，會瘦呢？

運動和控制飲食不會減少脂肪細胞的數量，但會縮小它們的體積（size）。

瘦的人初次長胖，通常需要漫長的時間，漫長到他們會誤以為自己是不胖體質。

一旦脂肪細胞長出來了，你再怎麼運動節食瘦下去，胖回原來都是轉眼的事。

數量已經在那兒了，隨便不運動和多吃一點，就會長回來。

糟心嗎？

別急，還有更糟心的。

你身上的脂肪越多，身體就需要越多營養攝入來維持健康。你的身體會命令你吃更多。

你好奇為什麼那個瘦子飲食控制得那麼容易，而你常常饑腸轆轆，那是因為他真的確實沒你那麼容易餓。

試想一下，他身體裡有一千個脂肪細胞在求餵養的時候，你身體裡有一百萬個脂肪細胞在吶喊：「快餵我快餵我！」

你比她胖多少，你的饑餓感就比她強烈多少，你就需要多吃多少供給你的脂肪細胞。

然後，你吃得越多，就越胖，你的身體就會散發更多饑餓感逼迫你吃更多以養活更多的脂肪細胞。你就這樣惡性循環直至死亡。

解決辦法？

管住嘴，邁開腿唄。網上都說濫了。

你以為現在的你已經胖到盡頭了，但事實是，你每拖一天，你的減肥之路就會比昨天更艱難一點。

所以邏輯是這樣的：現在已經很糟了，但沒有作為的話，只會更糟。

1 關於人類大腦是多麼美妙和特別的存在，推薦修心理學，如果不想上課，推薦哈拉瑞的《人類大歷史》。它們都是會讓人感到「生而為人真幸運」的，提升人幸福感的好東西。

來一盤好玩的心理學

在上一篇裡贈送了一個好玩的心理學小知識，關於脂肪細胞。
心理學裡好玩的知識千千萬萬，可遠遠不只脂肪細胞。
這裡再來一道拼盤。

1

兩性關係和相處之道

幸福夫妻在生活方式上究竟有什麼不同，兩性心理學研究很久了。
說一個我喜歡的研究結果。
我們認知他人的行為的時候，大腦會自動問，他為什麼這麼做？
是因為他本身就是這樣一個人，還是環境所致？
前者叫內部歸因，後者叫外部歸因。
Internal attribution 和 External attribution。
生活幸福的夫妻，會把配偶好的行為歸因給人本身，把他壞的行為歸因給環境。

比如，他今天帶我看電影了，因為他是一個如此注重生活情趣的男人；他接我下班遲到了半小時，因為下雨了。

關係糟糕的夫妻剛好相反，他們把配偶好的行為歸因給環境，把壞的行為歸因給人。

比如，他今天帶我看電影了，因為他一直超級想看那部電影／因為他是彭于晏的超級粉絲；他接我下班遲到半小時，因為他心裡沒有我／不夠愛我／還想著前女友。

在這些丁丁點點對瑣事的歸因中，前一對越來越相愛，後一對越來越彼此嫌棄。

你是哪一種？

要不要試著改變一下？

從這裡開始怎麼樣？

把這本書作為禮物送給他。

他沒看：因為他在工作，老闆一雙陰森森的眼睛就在後頭盯著，他找不到機會看，不是不想看。

他看了：不是因為我寫得好，而是因為他愛你。

怎麼樣，有沒有瞬間覺得他更好了，自己更喜歡他了？

當然，萬事有度，世上一切形式的心理治療也是，心理學認為過於極端的行為是不正常行為。

比如他一刀捅死了隔壁老王，你不能為了夫妻關係歸因給環境，覺得那是因為隔壁老王該殺，你應該報警。

事後諸葛亮是病，得治

考卷發下來，那道題你本來就想選A的，差點就寫上去了，還是選了B。

如果早上沒有出門，就不會弄丟小狗，就不會因為找狗遲到，錯過老師的點名，而影響期末成績。

如果早上不排隊買那個並不好吃的煎餅果子，就不會遲到，就不會錯過老師的突擊點名。排隊的時候眼皮就一直跳，應該注意這個提示的。我怎麼這麼蠢。太後悔了，腸子都悔青了，恨不得給自己兩耳光。

醒醒，這些都是Hindsight bias，後視偏見。

「我早就應該知道的」，是人類的一種認知錯覺。一件事在發生之前，沒有那麼容易被預測到結果。

我們的生活充滿偶然性。

有些東西你回頭看覺得是線索，事實是，在結果到來之前，它們什麼都不是。珍珠港被日本人偷襲之後，他們找到了無數線索，每一個線索認真想來，都在暗示珍珠港事件的發生。

「九一一」也是一樣，很多人很氣憤，賓拉登劫機弄過演習，紐約捉住過恐怖份子……這麼多線索，我都看出來了，為什麼美國軍方沒有提前預防？

不是美國軍方比你蠢。

是你的事後諸葛亮，是一種叫後視偏見的認知偏見。

怎麼應對呢？

當你為過去的事沒做好而懊惱得直跺腳時，放過自己。

告訴自己，我站在當時的位置上的時候，不會看到我現在看到的線索，我現在的感受是一種叫後視偏見的錯覺。

這個本沒有那麼容易預料結果。

我盡力了，我沒有錯。

選項A和選項B，坐在考場裡的時候其實根本無法決定。

別把時間花在後悔和自責上，把那道題徹底搞懂。Move on.

關於劣等生為什麼也可以是成功人士的科學證明

我們有一個思維偏差。

我們覺得在一起很久，分手很可惜；成績好的人沒有笑到最後很可惜（或者解氣）；我們因為中等生甚至劣等生長大後變成成功人士，感到震驚和不解。

這是因為我們判斷事物的依據，是我們自己覺得哪種結果更合理，而不是去看大數據，不是看真正的統計結果，換言之，事實。

比如，心理學做過一個研究。

他們追蹤記錄了哈佛商學院一批在讀生的各項指標——成績、身高、體重、智商、對課外活動的熱衷程度、受歡迎度、家庭收入、找到第一份工作的速度、生活幸福值，想知道究竟什麼東西最能預測學生未來在社會上的成功。

研究結果發現，唯一和成功顯著正相關的指標，竟然是身高[1]。

感悟？

① 劣等生別氣餒，科學證實過了，你未來取得成功的機率和你們班第一名一模一樣。在校成績和未來成功沒有必然聯繫。

② 如果那個當初成績比你差的現在比你成功了，別浪費時間想不通和不服氣，告訴自己，沒什麼不正常的。

本來在社會上的成功和在學校裡的成功，所需因素就不是完全一樣。對了，據統計，在所有現存專業中，學統計的人思維偏差最少。其次是建立在統計學基礎之上的心理學，以及其他以統計學為基礎的專業[2]。

這種思維偏差叫 Simulation Heuristic，模擬性啟發。

沒有關係

拋硬幣一百次。

結果A：正反反正正反

結果B：正正正正正正

哪種結果的機率更大？

一樣。

因為每拋一次硬幣，你都有50%的機率收到其中一面，這一次的結果不受上一次影響，也不會影響下一次。

但是賭博的人總覺得，輸了這麼多把該來運氣了吧，不可能再輸了吧，或者「趁現在連贏，再來一把」，然後越陷越深。

這便是Gambler's fallacy，賭徒謬誤。

很多事情前後沒有關聯，我們需要把它們分開來看。

自由意志

史賓諾莎說：「自由意志是幻覺，不存在。」

你想吃冰淇淋，於是你出門買冰淇淋。這說明你的行為和意志都是自由的，你是你自己的主宰。

但是你想去吃冰淇淋的想法，或許產生於你剛剛看到的廣告。換句話說，你以為自由的思想，其實是被廣告控制的。

我們五十歲時做出的決定，很可能取決於我們十九歲時被戀人改變的觀點。

我們哪兒來什麼自由意志，我們是彼此思想的操控者。

活得太自我好嗎？

自我強大的人更容易成功。

佛洛伊德認為，人都有本我、自我和超我。本我是你的本能渴望，你想要睡懶覺／貪玩／性……自我是你對這些渴望的控制能力。

自我強大的人有如下特點：

1.看中長期目標而非短期目標

2.極度自律

3.天天自我批評

4.對自己要求極高

5.因為目標感強，不容易受到其他聲音的影響

6.因此容易忽略他人感受，從而影響親密關係，其他社會關係

7.更容易焦慮和抑鬱

賈伯斯有幾段名言簡直是「自我」強大的字典級釋義：

【你的時間有限，所以不要為別人而活。不要被教條所限，不要活在別人的觀念裡。不要讓別人的意見左右自己內心的聲音。追尋自己內心的直覺，其他一切都是次要。】

【時間寶貴，不要讓別人的意見淹沒了你內心的聲音。】

【我堅信，區分成功與不成功，一半因素就是純粹的毅力差別。】

2

強大的自我使人成功，也贈人後果。
命運的禮物都有價格。

---

1 身高顯然是一個無關的巧合數據，這裡起諷刺作用。統計學裡會遇到不少相關性（correlation）巧合，它們是純粹的數據巧合，和事實無關。美國專門有一個網站收集這些數據巧合，叫 Spurious correlation，相關性的騙局。內容全是一組一組嚴謹真實的數據相關性分析，但結果讓人大跌眼鏡。比如，數據顯示，美國投入在科學技術研究和發展的經費和人上吊自殺的數量正相關，r=0.9979；歷屆美國小姐的年齡和熱物體（比如蒸汽）謀殺率正相關，r=0.87；日本車在美國的銷量和美國的機動車自殺率正相關，r=0.93……網站是一個叫 Tyler Vigen 的哈佛法學院學生和他的朋友建立的，是著名的數據控書呆子遊樂場。Vigen 後來還出了一本書，就叫 Spurious Correlations，一出我就收藏了，平時上大號的時候當笑話書看，很有趣。推薦給數據相關學科的學生，是對學習有幫助的趣味讀物。網址是 http://tylervigen.com/spurious-correlations。

2 高三的同學們，統計改變一生，統計塑造高級、睿智和客觀的思維，千萬別荒廢人生第一次接觸統計的機會。統計之美就躺在你的數學書裡。

Part 3

Choices
他們為什麼長成了兒時夢想的樣子

It is our choices that show what we truly are, far more than our abilities.

—Dumbledore

最終決定我們人生的，是我們的選擇，而非能力。

——鄧不利多

他們為什麼長成了兒時夢想的樣子

1

兒時玩伴離婚了，二十七歲。

我們陪他吃燒烤喝酒。

他襯衫不合身，大腹便便，頭皮屑若隱若現，已經有了油膩中年的徵兆。

不仔細看，真看不出他是個五官精緻，瘦下來應該很英俊的人。

我記得他小時候，是班裡最受歡迎的小男神。

一頭軟綿綿的自然捲，五官彷彿張藝興和吳亦凡的合體，因為剛上國一就衝到一八七公分，外號一八七。

一八七的媽媽管教兒子，是出了名的嚴格有效。

國中日日接送，高中日日送飯，一切行蹤瞭若指掌。

良苦用心的回報，是一八七常年年級前一百，有把握上好大學，乒乓球全市拿獎，還拉一手小提琴。活脫脫校園王子。

我因為兩家媽媽是兒時玩伴，經常被女生們套交情，打聽一八七的童年私事。

我說，搞定他不難，會背《名偵探柯南》就夠了。

一八七是《名偵探柯南》的狂熱粉絲，海報貼滿臥室。八年級開化學課，他興奮得手舞足蹈，整天意淫自己是福爾摩斯，報刊店裡的《推理》雜誌一本不落地看。

他的理想精準明確。

「蘇州大學，犯罪心理學系。」

在除了考試、自習、八卦，群眾屁都不懂的小城高中裡，我對一八七十分佩服和看好。

前年看《他來了，請閉眼》，霍建華的顏值三百六十度無死角，我還是出戲。男主角薄靳言是我想像裡一八七長大後的樣子，不是霍建華。

我和一八七在高中畢業時分別。

我對他的最後印象，是他的分數足以上蘇州大學，可他媽媽把他的第一志願改成了上海一個普通學校的金融系。

他媽媽說他不懂事，堅稱「上海學金融＋混出頭的老同學宋叔叔負責安排工作」這套黃金組合多麼珍貴，別人求都求不來。他將來步入社會，自然領悟。

一八七不高興，謝師宴上鬧彆扭，被他媽媽拉到角落數落了一頓之後，紅著眼睛一桌桌敬酒，很乖很好看。

再見面。

一八七大學畢業第三年，考上家鄉公務員，準備離開上海。

聊起黃金組合拳。

他說：「我還沒畢業，宋叔叔因為積勞成疾，突發心臟病去世了。我媽深受震動，覺得高處不僅不勝寒，還生病。背井離鄉奮鬥一輩子也就那麼回事，說沒就沒了，還是回襄樊考個公務員，一輩子健康平安最好。」

一八七也爭氣，指哪兒打哪兒，打哪兒哪兒中。

回家鄉沒兩年，適婚年齡過了，他媽媽連忙張羅相親。

戀愛買房結婚，一年之中一氣呵成，只是沒想到第二年小倆口就打架鬧離婚。

一八七的守護神老媽迅速降臨，調和矛盾：過日子嘛，年輕氣盛誰沒個小打小鬧的，忍忍就好，你看我跟你爸……

一八七乖了二十七年，到這一刻，終於自我意識覺醒，頂撞他媽，說什麼都要自己做主。

事後他感嘆：「可惜醒悟得太晚，活到這個年紀，最該自己做決定的事都被爸媽決定了。

「父母頂著『都是為你好』的帽子，把自己的過時思想強行附加在我身上，我自己想活成的模樣，始終沒有機會爭取。

「人生原本無限風景，就這麼提前葬送在了中國式父母手中。」

我記得小時候，一八七煞羨街坊鄰居的乖巧樣子，充滿夢想眼裡有光的樣子。

看到他十年之後的蹉跎，我心疼又惋惜，很想為他去教訓教訓他的專制媽媽。最近網路上不是都這麼說：不是所有父母都知道怎麼為人父母。

仔細想一下，又不能自圓其說了。

有中國式父母，就不能擁有自己的人生了嗎？
一個有手有腳有腦袋的成年人，僅僅是面對來自父母的阻礙，就輕易妥協了嗎？
那是他自己的一輩子啊。

2

我想起我的一個網友。
她圓溜溜的眼睛，圓溜溜的臉，紮兩個小辮子。人如其網名，寶寶萌。
高三時，寶寶萌讀我的雜誌專欄——「武大自主招生二三事」，私訊我。
「你寫的自主招生我也去了，可惜沒有遇到你，現在大學入學考結束，我被錄取進了政治系，想知道你的去向，交個朋友。」
我沒通過自主招生，大學入學考也不做指望，正獨自窩在北京新東方附近的地下室裡，狂學英語，期望靠托福和美國的大學入學考重生。
前途未卜，一無所有，不好意思回覆這則私訊。
一年後，我想起這件事。
回覆：「恭喜你，我在西雅圖讀書，有機會過來玩。」
寶寶萌回得很快。

「真巧，我在芝加哥附近，不遠，明天怎麼樣？」

原來，寶寶萌的政治系，是大學入學考失利的分配結果，她夢想學經濟，所以她的大一目標明確。

——查詢轉系要求，全部做到。

大一入學，她像高三一樣早起晚睡，努力學好專業課，將嚴苛的轉系要求各個擊破，積極和學校溝通，想確保自己在大二之前轉系。

這條路走到一半，寶寶萌感到校方負責人閃爍其詞，心裡一天比一天沒底。

她去武漢大學的珞珈山論壇求助，幫助沒找到，意外發現美國大學接受轉校生。門檻是成績單、學校背景和托福等。和校內轉系要求大同小異。

還好沒有因為對環境不滿，放低對自己的要求，不知不覺就多了一條路。

寶寶萌當即把考托福寫進計劃表，在美國大學官網上查詢轉校生要求。

兩條腿走路（兩方面同時進行）。

大一結束了。

「雖然你所有硬性要求達標，但每個人都想轉系就轉系，學校還不亂套了。」

武大給出這樣的最終理由的時候，寶寶萌手裡已經握了好幾份美國大學錄取通知書。

我想到對專業連個說話權都沒有的一八七，由衷讚美：「有開明的父母真好。」

「別提了，我爸媽聽說我一個大學生想轉學，以為我在發神經，整天隔空給我開電話講座，什麼『人要腳踏實地』，什麼『成年人了，別淨瞎想，女孩子家耽誤不得，讀完大學按年齡都該嫁人了』……這不怪他們，我站上武大的台階之後，才看到轉學的可能性，父母不瞭解所以不支持，很正常。」

寶寶萌在武大一年，GPA3.9（滿分4.0），帶著美國給的轉學獎學金去了普渡大學。

進入日思夜念的經濟學專業之後，發現美國專業申請沒有上限，嘗試了幾門機械工程基礎課，很喜歡，加了個雙學位。

寶寶萌在普渡四年，機械工程和經濟學雙學位畢業，甩了我的會計疊加心理學十條街。

我再見寶寶萌，約在方尖碑。

她在喬治華盛頓大學讀博士，我們聊起她十八九歲的固執，那些相信命運在自己手中，為之行動，一往無前、誓不甘休、非要轉學的日子。

我問她轉學最大的收穫是什麼。

我說：「是學到了夢想的專業嗎？」

她說：「你不提我都忘記這一件事了。」

她已經學會化精緻的妝容，穿高跟鞋，卸下了不修邊幅的辮子，褪去了土萌。舉手投足都是女神風範。

她說：「我生長在文理分科的國家，十九歲還在圍繞『我是文科生』的枷鎖規劃人生，二十歲居然變成了工科生。從此我意識到，許多當時認為的不可能，不過是視野限制造成的無知。你問我最大的收穫，我最大的收穫是發現了世界真大，每個人都有無限可能，只看你捨不捨得下功夫挖掘。

「大一時天天在學校論壇上學習大神的經驗帖，原來，心裡懷著小目標，做好眼下的事，一步一步朝前走，真能走出一片廣闊。」

我看著這個二十四歲的圓臉女孩，因為如此相信自己的無限潛力，說起話來，眼睛裡光芒四射。

我很感慨。

六年前，她不過是不肯接受大學入學考小失利的現實，一根筋的非要轉專業的人。

不肯放過自己、得過且過的人。

每一天都在為之努力的人。

你在路上看到她，看不出任何特別之處的人。

寶寶萌和一八七同齡，二十七歲了。此刻在北京一家企業研究金融模型，同事大都是三四十歲的留洋博士。

她高薪，連戶口都一站式解決。企業為了方便她適應北京生活，月租兩三萬人民幣的酒店式公寓租了好幾個月，她下飛機拎包入住。

我問：「奮鬥了這麼大一圈，人生終於 happy ending 了？」

她糾正：「是 happy beginning，這裡平台好、高手多，是上好的學習機會，我先累積著。」

哦，她和一八七，高中成績應該差不多。

他們還同樣大學入學考小失利，想法得不到家人支持，不滿現狀，抱怨生活。

只是，面對著一模一樣的阻礙，一個除了把癥結歸咎給父母，別無作為；一個做了孤獨的戰士，積極探索各種可能性，爭取改變。

就這樣以截然不同的方式度過每一天。

十年之後，她過著他後悔沒去爭取的生活。

寶寶萌回顧過去，她說，十八九歲最大的幸運，就是武大給她設置的阻礙。

不讓她心想事成地轉系，不僅沒有堵住她的路，反而把她帶去了一片更廣闊的天地。

你擋不住勇敢者踢開石頭，一往無前的腳步。

阻礙，只能傷害把阻礙當終點的人。

3

前行路上，我漸漸結識了許多寶寶萌式的人，他們有顯著的共通點。

比如李同學。

我第一次見李同學，十分眼熟，想了半天，是在報紙上看過。

李同學是二〇一〇年的北京理科大學入學考狀元。

狀元年年有，他格外引人注目。

因為他斬獲狀元的同時，還收到了十一所美國大學的拒絕信。

你現在在網路上搜尋李同學的名字，還全是「中國狀元為何被美國名校拒絕」「大學入學考狀元李某某申請美國名校被拒分析」之類的文章，網友更是群起嘲笑他高分低能。

嘲笑完他，嘲笑中國教育：反思！填鴨式教育下的中國狀元，在國際上得不到絲毫認可！

李同學接受了一次採訪，分析自己被拒的原因，從此消失在公眾視野。

我認識李同學的時候，他大三，是美國麻省理工學院的轉學生。

當年，他選擇了北京清華和港大的合作專案，學習電子工程，安靜用功。大一在北京清華，大二在港大。

港大流行大三去歐美國家做交換生。

他死去的MIT[1]之夢又蠢蠢欲動了，可是他很快發現，港大和MIT沒有合作項目。

李同學想：那我就自己申請唄。

他給MIT寫郵件，輾轉聯絡到錄取辦公室，對方聽完他的情況，問：「你為什麼不乾脆轉學過來呢？」

李同學一臉懵：「還能轉學?!」

不知道當初嘲諷李同學和中國教育的人怎麼樣了。

李同學在香港讀大二的時候，沒玩轉香港，也沒吃遍廣東。

他考托福，寫轉學申請，辦簽證，終於在大三做了MIT的大學生。

他加入兄弟會，去非洲做義工，還申請了劍橋大學的交換專案。

就這樣在英國劍橋度過大四。

李同學十八歲時，全中國人民見證了他十一所大學申請的全軍覆沒，留學夢碎。

可那是他生活的開始，不是結局。

他步履不停，居然實現了大學四年，每年一所頂尖學府的神奇經歷。我認識他之前，根本不知道，也想不到，大學生活還能有這種純手動自訂玩法。

李同學和我都喜歡大疆無人機。

我買了大疆，李同學還沒畢業，已經拿到亞馬遜全球總部的無人機專案組 offer，託我打聽西雅圖租房。

我正好在構思這篇文章，捉住他總結逆襲之祕笈。

他實在不擅長給自己貼金，抓耳撓腮了半天，怯生生說：「我沒有不忘初心處心積慮兩年非MIT不可，我以前根本不知道MIT能轉學，我就是在老老實實學功課而已，沒做什麼奇妙的事情。」

「可是，不管發生什麼，你的人生一直保持著前進勢頭，沒倒退過，完全沒有世人口中的『多年之後狀元們會發現，那一次狀元是他們一生的制高點』——你能做到這樣，總有原因吧。

「比如，你想做MIT交換生，你發現學校沒有給你這個選項，為什麼不就此作罷？」

我不甘心地追問。

「網路那麼發達，我有手有腳還識字，自己搜尋和打聽一下別的方法，不難啊。」

他莫名其妙。

原來，對生活有不滿，在他的腦子裡，不會被解讀成「我命不好」或者「他×的社會」，而是會自動轉化成一個問題：

我該做什麼解決不滿呢？

我所處的環境不給我機會，沒關係，人是活的，可以跳出去，自由尋求其他可能性。

不怪罪他人，不停止腳步，想辦法化解問題。

對李同學而言，這是再自然不過的思維方式。

李同學命途多舛。

西雅圖的房子我都幫他聯絡好了。

他說：「我今天收到通知，無人機被劃為美國軍方專案，團隊不能收外國人了，去不了西雅圖啦！抱歉害你白忙了！」

我憤憤不平：「把你拖到快畢業，一句政策有變，就不管你死活了？」

他倒安寧：「這也是機會。我之前發現生物有意思，選修了不少，還想過考醫學院，剛好找到工作才打消念頭，現在正好給我個機會撿回來。」

過了一年，我出差經過波士頓，李同學帶我吃拉麵。

他鑰匙串上掛著波士頓醫院的感應卡，開心地說自己正在醫院做志工和備考 MCAT（醫學院考試），每一天又忙又好玩。

和網路上那張大學入學考狀元照片比起來，他一點也沒變。

還是軟糯糯的學生頭，無框眼鏡，白白的皮膚，高高的個子，眼睛細長且柔和，說話軟軟的緩緩的，聽不出智商超群。

整個人溫文爾雅，天殺的連皺紋都沒長出一條。

我們逛哈佛和MIT之間的街衢，沿途碰見他好幾個朋友，他跟人擁抱擊拳打招呼，俚語說得一串一串，又很有些美國派。

我說：「你發現沒有，發生在你身上的糟糕事，最後都能變成好事。所以你的轉運圖片是哪一張？我也要去轉發一下。」

他還是不太會標榜自己，也不會油嘴滑舌地接梗，只撓撓頭，實在沒覺得自己哪裡不一樣。

但我已然看到了答案。

老天扔給他一個阻礙，他抬起頭，看到的是機會。

他會下意識地，把一切悲慘遭遇和失敗，進行勢能轉化。

不幸、不滿對他而言，是需要解決的問題，是努力的方向，是能充實生活的好事。

我們天天跪求正能量，轉發正能量，到底「轉」以致用了多少不得而知，而他三個月發不了一則社群動態，卻把正能量活進了生活的點滴。

如此一來，任何事件的結果，好了使他前進，壞了助他成長，怎麼樣都無法摧毀他。

我忽然意識到，人都不是因為某一件事的差勁結果，從而命運急轉直下的。

他們備受打擊，自我放棄，無所作為，蹉跎了接下來的日子。經年累月之後，他們回頭看不幸的人生，慨嘆：是那件事毀了我啊。

其實下坡路，明明是自己的雙腳，一步一步走出來的。

4

至此，我終於不再為一八七可惜了。

遭遇中國式父母的強行管制，他有好多事可以做：積極溝通，自作主張……他有一百種方法前進，讓自己靠近理想的樣子，可他選擇了原地踏步，選擇了放棄。

大好青年，有手有腳有腦子，偏偏只過別人安排好的日子。遇到問題，不去解決問題，只想著找個埋怨對象，好放過自己，就算沒有中國式父母攪局，隨便換個什麼別的，一樣撂倒你。

人生這條路，越走越寬，還是越走越窄，歸根究柢和遇到的阻礙無關。靠的是你面對阻礙的反應。

後記．李同學現狀

當初我問李同學，電子工程路子挺寬的，怎麼會想起半路出家，考醫學院。

他說：「我想治癒癌症，讓人類更好。」

換油嘴滑舌很會接梗的我接不上話了。

幾年過去，我的這本書進入校對期，我想搜一搜李同學的現狀。

搜出一篇論文。

《迴圈腫瘤DNA及其在癌症液體活檢中的應用》，哈佛大學醫學院，李某某。

1 MIT：Massachusetts Institute of Technology，美國麻省理工學院，位於波士頓，和哈佛大學一街之隔。相當於中國的清華和北大。

斜槓青年：怎樣一個人拿五份薪水

社交媒體影響命運的時代

畢馬威終輪面試的前三天，我 LinkedIn 的訪客記錄忽然多了兩個陌生人。

我點開一看，媽呀，畢馬威經理，畢馬威高級經理。

我的面試官！

我一直沒打理自己的 LinkedIn 主頁，資訊亂七八糟，照片還是旅行美拍，此刻急忙想把主頁設置成僅自己可見，研究了半天，好像沒這功能。

我點擊經理們的主頁，西裝革履的頭貼，工作履歷和工作內容、學歷和職業技能，每一項都清清楚楚，還有各種前同事和老闆的評論。很絕望。

面試結束後的幾天，他們又來一次，我才想起我上回光顧著絕望，忘記趁機整理主頁了。主頁還是毛坯房一般的老樣子，我也沒有再見過他們。

很長一段時間，我十分不服氣。

我簡歷準備得那麼好，他們又沒要求過 LinkedIn，憑什麼三番五次來看簡歷上有的資訊？

後來我漸漸意識到，時代不一樣了。

社交媒體早已精分成各式各樣的生活工具，作為社會的一部分，履行著重要的職能。

是我還把它當消遣。

不肯付出，活該在上頭栽跟頭。

其實社交媒體影響錄取這件事，我早就見過。

寶寶萌大二時做校園工讀，在美國大學的錄取辦公室裡當櫃檯人員。

那一年新生錄取到最後階段，她送資料。走進錄取委員會的會議室，看見一群招生老師圍坐在電腦前刷 Facebook。上班時間，嘻嘻哈哈。

她失望地想，你們在決定別人一生的命運啊！怎麼敢弄得跟玩一樣？！

她豎起耳朵一聽，馬上意識到，招生人員圍坐一圈刷 Facebook，就是工作。

錄取只剩下最後幾個名額，人還很多，大家都是高中生，成績單和履歷大同小異，實在是難以選擇。於是老師們打開 Facebook，輸入申請人的名字，一一觀看他們成績單和申請文書之外的模樣，邊看邊評論：

「這些應該是她去年暑假在馬爾地夫做保護海龜志工的照片了，和她文書裡寫的一樣有趣——轉發了好多環境保護協會的文章，她真的是很喜歡海洋學——哇，還考了潛水證！」

「他的個人陳述寫得相當誠懇了，的確很關注政治，看他的主頁我以為我在看 CNN 政治新聞——哈哈哈，頭貼都是在模仿歐巴馬的 YES WE CAN！——夢想是美國總統，wow，good luck！」

「她的男朋友真可愛。」

「哦，我的上帝，他可真會罵人！——居然還公然炫耀自己在 SAT 考場上作弊成功？」

「……」寶寶萌聽得心驚膽戰。

寒窗十二年，決定命運的時刻，已經半隻腳踏進夢想大學的校門了，居然就這麼被社交媒體上的幾句話影響了？而他們到死也不知道。

如果大學錄取能這麼做，研究生錄取呢？用人單位呢？男朋友的家人和朋友呢？相親對象呢？……

那天晚上，寶寶萌在西拉法葉，我在西雅圖，我們開著視訊，一則一則討論她 Facebook 上的哪些內容該留，哪些內容該刪。

是好些年前的事了。

如今，已經讀博士班的寶寶萌，LinkedIn 主頁的照片和文字全部一絲不苟，看樣子是每解鎖一項新技能和職業經歷，都會及時更新。呈現出的專業氣息，我看了都覺得真可靠，好想僱用。

她目睹一次別人的失誤，馬上轉化成自己的經驗值。往後的幾年社交媒體飛速發展，新平台層出不窮，她再也沒有在上頭放飛自我。

而我花了同樣的時間陪她選刪 Facebook，只覺得事不關己，看了一場熱鬧，什麼也沒有悟到、學到。

生活的提示送上門來，我不肯思考消化、舉一反三，非要自己絆倒才肯長教訓。活該人生這條路，走得比別人慢許多。

社交媒體是你的另一張臉

其實我們的生活習慣早變了。

想瞭解一個陌生人，第一反應一定是看他的微博、刷他的朋友圈，然後自以為已經大致瞭解了此人。

既然我們每一天都在如此對待別人，面試官查我的 LinkedIn，招生人員翻我的 Facebook，又有什麼好震驚的呢？

社交媒體不是一日三餐，時代給了如此產物，你不喜歡，可以不享用。但是一旦你用了，你所呈現的一切，都是你的另一張臉。臉能減分，也能加分，全看你怎麼修飾它。

早兩年，騰訊體育招募 NBA 現場記者，號召我們現役記者轉發招聘啟事，加速傳播。於是我收到許多問詢。

有個叫周亞當的男孩子，每天給我發私訊，每次一篇八百字作文，深情講述他對 NBA 從小到大的愛，中學蹺課看詹姆斯，大學人稱小柯瑞，連選研究生學校，都是為追尋克里夫蘭騎士。如今騰訊體育招募在當地的華人記者，簡直是為他而設的職業。

他學材料工程，簡歷上沒有新聞相關經歷。每天按時私訊，表明他勢在必得的決心，強調雖然沒經驗，但他篤信愛能戰勝一切。

我越同情，就越困擾。

我不過是幫忙轉簡歷，也無從得知這位陌生的周亞當到底對 NBA 瞭解幾分，能把賽事報導寫成什麼樣子，也不可能把這些抒情作文發給上司S姐。

我看著他用心良苦，想幫他說話，卻找不到能說的東西。只好眼睜睜看著他夢寐以求的騎士隊現場記者證，發到了別人手上。

拿證的男孩叫冬詞，也是在學的工程碩士，也沒有新聞經歷，也是三天兩頭發私訊，說雖然沒經驗，但是真愛大過天。

冬詞多說了一句話。

「我平時真的挺喜歡看賽事報導的，看完了也忍不住自己說上兩句，都在這個微博上，寫了有五年多了吧，請您指正。」

我認真翻了翻，眼前一亮。

一萬多則微博，幾乎全都關於NBA。轉發賽事新聞和球員微博，會附上一則像模像樣的短評，也有不少長長的賽事感悟。

這是個自娛自樂式的籃球評論日報啊！

於是我轉發冬詞的簡歷的時候，也多說了一句。

「這位不是科班出身，但是是個體育部落客，他有個微博經營得挺用心的，裡面有好多他寫的球評和賽評，這是連結。」

冬詞做了現場記者之後，我問他：「扛得住工作壓力嗎？」

球賽晚上結束，結束之後有媒體室記者會，更衣室專訪，走完流程至少午夜十二點。

賽事報導要得急，稿子要連夜出。不少兼職記者興沖沖爭取到了機會，都受不了工作量，走了。

冬詞說：「我以前看球賽，看完也會刷點相關新聞，然後要求自己寫感悟，給自己的愛好來點當下記錄，老了之後看——這一套流程幾乎沒差，只是刷網路新聞變成了現場親自問問題，自娛自樂的碎碎念變成了寫給全國球迷的賽事報導——這工作我很習慣，很喜歡！謝謝另維小姐姐！」

原來，他那個微博，不僅證明了他對NBA的瞭解，給了他有話可說的履歷，更悄悄訓練了他的寫作習慣，讓他提前適應了工作節奏。

現場記者的微信群組裡，常有經驗豐富的科班記者切磋創作經驗，順便給一眾蝦兵蟹將開小灶。

冬詞偷偷問我：「我怎麼覺著某某哥對我格外上心來著，我可是從高中就捧著他寫的週刊長大的——最近感動得都要招架不住了，我是不是得表示點什麼？」

我說：「不是某某哥對你格外上心，是你寫的東西最多，方便他挑毛病，做Before & After的進步對比，所以老拿你舉例子。」

冬詞獲得了最多的專業指點，報導和採訪的水準都突飛猛進。在陪他長大的籃球週刊上開了「現場記者二三事」專欄，微博認證「NBA騎士隊現場記者」，回國探親還被拉去報導中國國內賽事，妥妥的正式員工待遇。

他碩士畢業的時候，面前已經鋪好了兩條人生路——工程師或者體育記者，讓他糾結了好一陣。

他如今在知乎也是認證用戶了，夜裡是NBA記者的工程師，回答「做斜槓青年是一種怎樣的感覺？」

冬詞和周亞當都有微博。

冬詞用心經營的微博給他開闢了一條嶄新的人生路，周亞當的微博我也看了。

畢業於復旦大學，頭貼還是復旦的畢業紅毯合影。

再往下翻，就令人一言難盡了。

「蒼老師威武！」，口水臉。

「這女的一看就是公車！」

……

一個人要有自己的領地，社交媒體是最好的土壤

大學畢業生抱怨前路難行，因為官二代和富二代手握大把機遇和人脈，自己連個證明自己的機會都沒有。

你有社交媒體啊！

社交媒體的天然屬性，就是打破壁壘，讓我們越過層層關係網，直接把才華展現給世界。

從前我們的班級裡，有人愛畫畫，有人是K歌之王，有人好吃，有人到處玩，有人成天就知道穿衣打扮。

現在，愛畫畫的做了手帳部落客，愛唱歌的成了平台主播，好吃的變成了美食部落客，愛玩的做了旅遊部落客，愛穿衣打扮的變身時尚部落客。

在班裡傳閱的才華，只一轉身，就呈現給了全世界。

而那一個帳號，就是廣袤世界裡獨屬於自己的小小領地。

無門檻，零成本，因為展現的都是自己所喜愛的，吸引著天涯海角志同道合的人。

撞上好運氣，再做大一點，就變成了拿愛好賺錢的斜槓青年。

社會心理學說，自我複雜度（Self-complexity）提升人的安全感和幸福值。

就是說，如果你的生活裡只有工作，或者只有愛情，失去它就是失去一切，這樣的壓力會讓你倍感焦躁、痛苦。

而如果白天上班，晚上還要經營社交媒體小領地，自我足夠複雜，就不會過度焦慮單一的失去，也沒精力。

所以，我們其實不需要乞求別人賜予鎧甲。

找到一塊領地，我們就是自己的鎧甲。

我的大學室友安晚，很迷戀最近流行的斜槓青年概念。

每天問三遍：另維你哪裡找的這些奇奇怪怪的工作啊，推薦我也去一個唄，我也想當斜槓青年！

她斜槓青年還沒當上，相戀五年的男友先出了軌。

男友童麒畢業找工作，總在各地奔波。安晚哭訴：「你怎麼不理我？」

男友反問：「你怎麼不懂我？

「我畢業壓力大，還一週兩座城市地到處面試，忙得不可開交，你可不可以懂懂事？」

安晚改做懂事好姑娘，省下買包的錢買機票回中國，要給他做飯洗衣，陪他度難關。

男友說：「你怎麼還這麼不懂事，你知道你這樣讓我壓力多大嗎？」

男友說給不了她要的生活，一定要還她自由。堅持分手，還把安晚刪了。

安晚以為又是一次賭氣吵架，靜靜等他氣消了來求自己原諒，畢竟這麼多年兩人都是對方黑名單裡的常客。

等了兩週，男友還是沒音信。

她搶了共同好友的手機，才看見男友已經在社群平台裡，迫不及待公開了新女友。

新女友尚小鹿是個手帳部落客。

每天歲月靜好地發濾鏡裡的藍天白雲和手帳，安晚細細一翻，前男友當初忙著去找工作的城市，尚小鹿都在同一時間打了卡。

安晚氣炸了。

她每天在朋友圈裡直播狗男女的罪行。

「還沒分手呢，渣男就帶著小三到處度蜜月了！你們不怕不得好死嗎？」

配上尚小鹿微博定位寧波的截圖，和渣男的「童太太我到寧波啦！」。

誰要是評論一句，她立馬長篇大論回覆所有人，反覆訴說渣男跟她五年感情，分手一週就有了新女友，肯定是老早就出軌了！

故事的起因經過結果我已經背得滾瓜爛熟了，她還在做喋喋不休的祥林嫂。

尚小鹿發一則微博，她立馬回十則，還號召我們所有人申請小號，排隊喊小三、綠茶婊、渣男賤女，不得好死。

尚小鹿轉眼就把我們的評論全刪了，還封鎖了，氣得安晚在家喝酒，喝一瓶砸一瓶，把我們都喝倒了，就邊哭邊給童麒寫郵件，罵他不是人，永遠不會跟他做朋友，你就跟她重複我們做過的事情吧！

童麒不回，她就去罵尚小鹿：「長這麼醜還有臉當小三！」

鹿家軍排隊回罵：「我們家姑娘歲月靜好，你是哪裡來的野雞？」

「你那張整容失敗的網紅臉跟穿衣打扮，一看就知道不是好東西，你才是小三吧？」

安晚漂亮，長得跟整的一樣，膚白長腿，加上每天花枝招展，滿身潮牌，熱愛楊冪式機場擺拍，的確怎麼看都不像是會情場失意被出軌的樣子。

這麼一個女神，每天在家裡做哭泣的 loser，我實在看不下去了。

我說：「你越難看，越糾纏，不就越幫渣男表忠心嗎？你要是大氣得活得比他們都好，小三看到你比她有錢還比她漂亮，每天如鯁在喉地想渣男離開你要麼腦子有病要麼是被甩，肯定還念念不忘著，於是兩人因為你這個陰影怎麼也過不好這一生，你難道不是更爽嗎？」

安晚頓悟了。

她不成天轉發尚小鹿的微博，想方設法罵她了。

她旅行，健身，養狗，用功讀書，研讀尚小鹿的濾鏡分享，把一切拍得漂漂亮亮的，發在自己的微博上。

為了整理出這些漂亮東西，她每一天都專注自己，用心生活。

安晚的生活節奏忽然變快了。

白天上課，晚上回家替她的包包衣服鞋子和護膚品拍照。因為要求自己每天發一套今日 look 和今日護膚，她不再偷懶了，每天出門 bling bling 閃，睡前香噴噴。

同學都知道她是個小時尚部落客了，穿衣打扮都來找她討教。她還在網路上交了不少時尚部落客好朋友，假期裡互相約著串門，一起旅行，喝下午茶，交流穿搭。日子越過越順暢。

我寫這篇文章的時候，安晚第一次收到品牌送的免費手錶，拉我幫她拍照。

我說：「你現在渣男賤女肯定不會孤軍奮戰了，你要是在微博上揭露尚小鹿的罪行，你的晚家軍肯定幫你罵得她關評論。」

她呵呵呵假笑幾聲：「誰有那個閒工夫，本斜槓青年很忙好嘛。」

說著，修圖去了。

起初安晚吵著要做斜槓青年。我說，我認識的斜槓青年，沒有一個是到處找工作，找七八份工作一起做得來的。

他們通常在本職工作之外，有一個不肯放棄的愛好，這愛好漫長地吞噬他們的時間和精力，發榮滋長，長出一片嶄新的生活領地。產生收益，自然而然叫他們多了一份工作。

安晚為自己澆灌出一片肥沃的領地，華麗轉身成斜槓青年，充實得再也想不起那些傷害。

如果你一定會在社交媒體上耗時間，那就用它創造價值

我沉迷社交媒體，重度中毒。

尤其是剛上大學的時候，簡直睜眼刷、睡覺刷、上廁所刷，熱門話題如數家珍。

和「七小時」小組一起自習，我稍微打開微博看幾眼，他們已經又寫了一螢幕程式碼。而我花在控制自己不碰手機上的精力，比學習還多。

請教 Tinker、盧娜和 Yuhao 學霸，人類的微博刷不停的衝動，他們到底是怎麼控制的？

他們說，我們沒有這種衝動。

很長一段時間，我絕望地想，這就是我和優秀的人之間不可逾越的鴻溝了。

後來我去奧美實習，新媒體組。

我愛玩微博這件事，人生第一次受到了肯定甚至誇獎。

當時的公司，加班加得沒盡頭，稅前日薪五十塊人民幣，每週三下午有個「大師講堂」，時常有世界各地的廣告界名人前來做講座。

他們總是大講特講新媒體行銷。

我每天都在親眼見識社交媒體產業來勢洶洶。

我開始有意識地規劃微博內容，像我管理的品牌官網一樣，文字圖片提前編輯，只在高峰時段發送。

借勢行銷，細細琢磨自己的關鍵字，思考定位。

我一點一點想明白，我是內容創作者。平台鬥得你死我活，但內容是永恆剛需，內容的展現方式越來越多元，我必須不斷接受和學習新的方式，才有可能避免被淘汰。

那一年，我在上海靜安租房，替奧美賣命半年，積蓄都虧沒了，只帶走一肚子微博學問。

我的重度社交媒體依賴症沒有好轉，但時常回翻微博，看到自己認真編寫的句子、記錄的生活，會覺得花的時間也不算完全浪費。

我有了屬於自己的小小領地，負罪感緩解了一些。

經年之後的現在，因為用心經營了一連串社交媒體，我變成旅行體驗師，兼職收入比薪水還高。

社交媒體不是叫你效率低下的罪魁禍首，它不過是個平台。

一個平台，它的屬性是學習工具，交友，日記本，施展才華的舞台，還是打發時間，追蹤明星出軌吸毒，掌握新型罵人套路，傳播負能量的工具，全是你自己的選擇。

社交媒體和毒品一樣，叫你浪費生命，精神萎靡，還時不時莫名其妙和陌生人展開罵戰，收穫一肚子氣。

你只要換一個角度看它，就會發現，社交媒體也和大學入學考一樣，具有改變命運的魔力。

多好的時代啊。

更好的是，它沒有門檻。

他們可以，我可以，你也可以。

每一個認真生活的人都可以。

除了朝九晚五，這世上還有很多賺錢的方法——年薪百萬的旅行體驗師

我的一個同事，最近為了炒作知名度，去了一檔求職節目。

同事網名小翎學姐，長得小巧玲瓏氣質好，愛穿修身風衣和高跟鞋，露著小腿，一身名牌，笑容時而優雅時而俏皮，是職業旅行體驗師。

小翎在節目裡當眾拒絕名企業，選擇做一名旅行體驗師，年薪三十萬人民幣。

我去翻網路評論。

居然沒有人質疑她身為老旅行體驗師，去自家公司應聘旅行體驗師，純屬串通炒作。

質疑的聚焦點，清一色是那三十萬人民幣。

「一個別人出錢給你到處玩的工作，月入過萬我都不信——年薪三十萬人民幣？做夢吧？」

「咱炒作有點底線行嗎，一年三十萬人民幣是多少有概念嗎？」

我心裡想，是什麼限制了他們的想像力呢？

我做旅行體驗師的時候，小翎已經兩年工齡。

多的時候，我見過她一個月入帳三十萬人民幣。

1

旅行體驗師這個職業，一直存在。

前些年的狀態，是旅遊攻略網接單，派旅行體驗師去，文章發在平台上，按稿費或者月薪算工資。再早一點是寫雜誌專欄或者攻略書，比如《孤獨星球》系列。

都是情懷職業，不賺錢。

是社交媒體，讓旅行體驗師們翻身做了暴發戶。

那就從社交媒體說起吧。

二〇一二年，小翎二十二歲，每週上課兩天，剩下三天在奧美公關實習。

她申請的是時尚組，想代表品牌溝通時尚雜誌廣告，替明星商業活動租衣服，踩上高跟鞋雷厲風行協調現場，等等。

她從湘潭考上同濟大學，放下媽媽喜歡的牛角辮子，剪了齊瀏海，燙了玉米穗來上海。

時尚組是她從《小時代》裡看來的光怪陸離的上海。

那樣的上海在黑暗高三的巷口點著指明燈，源源不斷地給予她希望和力量。

奧美門檻高，她學習和社團活動都很積極，堅持到大三，終於用還算豐富的簡歷換到了回音：

「你們個個想進時尚組，時尚組早滿了。我們現在有個新成立的新媒體組，也在公關部，你要是感興趣，可以給你安排一場面試。」

小翎心想，先進去唄，把臉混熟了再想辦法轉組。

小翎誤打誤撞接觸新媒體，很驚訝，新媒體組的工作就是刷微博。他們每天腦力激盪社交媒體行銷方案，做成PPT拿給客戶提案，分到小翎手上的任務，主要是聯絡部落客，他們行話叫KOL[1]。

小翎拿著長長的KOL名單，坐在格調高級的市中心二十七樓辦公室電腦前發微博私訊。「版主您好，我這邊是奧美公關，某某品牌尋求與您的商業合作，您感興趣的話，麻煩您給我一下報價。」

名單每次都有變化，明星、主持人、運動員、說相聲的，總之誰紅是誰。有一天小翎看到一個KOL的身分寫著「旅遊部落客」。

不明白，搜來一看，居然是最近沸沸揚揚的，畢業後一邊和男朋友環遊世界，一邊拍照發微博的鄰校學姐——喵梨。

小翎被報價嚇了一跳，而客戶居然欣然買單。——太誇張了吧，一則微博而已，居然比我的全職小老闆辛苦加班一個月賺得還多？

小翎只覺得被人當頭打了一棒，那一棒太響，震碎了她的世界觀。在她一直以來的認知裡，努力學習就能考好大學，努力上大學就能找好工作，努力工作就能有幸福的生活。

她第一次發現，努力不值錢，值錢的是不一樣的思路。

更重要的是，不就是拍旅行照片發微博嗎？

我也會啊！

2

小翎回到寢室，莊嚴宣告，她的大學生活有目標了，要做下一個喵梨。

她們寢室四人，按床位封號，小翎是溫四床。

黃大床、景二床和朱三床聽完小翎講喵梨，都興奮得手舞足蹈，紛紛要求加入，走上人生巔峰。

二十多歲，頭頂沒責任，身後有父母，社會寬容你年輕沒經驗，還有學校做堅強後盾，胡亂折騰的成本為零。

人精力充沛，因為未來不確定，還相信一切皆可改變。

真好。

二〇一二年的一個週五深夜，旅行部落客四人組在同濟大學東區的四一八女生寢室茶話會裡成立了。

眾人鬥志滿滿，第二天就拿出發展規劃和執行計劃。

旅行部落客，顧名思義，旅行了才有旅行照片可發。

景二床和朱三床連夜讀完上海周邊旅行攻略，選定烏鎮兩日遊，下週六就出發。

遊了兩天，四人累得集體睡過週一早課。

更絕望的是，她們一連換了十幾個修圖 APP，濾鏡銳化陰影飽和度全用，怎麼也做不出喵梨質感的旅行圖。

小翎去找攝影協會的競一師兄。

師兄說：「這個微博上的照片，都是專業攝影師的作品，哪裡是你拿手機和修圖軟體就能弄出來的？喏，這種景深，24-70mm 以下的鏡頭都拍不出來，這張便宜點，50mm 的定焦能成像，不過後期肯定 Lightroom 和 Photoshop 都用了，這麼一張照片的話，很有經驗的攝影師也要至少折騰小半天……」

小翎很失望：「這麼難嗎？」

師兄說：「你以為呢？你見過有人閉著眼睛隨隨便便就成功了？」

景二床和朱三床聽說只有專業設備和水準才能拍出喵梨級別的旅行照片，不幹了。

「虧我還專門去看了她的專訪，她不是說照片都是手機拍攝，APP 修的嗎？」

小翎隨口安慰：「她可能特指專訪裡提到的照片吧。」

「騙子！這種騙人的破網紅，人設遲早崩！」

小翎不明白她們氣從哪兒來，想拿出同樣好的作品，研究發現了她的方法，學過來就好了呀。

小翎約她們一起學攝影，被無情拒絕。

朱三床說：「你沒聽過單眼窮三代，攝影毀一生嗎，我們窮學生拿什麼錢學？」

景二床說：「而且好影響學習，我媽要是知道她把我送進這麼好的大學，我天天到處瞎玩還做沒用的事，肯定打死我。」

週六晌午，小翎回寢室，看到還在呼呼大睡的兩人，想問一句，你們不是為了學習不學攝影的嗎？

為了寢室和諧，她忍住了。

3

小翎去攝影協會報名。

競一社長問：「你的相機呢？至少要有個入門級單眼吧。」

小翎搜了一晚上，單眼好貴。

她說：「我先用手機學構圖，或者先學後期，等相機錢存夠了再學拍照可以嗎？」

小翎在奧美的半年，一直想買一個LV。

像其他員工那樣，背著名貴的包包走進巨大落地窗的華麗辦公大樓，才像是真正屬於這裡。

白色的Neverfull，中號，她在官網看過無數遍了，只等有一天存夠了實習薪水，去店裡瀟灑把它買下來。

小翎的錢快存夠了。

——還是買個相機吧。

包只能裝東西，相機是工具，工具能撬開嶄新的世界。

攝影協會的週末活動不少。

小翎結束寫生，競一社長送她回寢室。

兩人在寢室樓下聊得忘我的時候，一輛車橫衝過來，差點傷到小翎。

競一社長動怒了，他把小翎拉到身後，捲起袖子上前理論。

一看是個女司機，更加不客氣：「女司機還玩開到宿舍門前的小路這種高難度技術？」

黃大床甩上車門，也不客氣：「你天黑不回家，鬼鬼祟祟拉著我寢室姐妹在樓下受凍，本寢室長嚇的就是你！你沒長眼睛嗎？沒看見我們小翎很尷尬的嗎？」

競一師兄是小翎心上的刺。

小翎大一的時候，每天在圖書館自習，競一師兄剛巧每天坐在對面。

小翎的目標是外商公司，計劃早早考下托福，證明英語能力。

競一也備考托福。

小翎以為他們同呼吸共命運，都是大上海裡迷失的小城少年，驚惶又興奮地期待一個更好的自己，倍感溫暖。

可是，考完試競一約她玩，開來一輛奧迪 R8，並且對法租界精緻昂貴的祕密餐廳如數家珍。

他是錦衣玉食的本地保送生，長得好看，愛好足球，小時候踢過少兒俱樂部，隊友是國腳，愛好攝影，是學校攝影協會會長。

考托福是他無聊找事做，高興了還能出國。

小翎本來挺無憂無慮的，此刻忽然從頭到腳地自卑了。

注意到競一身上穿著 Moschino，書包是 MCM。

而自己才剛剛學會認這些牌子，還在認得之後自豪地想：我終於也是見多識廣的人了！

小翎已經被溫暖的心跌到了冰窖裡，她迴避競一。

競一也沒有像電視劇男主角一樣熱烈追求，幾次不回信就消失了。

競一師兄太紳士了。

兩年了，大三再去找他，他放下畢業論文親授攝影，還很注意保持距離。

而如今的自己也不再是一年級土妞，會化妝，富民路上的私房菜瞭解得一清二楚，身後有知名公司加持。如果不是買了單眼，還是要背著LV上學的人。

「下次他約我出去，一定要直視他的眼睛，很會調情地說，我等這一天兩年了。」

小翎稍一想，就心尖兒顫。

4

黃大床看見小翎的攝影水準突飛猛進，也要一起學。

她背著ONA新款的大號相機包加入攝影協會，一打開，滿滿的萊卡機身和蔡司鏡頭。

影協全員把她圍得水洩不通，一個兩個貪婪地看著，不敢摸。

黃大床十分大方，隨便借，隨便拿。眾人立即奉她為影協第一女神。

她熱情自信，大聲笑，見識廣，張口就是話題的中心。更要命的是，她第一次拍攝，就展現出了驚人的天賦，連一向苛刻的競一社長都讚不絕口，說她是老天爺賞飯吃，前途無量，千萬不要浪費。

黃大床登場沒幾回，已經是公認的影協甜心。

競一的媽媽來看望競一，黃大床全程上海話作陪，逗得競一媽媽拉著她的手不放。

小翎學攝影，一邊在技術上陷入瓶頸，一邊看著黃大床和競一越走越近。

她每看一次，心就下沉一次。

每一次她以為已經沉到海底了，都發現那下頭還有無限深淵。

而且，她好不容易會了拍照、前期和後期，沒有拍出喵梨般的照片，卻發現自己原來不僅僅是相機的問題。

她本來個子小隻又微胖，加上腰間又厚又重的長髮，整個人看起來簡直是擠成一坨的。

她也愛美，但愛得都不對。去奧美前挑染了黃髮，時尚度加零分，土氣度加十分。

對比著喵梨和自己的照片，她一個一個數差距。衣服穿得不夠鮮豔，人不夠瘦，動作不夠優美，去的地方不夠好拍，不會找和自己顏色相符又有特點的背景……

越努力越有實力，越有實力越能看出，差距不是最初以為的那麼一點點。

目標是喵梨，那幾年當之無愧的行業第一。

小翎目光放得高遠，因此黃大床這個比她活潑、家世好、器材好的神級存在，也沒那麼神了。

她想要活成的樣子比黃大床好多了，她羅列了要提升的地方，每一天都忙得不可開交。

不夠瘦，就每天晨跑，控制飲食，下載健身操影片跟著跳。

不會穿，就研究喵梨的配色，把那些街拍微博、穿搭公眾號關注個遍，走哪兒都留心觀察穿著，把好的偷偷存在手機裡學。

動作不優美，就存下看過的一切好看動作，每天對著鏡子擺。

去不了喵梨拍的斯里蘭卡和印度，就從上海拍起。

弄堂，一棵梧桐樹，民國的陽光和公寓，雲霄裡的摩天大廈，一點一點用相機書寫她對這座城市的理解。

小翎還知道，她若想養活她的攝影愛好，必須有好工作，所以成績不能差。

她若想去國外拍攝，旅遊一趟的閒錢肯定沒有，最好是去讀研究生，最好有獎學金。

她考GRE，考得一般，好在經歷不錯，勉強進了Top 80。

看見一百五十名開外的俄勒岡州立大學有大額獎學金，義無反顧去了。

學術和愛好兩花並開，讓小翎的大四比高三還緊張，她簡直忘了黃大床和競一兩號人物。

他們畢業結婚的愛情傳奇傳開的時候，小翎在忙簽證。

他們的婚禮正好是小翎飛往美國的日子，小翎匆匆語音發了一句祝福，關機。

5

兩週上傳一套九宮格照片，是小翎在上海就有的習慣。

到美國後的孤獨，讓她有了更多時間持續這習慣。

她窮遊，東海岸乘火車，西海岸公共交通落後，就在網路上找幾個攝影愛好者組學生自駕團，分攤汽油和 Airbnb。

兩三千塊人民幣走了小半個美國，拍下許多照片，在微博上整理成九宮格。

她踴躍投稿，收穫千把粉絲和諸多朋友，大家組成攝影愛好者微信群組，交流技術。

她對自己的要求越來越高，到處看藝術展，去學校畫廊打工，和前來展覽的攝影師交朋友，請教技藝。

二十四歲這一年，她的微博看起來已經是名副其實的攝影師級別了，足跡遍布世界。

可她還是沒有成為喵梨。

喵梨已經是眾人口中的過氣網紅了。

真正努力過的小翎知道，成功過的人，再過氣也離普羅大眾很遠。

小翎沒有那麼多粉絲。

所有的辦法都嘗試過了，投稿，申請認證，擠上熱門……日復一日，鍥而不捨，還是怎麼也給不了她喵梨般的影響力。

奧美實習生夢想中的商業合作，始終沒有發生。

同學們漸漸結婚生子了。

小翎研究生畢業，在波特蘭一家華人會計師事務所謀了個差事，拿到 H-1B[2]，算是成功定居美國。

當初信心滿滿要做來賺大錢的旅遊部落客，消耗了這三年的大半積蓄，一毛錢也沒有盈利。

算了。

人有個愛好挺好的。

小翎每半年一次，把微博自費整理成一本照片書，寄給爸媽和外婆。

同事逢年過節過生日，她這個免費攝影師最討人喜歡。

6

二〇一五年也過完了。

二十五歲，小翎發現微博上出現了旅遊事業部，官方帳號貼著大海報，招募新浪旅遊自媒體聯盟的第一批部落客。

要求是，能不間斷提供高品質旅遊內容。

小翎花了兩天一夜，篩選她三年來發過的九宮格，把最優秀的作品按地點分類，寫成一封長長的郵件。

尊敬的新浪工作人員：

您好！

我是旅遊部落客小翎學姐，同濟大學畢業，俄勒岡州立大學碩士，目前旅居波特蘭。

我熱愛攝影，三年來平均每兩週發布一套旅行攝影作品，幾乎未有間斷，符合貴公司「不間斷提供」要求，期望加入旅遊自媒體聯盟。

以下是我的作品連結，敬請斧正。

大阪：https://weibo.com/1243771321/C7iaW486y

紐約：https://weibo.com/1243771321/FcGORwI58

……

兩週後，一個叫李陽的男孩子發來郵件。

他言語活潑，感謝小翎作為如此優秀的內容製造者對微博平台的大力支持，新浪即將提供官方扶植計劃，期待合作，期待新作。

小翎的微博終於漸漸熱鬧了。

新來的粉絲問她：「你的微博天天在推薦版位上，你是很有背景的人吧？」

小翎誠實地說：「不是，我是加入了新浪的自媒體聯盟，得到了官方的扶植。」

粉絲又問：「怎麼加入新浪自媒體聯盟呢？」

小翎繼續誠實：「讓時間倒回三年前，每兩週發一則攝影作品。」

再看微博，嚇了一跳。

眾人排著隊罵她：

「咱們能不能好好說話，人家問你問題，你裝什麼裝？」

「原來你是這種噁心的貨色，我真是眼瞎這麼喜歡你，退追蹤！」

小翎讀了十遍方才的順手回覆，終於讀出諷刺意味。

連忙刪除，道歉，又不放心地把微博全部檢查一遍，從此謹記謹言慎行。

廣告商的私訊來了。

小翎對流程一清二楚，合作很順利。

小翎的第二則廣告發出來，失聯兩年的黃大床出現了。

「親愛的，你最近怎麼突然發達啦？老實交代，是不是在美國傍上了什麼有門路的人了啊？」

小翎說了旅遊自媒體聯盟的事。

黃大床很興奮：「推薦我也進一個唄，我也是混過影協的人。」

小翎翻黃大床的微博，一年多沒更新了，為數不多的照片毛病一大堆，水準好像一直停在她初進影協的時候。

小翎後來學了好多複雜的手法，黃大床看都看不出來，只記得自己天賦異稟，而小翎連個好鏡頭都沒有。

——黃大床太業餘了，也沒什麼系列作品。自媒體聯盟的成員好多都是職業攝影師。這種程度怎麼通過得了。

小翎苦惱地想。

果然。

李陽說：「你這個老同學的作品不過關哦，我們想要你這樣的部落客！」

黃大床追問了幾次，小翎不知道怎麼說，沒有回。

競一師兄破天荒找她了。

「小翎，你們不是一個寢室的好姐妹嗎，她第一次見我的時候那麼保護你，連我都一直記得呢。你現在成功了，你幫幫她呀！」

小翎沒回。

競一又補一句：「不要忘恩負義哦！你在我心裡可不是這樣的女孩。」

再一看黃大床，她已經把自己從朋友圈封鎖了。

小翎知道，她和這家人的友誼到盡頭了。

7

那一陣，糟心事遠遠不只黃大床和競一。

私訊裡每週都有廣告邀約，看似熱鬧，其實都只是詢價。

一會兒索要她介紹PPT，一會兒交流創作要求，時間精力花了，人常常突然就沒音。

二十個廣告邀約，談成一個已經是高命中，而且事前要簽合約，事後要開發票，寫總結，客戶團隊裡這個滿意了那個不滿意，都要一一溝通修改。

哪裡是一個人憑藉兼職就能完成的工作量？

更何況小翎作為旅行部落客，最重要的是出行、拍照、後期、撰寫內容。

小翎需要商務助理。徵人啟事貼出去，引來一群躍躍欲試的孩子，各個都是忠實粉絲，迫不及待要為小翎工作室出力。

小翎開薪資，怎麼開呢？要繳保險嗎？抽成還是給紅包？沒經驗，不好意思問。

應徵者更大方：「我們不要錢！能和我們深愛的小翎學姐共事就是最好的禮物！」

小翎倍感溫暖，那就等節日給他們包大紅包吧。

真是最叫人後悔的決定。

說是兼職，真到需要人手的時候，這個要期中考試，那個的同學生病了。發出去的資料頻頻出錯，說他們吧，怕打擊了積極性，不說吧，轉眼又出錯。客戶本來就挑剔，這下子更嫌棄小翎業餘了。

小翎終於忍不住說了。

說了兩次，群組裡的和諧一家人的氣氛沒有了。

三次四次，眾人的不樂意紛紛搬上檯面：

「我們都是因為愛你才走到一起的，你這樣把我們當下人，實在是很寒心。」

「對嘛，你又沒付薪水給我們！」

小翎這邊捅簍子，那邊還在為內容製作焦頭爛額。

部落客的原創輸出，認真起來，實在是個無底洞。

起初照片夠專業，人在風景裡養眼，就是好內容。

轉眼照片沒人看了，流行起了好吃好玩好去處的圖文攻略。

小翎剛學會製作長圖拼接，平台又大力推廣影片功能，同行們已經張口閉口 vlog——影像遊記。

小翎影片還沒剪明白，拍攝視角先過時了。

部落客們出行，各個頭上戴著 GoPro，背上背著無人機，手裡拿台全景相機，手機架在雲台上。

今天不跟上，明天客戶就選別人了。

就這？

想得美。

起初做部落客，有微博就夠，轉眼商業合作變成了「雙微起談」，即微博和微信共同發布。

公眾號還沒弄清楚，一直播、小紅書、馬蜂窩、知乎、今日頭條、抖音、快手、B站……全都上了必備名單。多平台開花是部落客的新門檻。

一個人就算有三頭六臂，也負荷不了這樣的製作強度。

這根本是一個小型公關公司。

小翎昨天剛下決心，再也不吃力不討好地請人做事了，一覺醒來，不僅商務談判需要人手，平台的營運維護更需要。

粉絲越來越多。

小翎跟上了部落客的進化節奏，有馬甲線、鎖骨、美甲。

她品味飆升，打薄了頭髮，不長不短落在肩頭，穿修身的風衣和尖頭高跟鞋，裸露纖細的小腿，背價格不菲的品牌包，在鏡頭前時尚漂亮。還時不時來一集「小翎學姐開箱：口紅試色篇」。

浩瀚的扒皮和黑歷史湧上來了。

六線縣城的貧困虛榮女，出國讀了個水得不行的碩士，收了幾件不知是真是假的名牌，天天靠修圖上網賣白富美人設，矇騙無知網友。

知情人透露，此人不僅虛榮做作，還是個不折不扣的綠茶婊。大學時勾引室友的富二代男友，可惜真人太醜，人家看不上，後來心虛不敢出席室友婚禮，躲到美國野雞大學，內心陰暗地照著室友打扮自己。結婚生子的年紀沒人要，天天在網上作妖。

……

那惡意，不知是什麼不共戴天的仇。

朋友、老同學、父母親人，甚至公司老闆都看到了。

──你現在工作穩定，生活安逸，少賺那幾個廣告錢啥也不影響。受這麼多委屈幹什麼！別弄亂七八糟的了，踏踏實實，安安靜靜過日子吧。你折騰這些也沒什麼前途。

小翎稍微尋求傾訴，四周全是語重心長的退堂鼓。

小翎只好關起門來抹眼淚，不跟任何人說委屈。

8

當初小翎立志做旅遊部落客的時候，腦子裡的畫面，是好朋友一起打扮得漂漂亮亮，互相拍照，到處玩，還有大錢賺。

她以為這一路鮮花盛開，是一群人的狂歡。

走著走著，原來盛開的是荊棘，她變成了孤獨的戰士。

而又為什麼，渴望的成功來了，來得這麼不容易。

還帶來了更難的問題，更累的每一天，和莫名其妙的惡意與中傷。

要就這樣算了嗎？小翎問自己。

以前不知道這裡頭有這麼多糟心的名堂。

小翎後來接受採訪。主持人問她，你在最關鍵也最艱難的時候，不放棄的原因是什麼？

小翎不知道。

只知道，她漫長的過去裡每一次遇到問題的時候，首先不給自己「放棄」這一選項。

她只是認真思考：我的問題是什麼？我該怎麼解決呢？

難受？

難受就對了，難受說明人在朝前走。

哭一下，挺過去，下次就會了。

我就是個更棒的人了。

小翎拒絕流言蜚語，把手機扔得遠遠的，趴在床上，拿出紙和筆，規劃自己旅遊部落客的下一步棋。

可行性一，招人，開小翎學姐工作室；可行性二，找經紀公司，簽約。

那些反正控制不了的，乾脆別搭理。

臥室的檯燈很暖，小翎掉下一滴眼淚，她當作墨水，順手在紙上畫了一朵暈染的花。

9

有一天，一直在留意觀察的小翎，捕捉到了幾個部落客的資料變化。他們的個人簽名檔都添了一句「商業合作請聯繫經紀人李先生」，都是同一個電子信箱。

小翎把自己的微博內容和商業合作資源整理好，寫信。

對方果然是經紀公司，對小翎很感興趣，希望面談。

小翎找到了門路，把部落客們資料上的電子信箱收集了一通，複製貼上自薦郵件，約好上十家經紀公司，去北京一一面談。

她簽下了最投緣的。

公司提供她需要的人力，她交出部分收益，旅遊部落客這條路終於走順。

10

二〇一八年，小翎第一次作為行業標竿網紅，受邀出席影響力高峰會。

她二十八歲，舉手投足已經是個能Hold住紅毯和聚光燈的小明星。和幾百個盛裝的旅遊網紅站在一起，一點也不失色。

原來有這麼多旅遊部落客啊，小翎每見一次，就驚嘆一次。真不可置信。

許多年，同學向東她向西，同事向東她向西。原本熱鬧的前進路上，走著走著就只剩她一個人。

她以為自己註定孤獨。

走出來了才知道。

原來這世上，在她看不見的地方，有這麼多人在像她一樣生活著。

孤獨之後，他們相遇，一起踩上了時代的浪潮。

後記

我近來為做全職旅行體驗師的事猶豫不決，總去請教前輩小翎。

我問：「我知道現在全職做好了，就是第一批吃螃蟹的人，收入暴利。可是這條路真的對嗎？行業變化這麼快，風險又高，在保障上遠遠不如獨立審計師。」

她說：「對的路哪裡是站在人生岔口上選出來的，那是選擇之後，在自己的那一條上，一步一步走出來的。」

她妝容精緻又疲憊的臉在對我說，沒有一種成功容易。

1 Key Opinion Leader，意見領袖。

2 H-1B：美國工作簽證，滿一定年限後可申請綠卡。

這個時代，沒有鐵飯碗，也沒有不務正業

大約是在二〇一二年。

畢業流落進谷歌、亞馬遜、微軟、Facebook 的學長學姐，聊起工作，說出的話大同小異。

「我們專案組研究人工智慧，具體產品保密。」

再一看，大學裡也到處是人工智慧講座。

教授說，未來五到十年，今天的許多熱門職業都將被人工智慧取代，你們猜猜是什麼？

「會計、程式設計師、律師、投行分析師、審計師……名單很長。」

「這些今天看來的精英職業，一二年級 associate 的工作內容，只需要一兩屆新生上完大學的時間，就會像今天的銀行櫃員和超市收銀員一樣，大量被機器取代。」

與此同時，我還在不斷收到這樣的私訊。

「另維姐姐，會計專業是爸媽給我選的，說哪兒都需要會計，是個鐵飯碗，以後就業有保障，我真的喜歡不起來啊。可我喜歡的都是些不務正業的東西，健身啊，新媒體啊，還有《英雄聯盟》（LOL）……我是沒救了嗎？」

我說：「現在是二〇一八年，不是一九九八年。」

1

科技更新疊代這麼快，哪兒還有一勞永逸的鐵飯碗

我小時候，二〇〇四年吧，會計供不應求。

會計有刁鑽的職業技能，打算盤，快手點鈔，寫密密麻麻的帳簿。小公司，大企業，手工作坊，事業單位……但凡要用錢和開薪資的地方，都需要會計。我爺爺開私立學校，學生還沒來，先聘請兩個會計。

今天，同學在北京創業，我說：「我去給你們當會計呀！」

他說：「我們公司沒有財務部。」

我震驚：「五十多個人的公司，沒有會計？」

今天的大多數公司，財務業務全部外包，小會計師事務所，五百塊人民幣一個月。

我在這樣的事務所打過工[1]。

我一個人，一上午，能寄出十四家創業公司員工的薪資單。

電腦軟體問我「今天該發薪水了，發嗎？」，我點擊確定。

一轉眼，薪資已經存進員工銀行帳戶，同時自動生成帳目。

我點開下一個資料夾，開始下一個公司的薪資發放。

十年之前，一個小公司需要兩個會計。

如今我一個在讀的會計系學生，能同時是矽谷十四家公司的財務部。

因為電腦軟體，我一個人，頂替了二十八個算盤手會計。

而且，我很便宜，不加班，也不忙。

我有鐵飯碗了嗎？

我還沒畢業，學校已經開設了人工智慧課，大一新生在積極選修，小學生在學程式設計。

二〇一七年，美國德勤首次試用人工智慧處理初級審計師和金融分析師的工作，效率、成本和準確度都震驚業界。

那些學著人工智慧長大的孩子，即將閉著眼睛頂替二十八個我。

我們看一組資料吧。

一九〇〇年，美國七千五百萬人口，38%是農民。二〇〇八年，人口增加到三億，農民只剩2%。因為機器灌溉和品種培育，不需要那麼多人種地也夠吃了，還能大量出口。

製造業也一樣。

機器生產，後來乾脆連工廠都不在境內開了。到二〇一三年，工人只剩下8.8%。

你說，這是美國，跟我有什麼關係？

可是中國比美國還快啊。

我二〇一〇年出國，覺得美國好發達。

二〇一三年回中國，一臉懵，中國怎麼這麼發達了？

二〇一七年，我已經不想再回美國了，跟北京相比，去美國簡直是在上山下鄉。

飛速完成的基礎建設，讓生活品質天翻地覆，也讓傳統行業的人工需求驟減。

紡織女工、農民、列車員、製造業工人、銀行櫃員、電話接線員，都漸漸被機器取代，不再需要那麼多人。

他們現在研究的，是讓人工智慧優化教師[2]、公務員、會計、工程師、金融分析師，甚至律師和醫生的工作。

二十世紀八〇、九〇年代，國企工廠是人人羨慕的鐵飯碗，十幾年後他們紛紛趕上失業潮，忘記了嗎？

基礎建設完成後，傳統行業優化是必然趨勢。

發展快了，技能跟不上變化也成了常態。

在西雅圖，我常常看到微軟總部那些四五十歲的爸爸，當年的北京清華北大天之驕子，如今手裡抱著大學生的程式設計書，找兒子們推薦電腦語言網課。因為他們會的那一套，已經淘汰了。

大學裡有好多中老年人，笑著對我說：I know, everyone gets back to school at their 50s.[3]」。我知道，最近流行五十歲回學校讀書。

科技更新疊代這麼快，哪兒還有什麼一勞永逸的鐵飯碗。

如今，不管進入哪個行業，都要做好學一輩子的準備。

如果你從一開始就不喜歡，那將是多麼痛苦的一輩子。

2

泛娛樂迅速產業化，哪兒還有什麼不務正業

我們再看一組資料。

在中國，二〇一六年國家體育產業總產出一點九萬億人民幣，二〇一七年遊戲產業收入超過兩千億人民幣……

我在課本上學過，美國平均每人GDP超過五千美元時，文化消費和娛樂消費的比重開始劇增，文娛瘋狂產業化。那是一九六九年。

二〇一五年中國平均每人GDP超過八千美元，新媒體、遊戲、網劇、體育等等泛娛樂的瘋狂產業化，我們每天都在見證。

這個時代真好玩。

鐵飯碗沒了。

不務正業的概念也行將就木。

學校裡還在「學好數理化，走遍天下都不怕」，職場上搶來搶去的，是自己會玩，還能教消費者玩的人。

時代發展太快，順口溜已經跟不上了。

讓我講講沐子的故事。

西雅圖每年八月有個DOTA全球爭霸賽——TI。

我早年開了個淘寶店轉賣遊戲周邊，排隊進貨時見到她，為她的盛世美鞋傾倒，搭訕之，發現她也在看我的鞋，如此結下友誼。

Tinker 是 DOTA 2 的忠實玩家，認出沐子是中國派來的DOTA 解說團隊成員，求認識。

Tinker 週末加班，我帶沐子去 Facebook 找他玩。

我們坐在看得見太空針塔的落地窗前吃零食，忽然 Tinker 的同事抱著電腦找他，說起C語言，像是在討論什麼技術難題。

我語言不通，拉沐子去翻零食。

忽然沐子說話了。

「試試 Wireshark 呀。」

眾人震驚：「你懂解析網路資料包？」

沐子說：「我也是學程式設計的呀。」

Tinker 和沐子交流專業，發現她不僅的確學程式設計，還學得不差。

我們於是很不解。

「做程式設計師又高薪又穩定，你居然去當了遊戲主播？」

沐子有一頭黑絲綢般的長髮，圓圓臉，大眼睛，膚白貌美，笑起來酒窩一現，像春天的風吹在臉上。

她說：「誰說遊戲主播不高薪不穩定？現在是二〇一五年，不是二〇一〇年。」

沐子從小到大只有一個愛好——打遊戲。

中學沉迷《魔獸爭霸》，爸媽想讓她好好學習，要先約好，考多少分能玩多少小時的《魔獸爭霸》。

高三暑假，沐子足不出戶打了三個月魔獸。

大一時她那一手勤學苦練過的操作，打遍全班無敵手，簡直是天津大學電腦系的霸主。

天津市啟動《魔獸爭霸》比賽，全體男生慫恿她代表本班最高水準參賽，她一口氣打進天津市前十。

沐子每年暑假在網路公司實習，為程式設計師人生打基礎。

下班後的所有時間，全部獻給遊戲。

從《魔獸爭霸》到《DOTA 2》，從《DOTA 2》到《英雄聯盟》。

一邊玩，一邊在平台上交朋友，興趣來了，還錄個解說自娛自樂一下。

她畢業做了程式設計師之後，沒有耽誤遊戲解說的小愛好，時不時還能收點禮物，換成人民幣，算是個有副業的斜槓青年。

大約在二〇一三年，電競產業紛紛成立了職業戰隊、經紀公司，大型賽事層出不窮，遊戲傳媒公司也成群結隊橫空出世。

他們要在網路上打造遊戲業的「中國央視體育頻道」，大量招募職業主播，於是找到沐子。

沐子心一橫，開啟了全職打遊戲的下半生。

沐子爸媽見沐子放著軟體工程師不當，跑到網路電視台解說遊戲，覺得她瘋了，每天都覺得沐子弄的這些玩意，賺再多錢也不叫工作，更不可能長久，叫她趕緊別玩了，找個正經事做。

可是他們走進沐子工作的MsTV，演播室連演播室，設備先進，人員專業，業務忙不完，規模比電視台還大。

好多年過去，父母操心的「不長久」沒有發生，只看見沐子的路越走越寬，薪水高高漲，觀眾很穩定。她到處出差，連去美國都是五星級酒店待遇。

爸媽終於感嘆，世界變化太快了，不應該對未知產生偏見。

我在上海一所三等大學做講座。

沐子剛好在上海解說比賽，來看我。

我大聲說：「今天有朋友來捧場，感謝她！現場喜歡電競的人可能認識她，她是MsTV的遊戲解說，叫沐子。沐子你跟大家打聲招呼呀！」

沐子朝投向她的目光們揮揮手，露出花瓶的微笑。

還真有不少人認識她。

更有人在講座結束後，跟蹤了我們一路。

一個白白瘦瘦的小子，穿一件不合身的T恤。

我們拐進一家午夜燒烤店，回頭問：「同學你好，什麼事？」

他立刻羞了，撓著腦袋「那個」了半天說不出話。

他叫白然，大四。

他成績一般，外形一般，沒女友也沒背景，回想大學四年，除了上課就是打DOTA，現在快畢業了，室友們要麼上海戶口加持，要麼獎學金加持，他什麼也沒有，很迷茫。

他想過找DOTA的相關工作，但是職業玩家吧，水準不夠；解說吧，口語表達能力不行。無從下手，很絕望。

所以他跟了我們一路，求罵醒。

他說：「我媽說了，能靠打遊戲吃上飯的都是鳳毛麟角，老天爺沒給那碗飯吃，就應該趁早找個正經工作先把自己養活……」

沐子來了氣，真開罵了。

「你大學玩了四年DOTA，到頭來二〇一六年的DOTA能讓多少人吃上飯，你卻要去問你媽？「DOTA全世界玩家超過一億，一場比賽獎金池兩千四百萬美元，是多少個上市公司產值？這麼大一個產業，你以為只靠選手和解說就能撐起來？

「這個產業有多大，背後就有多少工作崗位在支撐！

「你看看比賽，好嗎？賽事有現場導演、執行、場控，你關注戰隊，戰隊有經理人、星探、教練、公關，我們做遊戲媒體的，傳統電視台有的崗位都有，甚至更多！

「你看戰報嗎？你知道戰報基本上是大學生玩家兼職寫的嗎？勤奮點的，收入早超過外商上班族了！

「你有這麼多職業選擇，盯著選手和解說喪氣什麼？你參加過什麼DOTA比賽嗎？」

白然被嚇著了，語無倫次。

「我……我和幾個好朋友組織了我們學校第一屆DOTA 2爭霸賽，但是贊助商反悔了，辦得不好。兩年後有個挺厲害的社團辦了第二屆，我和好朋友去參加，拿了第三名，得了一面錦旗……」

沐子反問：「這還不夠嗎？要我說，這就是電競行業的獎學金！」

幾個月後，我收到一封私訊。

「另維姐，我找到工作了！我居然是我們寢室第一個找到工作的！而且待遇很不錯哦，我媽都震驚了！

「我現在做DOTA的賽事場控！計劃以後轉型成專業經理人，和大神們一起征戰世界！」

我原本也陳腐地認為打遊戲就是不務正業，經常因此教訓弟弟。

卻原來，是我自己沒看見新時代的風在朝哪個方向吹。

消費升級，泛娛樂等字眼每天在新聞上輪播。

是了。

這個時代哪兒還有什麼絕對的不務正業。

會梳妝打扮的能當美妝部落客，整天包包衣服鞋的能當時尚部落客，會玩的能當旅遊部落客，瞭解遊戲的更是有一整個產業職務等著他。

十八般武藝，只要認真付出過，早晚能給你開闢一條路。

說說我所經歷的體育產業。

我從中學開始，透過網路，在騰訊NBA兼職做了四年文字主播。

我的頂頭上司石大哥，當年也是個蹺課看球賽的老闆。他高個子長瀏海，成天穿喬丹球衣，班主任跟在後面催他剪髮。

他考了武漢體育學院，每天鑽研NBA，球員資料背得滾瓜爛熟，賽事報導一篇不落。

他的學長返校講座，提起自己當年一邊讀書一邊給網易寫賽事報導，一個月能賺四五千塊人民幣。

石大哥在武漢，沒聽過這種工作，雙眼放光地追問。

石大哥寫賽事報導，寫得又快又好，新建的籃球社群來挖牆腳。

石大哥很忠誠，對方說：「要不咱們換個筆名兩家都寫？內容要求都差不多，你收入翻倍。」

石大哥越寫越深諳套路，加上網站缺人，他帶領寢室哥兒們組成團隊，足球網球游泳乒乓球都寫。

十幾年前的武漢，他大三，僅抽成就月薪人民幣過萬。

畢業了，別人的父母都在焦急找關係，安排兒女工作的時候，石大哥坐在家裡月薪兩萬人民幣。

他們悄悄說，別看那小子現在賺得多，不長久。

石大哥也擔心不長久，想去北京闖闖。

全班第一笑了：我四年穩居全班前三，在北京都找不著機會，你真是不知道什麼叫北京。

石大哥兼職的公司都在北京，上司和同事輪流接待他。

他二十二歲，已經有四年的行業經驗。騰訊網的NBA版面擴建，他去做了編輯。

NBA陪石大哥長大，石大哥喜歡，同學喜歡，千千萬萬的青少年都喜歡。

市場這麼大，騰訊NBA迅速從網頁變成網站，從小組變成事業部。

他們從傳統媒體挖主持人、現場記者和主編，自主組建網路直播團隊。

我加入主播團隊的時候，已經管石大哥叫大老闆了。

石大哥現在跟共事十多年的老友創業去了，自己開發體育影片平台，因為融資額巨大，頻頻上新聞。

我如今也不做NBA主播了，但每年回國，早已養成了先去騰訊看一眼老同事的習慣。

這些年，我親眼看著公司的體育頻道由一個角落，變成一層樓，變成幾層樓。如今樓裡還有了演播室，設備專業得跟電視台一樣。

辦公室在北京城的黃金地段，裡頭到處貼著NBA球星的巨幅海報、球隊旗幟，以及各種花花綠綠的周邊。

大家的辦公桌上，球員玩偶，籃球抱枕，球星簽名照一個比一個齊全。

一抬頭，螢幕在無聲地反覆播放比賽影片。

放眼望去，真是球迷天堂。

而NBA部門的工作人員，隨便抓一個，學生時代都是NBA忠實粉絲，每場過去的比賽聊起來，都是一場青春回憶。

如果你回憶學生時光只想得起考試，還真融不進工作環境，也做不出如今球迷想看的內容。

一年又一年過去，NBA部門更會玩了。

二〇一五年騰訊斥資三十一點二億人民幣買斷NBA的中國轉播權，工作人員越來越多，他們忙著接待球星，舉辦中國賽，最近又玩起了體娛結合，天天在社群平台裡發藝人吳亦凡穿全明星賽隊服的海報。

新玩法還在層出不窮。
每一樣拿出來，眼前是蒸蒸日上的消費市場，身後是巨大的職業需求。
你還在嫌棄關注ＮＢＡ不務正業嗎？

3

未來世界

在我長大的過程裡，世界一天一個樣，可是好多人的意識形態還停在二十年前。
愛學數理化，聽話讀會計就是好學生，愛上網、愛打遊戲和籃球，就是沒前途。
他們什麼時候才能明白，我們的國家，早就不是舉國上下大煉鋼鐵，除了生存沒有其他職業的時代了。
消費在升級，生活如此多元，我們需要科學家，也需要玩家。
未來世界，我做會計，你做遊戲，我們不過是從事著不同行業的工作者。
下夠了功夫，我們都能在各自的領域創造價值，收穫財富。
為五彩繽紛的世界再點一盞燈。

1 即實習，在美國的國際學生在校期間有累計一年期的工作權，具體內容可搜尋CPT（Curricular Practical Training）了解。如果上過社區學院並加以規劃，CPT和OPT（畢業生實習）可各有兩年。如果不使用，則自動視為放棄。

2 在如今的美國學校，大量課程的教學方式已經轉為了「flipped classroom」，即學生在家看書和影片學習，做作業，老師在教室裡只做補充說明和回答問題。如此，老師不用反覆講一模一樣的課，課堂效率和創造性提高。這和中國近幾年興起的各類線上課程，思路和步調完全一致。

3 這一句語法上正確的應該是everyone gets back to school at HIS OR HER 50s，第三人稱單數對應。但是美國人在口語上也經常犯錯，說成原文那樣，這裡取語法錯誤的原文。

我的少年貪玩史

我童年時受《灌籃高手》影響，很愛打籃球。

我那時候立志，長大要當籃球運動員。

我十歲開始學打籃球，從體校籃球班轉入體校籃球隊，每天清晨體能訓練兩個小時，放學技術訓練兩個小時，覺得自己的前途比上午十點投射在籃球館地板上的光斑還要光明。

我國中畢業的時候，還是只有一六〇公分。

教練找我談話了，她勸我去好好念書。

我的籃球夢就這樣死了。

美國人有句俗語，make the most of it，中文翻譯成竭盡全力，我不喜歡。竭盡全力指努力，而前者是讓你最大化地提取能量，從一切方面和角度。努力是對的，但更需要的永遠是思維方式和角度。

我十五歲的時候，每天都在小城高中裡痛苦思考：我花了那麼多時間那麼喜歡籃球，到此為止了嗎，只能這樣了嗎，我還有什麼能做的嗎？

我想去考裁判，年齡不夠。

想做籃球寶貝（啦啦隊），身高不夠。

拒絕收了一籮筐，終於在一節數學課上，我對著手機上的NBA文字直播靈光閃現了。

—我也懂籃球，我也會打字，那這個在螢幕後描述場上戰況的文字主播，為什麼不能是我呢？

放學我走進網咖，動手了。

在那個大家還信任網路搜尋的年代，我搜尋：如何成為一名騰訊NBA直播員。

我翻了幾十頁，從一個廢棄論壇裡翻出一張三四年前的徵才帖，帖末有一個電子信箱。

欣喜若狂記下來。

高一。我想像工作內容，寫人生第一份簡歷：

①我很懂籃球。有四年的體校籃球隊訓練經驗，熟悉賽場各種狀況。熟悉許多NBA球員資料，尤其是湖人，全隊我倒背如流！

②我常年在雜誌發表小說，小學時作文獲得過「中國少年作家杯」特等獎，因此擅長文字把握，有語言組織能力。

③我所有的小說都是用電腦打出來的，打過很多字，因此打字速度應該也還行。

④我還是個女生哦！我覺得這是個優勢，你說呢？

配微笑臉。附藝術照一張。

沒有回音。

快一年過去了，我還在顛來倒去研究那個電子信箱，為什麼沒有回音呢？

加好友不理，沒關係。

我搜尋論壇帳號，搜索論壇空間……翻遍空間資訊，終於發現，這帳號好像的確是廢棄了。

於是我點進每一個留言者的論壇。

年紀小就是有時間，我耗時一個月，終於在一張二〇〇八年五月十二日的照片裡找到了線索。

照片裡人頭攢動，背景是大樓。

備註寫著：地震了，全公司的人都跑下樓了，原來我公司有這麼多人……

我仔細研究那個大樓，樓上印著「銀科大廈」。

我連忙搜尋銀科大廈。

果然，騰訊公司就在裡面。

又找到一個騰訊人！

我又欣喜若狂了，添加，還無須驗證，一連幾天都幸福得放學飄著回家。

他叫邊城浪子，那個黃色中長髮頭貼，常年線上。大概是為了衝等級。

他的帳號等級有四個太陽，我在小城樊襄長到十七歲，頭一回見。

我每天看著他，彷彿看著千里之外的騰訊的大門。

可是這位浪子也不理我。

不回覆我長篇大論的《我的辛苦找你史》、簡歷和藝術照。只在我的好友列表裡晝夜不停亮著頭貼，給我希望。

於是我充滿希望地每天對他說一句：「在嗎？」

我還每天自省：他為什麼還不理我呢？難道是我不夠禮貌？然後連忙修改措辭。

「你好，在嗎？」

「你好，請問在嗎？」

又不知從哪裡聽說了北京人都說您，不說你，彷彿瞬間領悟了問題所在。奔跑回家，再改措辭：

「您好，請問您在嗎？」

我上網一次問一次，從高二問到高三，他的頭貼終於動了。

他說：「您好，我在。」

真是感天動地的一刻。

他繼續說：「可是我已經不在騰訊了。」

我興奮得雙眼冒光，連忙問回去。

「那請問，您還認識還在騰訊的人嗎？」

他給了我一個社群帳號。

「你找這個人吧，可以叫她莎姐，別說是我說的。自求多福。」

我謝了一百遍，禮貌性地問：「您還有什麼建議嗎？」

他像是終於忍不住了。

「你幾歲啊小朋友？看照片臉都還沒長開，玩呢？簡歷有你這麼寫的嗎，先去搜尋個範本抄一抄。」

我找到莎姐的時候，簡歷已經有模樣了，民族籍貫大頭照放了清楚，自我介紹也進步和熟練不少。

莎姐說，給我一次試播機會。

高一的靈光一閃，在高中快畢業時有了眉目。

我簡直要叩頭，感謝天感謝地，感謝命運讓我們相遇。

那一年聯盟有兩個墊底王—國王和勇士。

哥兒倆隔得不遠，比賽的上座率最低，加在一起，即使在不挑剔的中國市場，也只給我這種沒入門的新人試播用。

那一年勇士隊有個不起眼的二年級新生，叫史蒂芬．柯瑞。

我在襄樊小城裡把他的資料背得滾瓜爛熟，可還是播了個稀巴爛。

文字直播除了有畫面看，還有英文的同步描述參考。我研究流程時覺得不難，誰知道上手就傻眼。

同步直播最忌諱跟不上，我不是一般跟不上。

比賽都結束了，我第四節才說到一半。

我沒臉找莎姐詢問意見。

莎姐很默契，直接消失。

這工作找得這麼費勁，上來就讓我自己搞砸了。

我眼高手低，好高騖遠，能力配不上野心，還跑去浪費別人的時間，鬧了一場笑話。

我夜不能寐。

我輸了，我怎麼辦？

說得好像我有東西可輸一樣。

我不再年輕之後回頭看，才發現「沒什麼可輸」真是年輕最好的禮物，是一無所有讓人一往無前。

我本著「反正沒東西可輸，乾脆臉皮厚一點」的態度，盤算怎麼再找莎姐要機會。

我思考，實力撐不住，一百次工作機會只能換得一百次丟臉。所以我首先要獲取實力。

我怎麼獲取實力呢？練習。

我走進網咖，連開三台電腦，一台電腦放影片，一台電腦放最受歡迎的主播的直播畫面，一台電腦開著英文同步描述和 word 文件，我一邊練習直播比賽，一邊比對，我的速度和內容到底都差在哪裡。

兩週過去了。

我搜尋列印了籃球術語大全，貼在床頭背，拿在手上背，背得滾瓜爛熟。

我跟了三個主播的二三十場比賽，每場比賽幾萬字，word 檔案塞滿資料夾。

我一個一個寫總結，這場比賽速度有提升，那場比賽措辭不夠幽默。

然後，我給莎姐留言。

「莎姐，感謝您的機會，我覺得上次試播沒能發揮出我的實力，這兩週我在家學習進步了一下，這是我的筆記，希望獲得您的指點。」

莎姐終於也重新出現了。

她說：「進步是挺大的，我再給你一次試播機會吧。」

我那句話說對了。

女生有性別優勢，那個還沒有影像直播的年代，我居然成了騰訊平台上最受歡迎的文字主播。

我成為主力軍之後，摸索出了身體的極限：每天至多一場，不能連續兩天，否則精神高度集中著連續四小時盯螢幕打字，眼睛受不了。

十八歲的我如何做到十四天連跟二十多場還沒瞎沒死，成了未解之謎。

我只能感嘆：把年輕兌換成衝勁真的太好了，它擁有連後來的自己都看不懂的體力。

我至今還三不五時收到留言：另維學姐，我看你以前是文字直播員，後來又做了ＮＢＡ現場記者，請問是怎麼轉職的呢？轉職容易嗎？

這是個巧合。

我高中畢業，考出國考試，帶著文字直播的工作來到西雅圖。

我綽號嘆號妹，把所有功課選在上午，下課狂奔回家，每週好幾天算著時差播比賽到天黑，就這樣度過的大一大二和空檔年。

第四年，有一天莎姐忽然問我：

「我記得你是在美國讀書對嗎？騰訊可能要買十五到二十年ＮＢＡ在中國的獨家轉播權，現在在招募海外駐站記者團隊，有興趣的話我把你報上去？你有觀眾基礎，還是騰訊體育的老面孔，有機會的。」

在騰訊ＮＢＡ兼職許多年之後，我在更衣室裡採訪柯瑞。

我離他很近，採訪的間隙我說：「我以前在中國中部一座三線小城裡做中文賽事主播，人生第一場試播是二〇一〇年的勇士對國王，我播得特別爛，不過好在那場比賽也沒什麼人看。現在我們在這裡面對面，生命好神奇。」

他笑了一下，朝氣蓬勃又頑皮，他說：「I feel you.」

我知道你在說什麼。

這故事聽起來，是不是挺順利，挺容易的？

社會心理學說，人類有一個本能的思維偏差—基本歸因錯誤（fundamental attribution error）：我們聽別人的故事，總覺得他們很幸運，付出都有結果，好時候全沒錯過，而忽略他們人為的努力，這是因為我們沒有深入瞭解他們的管道，我們只接觸得到明顯的事情，比如被展露的外在結果。

其實什麼結果都只是冰山一角，水下多的是我們視線之外的冰天雪地。

我決定做現場記者的時候，因為西雅圖沒有球隊，只能開車去最近的波特蘭，守利拉德和他的開拓者隊。

我家離摩達中心有將近四小時的車程，晚上六點的比賽，我得從中午開始開車，比賽結束後，媒體室採訪，更衣室採訪，傳影片發稿件，再高效也要做到凌晨。

我再去到空無一人，只剩一車的停車場，拔下黏在腳上的高跟鞋，狠狠捶幾下痠重的小腿，開始開車。

我通常要乘著天上的魚肚白回到西雅圖。

路上餓了，把車開進高速公路邊荒涼的麥當勞[1]點麥香雞。這個時候，餓狼一般的遊民像僵屍一樣緩緩走向我，問我要吃的，他們的手伸上來，滿身大麻味。

我一腳油門就跑。

後來，我寧願一路餓肚子，也不再停車覓食了。

這是週末。我那個時候，工作日還在學校上課。

我沒辦法週末如此折騰，週一還能精神奕奕地出現在課堂，功課受到影響，我終於堅持不下去了。

後來呢？

命運充滿不可控和偶然，人不是一成不變，也不會都以少年的愛好為畢生事業。

我讀會計和心理學學位，目標行業是金融和審計。快畢業的時候，我終於正式辭去所有關於NBA的兼職，這段漫長故事成了簡歷上，排在普華永道實習之後的幾行字。

我以為我和籃球的緣分終於終了了。

沒想到反而聊得更多。

我不斷拿到面試，從投行、私募，到四大會計師事務所，再到亞馬遜、微軟總部的金融分析師，中獎機率遠遠高於成績比我好的同學。

一面試我就知道為什麼了。

他們大都這樣開頭：「I see you have a fascinating/interesting/eye-catching life experience, you were part-timing NBA field reporting in college? Like in an actual court?」

「我看你生活經歷特別豐富，你真的一邊上大學一邊做NBA現場記者？真的進場館的那種？」

我打趣：「我不僅進場館，還進球員更衣室。」

然後，許多次，半小時、一小時的面試，都是時間到了，面試官還在依依不捨地追問柯瑞、湯普森、詹姆斯，聽我講我執著不放棄，處世態度是要做就一定堅持並且做好的故事，聽我講我兼顧學業與興趣，擅長同時處理多項工作的故事，聽我講我抗壓能力強的故事，聽我說，「這一切會讓我把即將開始的全職工作做得更出色」。

上班之後，我在電梯裡遇見老闆模樣的人，想不起名字，正著急，對方居然主動露出笑容。「嘿，你是那個NBA女孩！另維，對吧？我們剛剛還在聊你呢！工作得怎麼樣，一切都喜歡嗎？」

（Hey, you are the NBA girl! Crystal right? We've been talking about you! How's work?）

我少年貪玩了一場，貪玩到徹底成年，終究沒能改變我的人生方向。

我的一腔熱血也漸漸熄了，不再會背整隊資料，跟所有說湖人不好的人打架，連NBA口號換了都沒發現。

一切都時過境遷了。

而這段經歷留在了我的身體裡，成了我的一部分。

看前路，簡歷上有一筆濃墨重彩，工作能力是鍛鍊過的，漫長的大人人生，早早有了準備。

看來路，我有過一段好快樂的少年時光。

還在年少的你呀，如果你還願意為一本小說徹夜不眠，為打球蹺課，為打遊戲夜不歸宿，請千萬珍惜那一腔熱血，只有熱血能把你變成一個不一樣的人。

如果你真的長久且認真對待了它。

1 這裡指 drive-thru 得來速窗口，美國大部分快餐店都是能開車下單，拿了就走，不用下車的。

Part 4

Passion
用喜歡的方式過一生是怎樣的感覺

When I was five, they asked me what I wanted to be when I grew up. I wrote down "Happy." They told me I didn't understand the assignment. I told them they didn't understand life.

—JoŠ Lennon

五歲的時候，他們問我長大後想成為怎樣的人。我說，一個快樂的人。他們說我沒讀懂題目，我說他們沒讀懂人生。

——約翰・藍儂

年薪百萬的大學畢業生是怎樣生活的

稅季，我在 Facebook 工作的好朋友紛紛找我報稅。

我一看 Tinker 的薪資單，嚇呆。

「我知道 Facebook 薪水高，但是一幫二十二、二十三歲的鍵盤俠，大學剛畢業，年薪人民幣一百一十萬，太誇張了吧！」

「我明年漲薪水，30%，不過我替公司創造的價值值更多。」

這些被高薪寵壞了的年輕人，還挺把自己當人物。

1

我特別喜歡 Facebook 的辦公室。

坐落在西雅圖市中心，落地窗，雨城最好的風景全在窗外。色澤俐落，空間遼闊。

角落裡，巨大的貨物架擺滿零食，冰箱一拉開，牛奶、優酪乳、飲料、啤酒，應有盡有，全是昂貴的品牌。

還有開放式廚房。

可以在裡面研磨咖啡、做飯，連食材都有一些，水果放在精緻的小籃子裡。一切擺設都費了心思，不突兀，處處是美感。

最重要的是，你看到的一切都免費，隨便使用，隨便吃。

這是茶水間。

辦公區全是蘋果電腦，忽然穿插一張德州撲克桌，不遠處還有我認不出作用的圓柱體，Tinker上前一拉，竟然露出一張床。據說沒靈感或者工作累了的人，可以進來睡一睡，隔音隔光。

夠好玩了嗎？

不夠。

往下幾層樓，有遊戲室。

沙發，電視，Xbox，樂高，健身球和一籃玩具隨地散落，右邊五公尺遠還有乒乓球台。

美國人總誤以為中國人都是乒乓球神，Facebook裡亞裔員工多達34%，到處聽得到中國話，乒乓球台大約是討好他們的禮物。

哦，自動販賣機裡的鍵盤、滑鼠、隨身碟、耳機、充電器……想拿就拿，不限量，只刷員工卡，不掏錢。

食堂呢？

大得容得下全公司員工，廚師經常換，各國菜色時常更新。

每週五，很少來西雅圖的祖克柏在這裡為他們主持視訊會議。偌大一棟Facebook，一派「世界大同，天下為公」的景象。

2

大學時最好的玩伴，不少流落在這裡，週末找他們玩，一問，總在辦公室，我因此也成了常客。

坐在窗邊聊天，經常有路過的中國人，循著中國話找來加入。

「怎麼一個個週末都不回家？」我問。

「辦公室比家裡好玩啊，有吃有喝有玩具。」

「網速超快！」

「祖克柏在哭泣。」我說，他養了一窩愛占便宜的小鬼。

「他應該在偷笑。我們吃飽了玩累了，只能想起沒寫完的程式碼，每次都是抱著來玩的心，做加班的事，還沒有加班費，這點零食飲料，我們吃破肚子也吃不夠加班費。」Tinker 反駁。

「祖克柏太聰明。」我轉念一想，也對。

「嗯，這裡的人都聰明。」

有吃有玩，風景宜人。

我看見不遠處，金髮小哥帶著女朋友在茶水間約會，女友煮咖啡，他寫程式碼。光線灑進落地窗，鋪在他們年輕的身影上，和諧靜謐，像一幅畫。

這樣的工作環境，加一百一十萬人民幣的入職年薪，簡直是天堂。

Tinker竟然三不五時，盤算辭職。

凌晨三點，我會突然接到電話。

「我想到完善我們構想的方法了（此處省略三千字）！你不是要回中國賣書嗎，記得做市場調查，差不多的話我立刻辭職！」

我第一次看見Tinker，還是大一，他在二十四小時圖書館戴著耳機敲鍵盤，眉飛色舞，劈哩啪啦，動靜特別大。

我遠遠看見，想，在圖書館裡打遊戲，能不能低調點。

走近一看，居然是在寫程式碼。

Tinker順利考進錄取率極低的電腦科學學院，學弟學妹組隊求經驗，如何管住自己刻苦學習。

Tinker說不出來，我教他：「你當時一天自習七小時，保證自己避過食堂高峰期，六點前吃飽入座，帶一袋牛肉乾，防止後期因為饑餓影響效率，是很能震懾晚輩的經驗嘛。」

Tinker擺手，不肯坑人。

「每個人不一樣。對我而言，把時間花在程式設計上，是我覺得最有意義、最開心的事。自律對我而言，是我貼近我想成為的樣子的手段。所以我越自律越幸福。如果他們覺得人生只有管住自己、學好程式碼才有出路，越自律越痛苦，然後靠『吃得苦中苦，方為人上人』自我洗腦要多吃苦，自殺怎麼辦。我不覺得我苦，我很幸福。」

很有道理，從此，我不好意思傳播「一天自習七小時」小組的傳奇了。

「學長當年超努力，所以他成功」這碗雞湯有毒，如果努力本身不能使你快樂，漫漫前路，便只剩壓力和痛苦，每天調節自己的負能量都來不及，談何出類拔萃。

任何行業，努力至多幫你存活，不會幫你出類拔萃，只有發自內心的愛會。

Tinker 年薪百萬後，又時常有人問：「學長，你迅速走上人生巔峰的祕訣是什麼？」

「哪裡巔峰了？我現在是累積、蟄伏階段，我的人生還沒開始。」

是的，Tinker 會在凌晨三點決定辭職，上班之前打消念頭。打電話給我，說捨不得他的導師。

Facebook 為每位新員工配備導師，帶他們項目，教他們技術，解答他們的一切問題。Tinker 經常念叨，離開大學後，Facebook 是他能找到的全世界最好的學校。

他是他導師的忠實粉絲，想跟完手頭的項目，多學一些再走。

Tinker 已經跟完好幾個專案了。他不上班的時候，一幫大學玩伴在一起，到處找好吃的，Tinker 最愛吃，畢業沒兩年就吃成了個胖子，人稱「行走的大眾點評」。

除了吃之外，他還滑雪，帆船出海，自駕兩千英里，南美三日遊……都是 Facebook 的高薪給他的底氣。

我說：「離開 Facebook，你就要和五星級與頭等艙說再見了。」

他說：「沒關係啊，這些東西沒有就算了，這麼些年我看著自己進步，一直挺開心的，又不是到了 Facebook 才開心。如果有地方能讓我更好地學習和施展，我願意去。」

吸引 Tinker 的，從來不是百萬年薪，而是學習機會。他最大的快樂一直來自學習本身。

3

週末帆船出海的隊伍裡，有個船長，我們都管他叫路飛。

你一眼看過去，就知道路飛是個二次元宅男，《海賊王》是他一生最愛，路飛是他的微信頭貼，還在簽名檔裡寫著：我是要當海賊王的男人！

他的簽名檔萬年不換，很執著。閒暇的時間都用來考帆船證。

路飛是MIT研究生畢業之後，搬來西雅圖的，如今在微軟總部的Surface Pro團隊。

這一類公司的工程師都有值日任務，大約每兩個月on call一週——世界各地分公司及客戶工程師解決不了的問題，打電話給值日生，他們必須二十四小時待命，即時解決。

路飛二十三歲，單身獨居，大年三十on call，我可憐他，叫他來家裡吃餃子。

一幫留學留下的朋友，一起與家人視訊通話。

七八個螢幕開著，家長互相拜年，感謝他女兒照顧我兒子，其樂融融，忽然路飛電話響了，他一躍而起，跳進工作狀態，敲鍵盤，說英語，全場視訊為他靜音。那是西雅圖的深夜兩點。

結束後，他父母連同三姑六婆，七嘴八舌教育他。

「賺那麼多錢幹什麼，辛苦成這樣，有命賺沒命花！錢是很重要，但是賺個差不多就行了，為了工作不要命，遲早後悔，生活也很重要，詩和遠方也很重要。」

他點頭，不反駁。

他曾經試圖告訴親戚們，他除了賺錢，更重要的是他做出了很棒的產品，但是親戚們依然只記得他賺錢。年紀輕輕，賣命賺很多錢。

「工作就是我的詩和遠方啊，為什麼他們不懂？」路飛問過。

這世上大約有很多人沒有體會過，做一份熱愛、擅長、出產價值的工作，然後從中自我實現是怎樣的感覺。

——所有的快樂，來自學習、累積、進步，來自打磨一個產品，不斷把它變好，看著它把世界變好。

他們沒有體會過，不知道這種感覺存在，他們只能看到他們看得懂的，錢。

所以年輕的成功人士在他們眼裡，僅僅是工作很辛苦，賺很多錢。

——他們在透支健康，過度辛苦。還是我這樣輕輕鬆鬆，身體健康，長命百歲更幸福快樂。

其實只是理解不了別人追求的生命意義，以及別人從中獲得的幸福快樂。

新產品上線前半年，路飛凌晨四點更新社群動態。

「這世界就是一群人在晝夜不停地高速運轉，另一群人起床發現世界變了。」

他的辛苦不叫辛苦，也不為百萬年薪。辛苦是他自我實現的途徑，自我實現使他快樂無窮。

4

高中學長天疏跟我打聽 Facebook 的內部推薦。

他自小是「別人家的孩子」，省重點高中的年級前十，彈鋼琴練跆拳道還會唱美聲，考取全中國 Top 3 的大學，畢業留學。高中那幾年，他被老師寵上天，人人都覺得他是偶像劇男主角，未來要稱霸世界，盛名遠揚上下好幾屆。

可是六年過去，他成了一個雖然履歷不難看，卻十分平庸的人。聽從老師父母的聯合建議，不浪費高分，選了門檻最高的金融系，發現程式設計吃香，薪水多還最容易留在美國，研究生轉向。

也找得到工作，發現美國是一個沒什麼夜生活的無聊地方，時不時感嘆「努力這麼久原來不過是這樣的人生」和「就這樣了嗎，我就要這樣結婚生子老下去了嗎？」，但好歹衣食無憂，學歷好看，偶爾抱怨一下，總被說是在炫耀。

看到 Tinker 和路飛樂觀，朝氣，越拚搏越快樂，還年薪百萬，上個班硬福利和軟福利都好得世界聞名，十分嚮往。

5

他沒有通過 Facebook 面試。

一起吃飯，Tinker 他們說起工作所學如何幫他們靠近理想，眉飛色舞，天疏學長坐在旁邊，生出自卑來。

「我發現這些人都是一早認定了想做什麼，然後整個人生都在為理想累積力量，所以談起生活和未來，充滿希望，眼裡有光。太幸運了。有的人那麼早就知道去哪兒，有的人到死都不知道自己究竟想做什麼，人與人之間真是不公平。」

人身體的所有機能，從二十七歲開始走下坡路，青春期到二十七歲是生命力量的峰值，在這段並不太長的時間裡，人最輸得起，也最跑得動。

在這段並不太長的時間裡，好多人爭分奪秒地尋找和守護理想，得過且過的人，又憑什麼嫉妒他們的果實呢？

我起初覺得祖克柏可憐。揮舞著百萬年薪找來的人，一群一群蠢蠢欲動，滿腦子辭職。後來我懂了，祖克柏不是找不到拿一百萬就願意在 Facebook 賴到海枯石爛的人，他是不想要。

他找來的年輕人，不看心靈雞湯，他們自己就是雞湯。以學習為最大樂趣，渴求自我累積，沉迷自我實現，不怕失敗，充滿夢想，並且自信到，認為自己也能用雙手改變世界。

他找的是想成為祖克柏的人。

這真是個無解的矛盾。

祖克柏二十二歲拒絕雅虎十億美元的收購。那些能讓 Facebook 揮舞著一百萬年薪拚命挽留的年輕人，都不是追求一百萬年薪的人。

用喜歡的方式過一生是怎樣的感覺

總有一些人，活得像行走的勵志書。
年紀輕輕，履歷亮瞎一片群眾。

1

老楊是我爸同事的兒子，和我同學十八年，上大學才分開。
老楊還是小楊的時候，每年數學奧林匹克賽有二三十個保送北京清華北大的名額，老楊鄂西北第一名，北京清華北大追到襄樊來當面爭搶。
有一個故事廣為流傳。
數學奧林匹克九月考試。
彼時高三開學，數學老師張老得了一本習題，一千三百多頁，交給得意門生老楊。
「時間不多了，你現在的首要任務是調整心態，這些題目你拿去隨便翻翻。」
大約三週後，美術老師捉上課走神的，捉到老楊，沒收了他手裡的東西，扔給張老：
「你看你帶的好學生，上我的課都要做數學題！」

張老一看，驚呆了。

後來每次學生大會，這件事都是保留節目，張老每每說起，無不雙手顫抖，神情激動。

「我把那題集拿起來一翻，震驚不已啊！三週不到，差不多都做完了啊！我一題也沒安排，人家自己做完了！一千三百多頁哪！這麼厚！足足這麼厚啊！——連老師我都慚愧不已啊！

「孩子們，如果你們都能這麼努力，這麼刻苦，我打包票，你們全都能上北京清華北大！」

老楊喜獲外號一三〇〇。

你一提這話題，他立馬臉紅，擺手表示很慚愧。

他說：我就一個愛好，坐那兒想想數學題，我也不需要誰來給我頒個獎。

眾人正被大學入學考的數學折磨得要吐，紛紛豎起大拇指：這個裝法我們給滿分！

2

老楊輕鬆保送北大數學系，校長親手獎勵現金一萬元人民幣，全校師生在升旗儀式上鼓掌。

兒子提前一年脫離大學入學考苦海，老楊媽喜笑顏開，要帶老楊出去玩。

老楊說：「去哪兒玩？我就在最好玩的地方。」

數學奧林匹克賽，可不僅僅是保送北京清華北大而已。

有名校保送名額的，一個省能考出二三十個，但只有前八名能去北京參加冬令營。

在大家剛剛展開總複習的高三伊始，全中國各省的數學尖子們，正在北京的冬令營裡暗無天日考數學。

連考幾天，考出全國前三十名，組成國家集訓隊。

再淘汰，淘汰到只剩六個，組成國家隊。

國家隊出征國際數學奧林匹克競賽——IMO。

老楊國家集訓隊排位第十三，人生第一次因為數學不夠好被淘汰，失落了好久。

老楊和北大簽約之後，北京清華姍姍來遲。

那一年，四中數學奧林匹克兩個全省一等獎——老楊和圓眼睛蘑菇頭的小楊林。

小楊林惜敗保送生考試，只剩大學入學考一條路。

北京清華說，如果老楊願意拒絕北大，來北京清華數學系，我們給小楊林降六十分錄取。

北京清華的錄取線減六十分，對小楊林來說，就是保送了。

那一天，小楊林全家、老楊和各種年級導師班導師站了一屋子，老楊父母拒絕出席。

老楊暗戀小楊林，老師還沒開始遊說，老楊說：「我願意。」

小楊林站起來說：「我不願意。」

小楊林回到教室，傳字條給老楊：我不需要你把翅膀折下來插在我身上，我自己考得上。

老楊更喜歡小楊林了。

小楊林裸考上北大數學系。

他們大一確定關係，大學畢業又一起考上美國俄亥俄州立大學的數學博士。

老楊就這樣，成績好，成了四中好幾屆人的傳奇。
可是後來，我失望的是，他們越活越默默無聞。

3

老楊和小楊林在美國結婚了，裸婚。
同學會，別人都卯足了勁盛裝打扮，老楊和小楊林穿得跟高中時代沒什麼兩樣。
尤其是老楊，十年過去了，市面上的眼鏡紛紛走時尚路線了，他還是那副沒有款式可言的方框眼鏡，襯得十分窮酸。
聚會的餐廳是當年的年級倒數胖二開的，眾人圍著他敬酒，一口一個老總好。
胖二對一千三百頁題記憶猶新，抓著老楊敬酒，非要問年級第一現在一個月多少錢。
老楊說：「兩千多人民幣，夠吃夠喝夠生活。」
胖二擺手道：「那是你不懂生活。」
我忍不住：「人家老楊是拿過谷歌總部的 offer 的，替人工智慧寫演算法，底薪加股票二十五萬，合人民幣一百六十多萬——是小楊林為了他能追求夢想，專心做數學研究，做主讓他放棄的——成績好的世界你懂個屁！」
一桌人哈哈大笑過去了。

老楊在神壇的日子的確一去不復返了。

沒有家長擰著自家小孩的耳朵，要求他向老楊學習了。

連老楊媽見到我，也不再安慰「成績不好沒關係，將來也能有出息」。

老人家直跟我感嘆：原來孩子成績太好最糟心，你搞不懂他成天都在想什麼，還說不過他，管不住他。

她不停問我，那個谷什麼歌還能去嗎？

我怎麼知道。

我去看過老楊。

他在大農村學校的一棟破樓裡，有一間塞不了幾個人的小辦公室。

窗子很小，跟監獄一樣。

裡頭有一個書架，兩面牆。牆上都掛著大白板，上面寫滿字母和公式。

來自各國的大學生排著隊問問題，屋裡站不下，就站在門外伸長脖子。

像這樣的「上班」，老楊一週四小時，其他時間全部小門緊鎖，對著各種字母公式思索數學動機理論。

思考到午飯時間，他就拿出小楊林裝的餐盒去微波爐裡轉一圈，端回辦公室邊吃邊思索。

午餐都很簡單，一半白飯一半白菜，或者白菜冬粉、白菜排骨。

二十六歲了，身上穿的還是高中那件外套。

我說：「你這是要拿菲爾茲獎[1]的節奏啊！」

老楊笑：「那都是要天賦的。」

我說：「你還不夠有天賦？」

他說：「人外有人，我高中就知道了。我這輩子最多就是這數學系裡的普通一員吧。」

我說：「沒關係，你還年輕，還有很多其他的好出路！」

老楊搖搖頭。

他說：「我就這一個愛好，坐這兒琢磨數學，我也不想誰來給我頒個獎。」

這話隔了十年再聽，我才聽明白。

4

我們都有渴望得到的東西。

有些人認為，人的欲望無止境，比如女人買了一支口紅，她一定還會遇見下一支想買的口紅。

所以這世上沒有終極的滿足。

這些人追求錯了。

終極的滿足，不在短暫的欲望裡。

西方心理學有個著名的「恐懼管理理論」（Terror Management Theory）。

它說人最根本的恐懼，是對死亡的恐懼。

人所有的焦慮、不安，害怕死前沒有把世界看完，擔心沒有趁年輕拚盡全力，抗拒還沒遇見愛情就老了……歸根究柢，都是對「人固有一死」的恐懼。

怎麼解決這根本恐懼呢？

起先人們追求長生不老，失敗。

現在，心理學研究出了解藥——創造比我們活得更久的東西，作為我們的延伸[2]，在我們死後替我們活下去。

比如我們歸屬的集體、我們信仰的宗教、我們創造的價值永遠活著，便是一部分的我們永遠活著。

找到屬於自己的意義，賦予生命目的，每一天都像向日葵朝向太陽一樣，充滿方向，是人類能活出的最好樣子。

它治癒我們的根本恐懼。

這意義，可以是一份愛情、一份事業，它是什麼形式不重要。

重要的是，我們鍾愛它，我們因為靠近它感到幸福，不論結果。

這裡就是「欲望」和「一生所愛」的區別了。

欲望實現了，我們感到空虛。

而一生所愛，是一種強大的力量。

它給予我們歸屬感，讓我們感到生命有意義，使我們不再懼怕死亡。

我們為每天起床能做這件事，感到由衷的幸運。

漫漫長夜，孤獨和寂寞，只要是為它，都有趣。

「成功就是用喜歡的方式度過一生。」

他知道自己喜歡什麼，還爭取到了把喜歡當事業的權利。

哪裡還有更好的活法？

所以，成績好給老楊最好的東西，不是年薪一百六十萬，是對一百六十萬說不的權利。選擇生活的權利。

老楊的幸運，不在於小小年紀就成績好，而在於他的一生所愛是數學，上小學就碰到了。

而我們其他人，可能需要找遍千山萬水，才能找到。

我們唯一能做的，就是不在找到之前認命。

對自己說，一定會有那樣一個人、一份事業，讓我感激今天所有的堅持和努力。

而不是餘生就這樣算了吧。

十幾歲偷懶。算了吧，還小嘛。

二十幾歲迷茫。算了吧，周圍人都這樣。

四十歲沒有足夠的累積施展拳腳，睜眼閉眼都是中年危機。算了吧，不小了，世界已經是年輕人的了，還是想想怎麼養老吧。

六十歲，我這一生有什麼獨一無二的地方嗎？沒有。算了吧，絕大多數人都是註定平凡的，平凡最可貴。

……

人活一輩子，到死都不知道自己鍾愛什麼，天賦在哪兒，極限在哪兒。多可惜啊。

其實只要一句「我不妥協」，一聲「我一定要找到自己的領地」，一次瀕臨放棄時的堅持，就很可能為生命開啟一片嶄新的天地。

5

積奇就是這樣一個人。

他是一九八九年出生的安徽男孩子，長得痞痞的，國中時愛打架，早早退了學。父母急壞了，送他去學廚師，學開挖土機，讀高中……全都行不通。

他每天在理髮店裡折騰自己的頭髮，今天燙明天染。理髮店裡招學徒，他看著好玩，跟著學。

他說：我第一次理出客人滿意的頭髮，人家笑容滿面感謝我的時候，我就知道，我這輩子是個理髮師。

積奇學了手藝，十五歲隻身一人來北京。

發現自己那點三腳貓功夫在北京不夠用，於是研究別人都在哪裡學手藝。

上海，香港，日本，韓國。

他定了目標，給自己存進修基金。學費兩萬塊人民幣，存夠就請假走一趟。

平日裡的吃穿住行?

能花一塊錢，堅決不花一塊二。

我問過好多次他那些年的日子。

我說：「不覺得辛苦嗎?怎麼堅持下來的啊?」

他說：「現在想想挺辛苦的，但當時真的挺開心的。

「當時什麼別的都不知道，只知道自己一定要去日本進修，每天睡覺都想，睜開眼繼續想，做什麼都想——我跟你說哦，人要是想要什麼能想到我當時那個程度，那真是一種莫大的幸福。

「每存下一毛錢，就覺得離聖地更近一步，心裡那個甜啊，嘖嘖，比吃什麼蜜都甜!」

積奇今年二十九歲，理髮十四年，從北京路邊二十五塊錢人民幣的理髮小學徒，變成了三里屯兩家造型中心的台柱，男女髮型都是三百八十元人民幣動剪刀，還很難約。

因為他一個人每年平均營業額超過一百萬人民幣，總替人剪三百八十塊人民幣的基礎頭，虧本。

如今的他，今天在廣州參加亞洲造型大賽，明天又去日本進修了……約他理髮，還要先打聽他的行程。

功成名就的理髮師了吧。

可以旅遊，吃吃喝喝，享受生活了吧。

沒有，他只比以前更忙了。

有時候我在西雅圖問他頭髮怎麼打理，他那邊是深夜一點，我想等他睡醒上班後，有空的時候說說的，他卻永遠秒回。

我十分不好意思，他卻很興奮。

他說理髮師本來就是越瞭解客人，越能設計出適合他們的髮型，謝謝我讓他接觸得更多。

他說：「一點小忙不足掛齒，回頭讓我截圖發個社群動態就行。」

社群動態發出來，原來他同時在解答五六個男男女女的打理問題。

他白天在店裡剪一天頭，入夜了還微信教學到深夜兩點。

還感恩老天讓他成為一名理髮師，讓客人需要他，讓他起床和熬夜都有目的，白天黑夜都感到幸福。

積奇過生日，我想送他一把理髮刀，記了他愛逛的剪刀店。

打開一看，吐血了。

一把剪刀七千八百元人民幣。

他替我理髮的時候，手邊有整整三箱剪刀。

他說：「剪刀之間差別很大的，不好的剪刀剪頭髮，頭髮會分叉。」

我說：「你拿七十八、七百八還是七千八人民幣的剪刀剪我的頭髮，我是分不出區別的，即使分叉，我也不會覺得是你剪刀的問題。」

我的言外之意，他已經是很好的理髮師了，好到一定程度，是不會再加分的，因為外人看不懂。

他這個和老楊完全不同世界的人，居然說出了一模一樣的答案。

「我知道剪刀之間的差別，就願意投資，不圖你給我發獎盃。我這個人就這點愛好。」

人能找到自己喜歡的東西，並且勇敢追求到它真好。

無論在考試卷上，他是劣等生還是優等生，找到屬於自己的領地之後，他都會變成發光體。

人最大的快樂，源於他知道自己在為了什麼過這一生。

6

成功就是用自己喜歡的方式過一生。

這句話分三部分。

首先要知道自己喜歡什麼，其次要有追逐它的勇氣，追到了，還需要一生不渝的毅力。

太難了。

我見過這樣一個人。

我的稅法教授，Bill Resler。

我認識他的時候二十二歲，他八十二歲。

如果英語裡有老頑童這個詞，那一定就是R教授本人。

他老得所有的毛都快掉沒了，腦子卻還很清晰。教五門課。

別人一門課教五個班，圖省事；他五門課各教一個班，圖好玩。

沒有一門課帶課本，全憑一張嘴，複雜的美國稅法被他說得跟書評一樣清晰有趣。連作業大都是自己改。

沒有課的時候，他一個大學終身教授兼系主任，像高中老師一樣，每天坐在辦公室裡，從早上八點開始，改作業，等學生去問問題。

只要是稅法，他什麼都知道。

不問稅法，問他關於人生的疑惑，他也樂於傾聽和分享。

我最喜歡聽他講故事，一整個學期，每天早上八點去他辦公室坐坐。

我坐在他旁邊，看著他老得挪動都困難，還兢兢業業上班，看不下去。

我知道他不缺錢。

小半個世紀前的越戰，美國強制徵兵，只有學校的錄取通知書可以免兵役。

他為了不上前線，考上紐約最好的稅法系——紐約大學。年輕時是紐約最著名的稅法律師之一，還以永遠不穿西服聞名華爾街。

他歸隱西雅圖之後，女兒們分別在華爾街做高階主管，在MIT任數學教授。

他一定是富裕的。

可我眼前的他，穿一件破T恤，坐在亂糟糟的書堆裡批改大學生的作業，從早到晚。太辛苦了。

我看得心疼。

我說：「教授，您都八十二了，怎麼不退休出去享受生活呢，學校裡壓力多大呀！」

他說：「我退休過，太無聊了，就回來了。」

我這個用雙腳丈量過世界的旅行體驗師坐不住了。

「這世界很大啊，不只有北美，還有神祕的東南亞、崛起的中國、狂野的南非，還有南極！南極現在十萬人民幣就能去了！您可以去環遊世界，現在特別流行退休老人坐遊輪環遊世界，享受一下年輕時的奮鬥成果，還不累。您這樣又上課又坐辦公室，太辛苦了。」

他咯咯笑了一下，指指屁股下面的舊椅子。

「世界是很大，但我知道我最享受的地方是這兒之後，什麼別處都不想去。」

我這才知道，這間辦公室，是他走遍世界之後的平安喜樂。

我還是好奇：「那您打算什麼時候退休呀？」

他在改作業，蒼老的輪廓被百葉窗散入的陽光鍍了一層光。

他說了一句我一輩子也忘不了的話。

他說得那麼清清淡淡。

他說：「I retire when I die.」

我死了就退休了。

7

二〇一七年二月，我環航太平洋回來，迫不及待去跟R教授講他講過的大溪地。照片還沒洗給他，先在新聞上看到了他的訃告。

我說：「不可能，我上週還在他辦公室聊天！教授一切正常！」

他們說：「他是忽然倒在辦公室裡的，沒有人發現。」

學生去問問題，來了好幾趟敲門都沒人應，覺得奇怪，撞開了門叫來了人，才急匆匆搶救他。搶救了一天一夜，醫生宣告他死亡，享年八十五歲。

其實他身體一直不太好。

教我的前一學期，他突然倒在課堂上，中風了。

是學生們七手八腳，一邊緊急施救一邊叫救護車。

搶救成功後，他天天和醫生鬥智鬥勇，鬧著要出院，沒幾週就返校上課。

女兒們何嘗不想爸爸住在療養院裡享受，老頑童太任性，根本不肯去別的地方。

關於R教授德高望重的傳言很多。

有人說美國上百年的稅法和稅案，全在他的腦子裡，一條不漏。

西雅圖四大的專家們遇到難題，集全稅務部智慧都無解，就會來找他詢問思考方向。

他的研究生課上的演講嘉賓，四大合夥人、世界五百大的財務長輪流上陣，全是他的學生。

Foster商學院稅務系聞名全美國，他一個人托起了一半名聲。

……

這些傳言加起來，都不如我親眼所見。

商學院拿了最大的禮堂為R教授開追悼會。

週六，兩個小時，禮堂所有能站能坐的地方全滿了，門外也站滿了。

黑壓壓的西裝，密密麻麻，各個年齡的商學院人都從世界各地飛來了，他們許多已經長成了一千美元一小時的商界精英。

大家擁擠在一起，人頭攢動。

他們當天來當天走，全都妝容素槁，表情凝重，一身莊嚴的黑。

那一天連機場都在緊張打聽，究竟是出什麼事了。

是這樣的桃李不言，下自成蹊。

這樣的一輩子。

他這一輩子，把他熱愛的稅法鑽研得透透徹徹。

不圖聲名、金錢、地位，只為自己歡喜。

而世俗的榮譽，一樣也沒有虧待他。

8

幾個月後，我去找老師（advisor）為下學期選課。課程表打開，好幾門稅法還寫著任課教授 Bill Resler。

清冷的晌午，我和老師同時靜默。

許久他嘆了一口氣。

他說：We should probably change that.

——唉，我們大概要換掉這個名字了。

我想起三年前他那句輕飄飄的「我死了就退休了」，忽然恍惚了一下。

我們都說得出，用自己喜歡的方式過一生是最好的一生，卻很難窺見它的模樣。

原來就是這樣的。

因為心中有所愛，因為一直把這份愛握在手中，因為每一天都在圍繞它用力活著。

生也坦然，死也坦然。

人總是要死的。

如若我固有一死，能像他那樣死去，真值得我付出一生。

9

用喜歡的方式過一生是怎樣的感覺？

生得盡興。

死得無憾。

後記

我去年回襄樊四中做講座，有個叫勝男的小女生，拿了一篇列印的大學入學考狀元採訪，哭哭啼啼找我。

大學入學考狀元被問學習經驗，大聲答：「我高三下學期的時候已經找不到題目做了，我做完了市面上所有的題目！」

小勝男把文章貼在課桌上，激勵自己，激勵了一年，還在哭。

「另維學姐，我也想那麼刻苦，可是怎麼做都做不到啊，他們到底是怎麼做到的！」

我對她說：「那些能做完所有題目的人，一定是因為愛。而你如果不愛，就不需要做完，你讓成績把你帶去想去的地方，找到你的熱愛，自然而然就會爆發出現在連想也不敢想的巨大能量。」

我如今愛在微博直播日常。

常有人問我：「另維學姐，我看你每天下課就去圖書館自習，自習到十一二點回寢室還能寫文章，羨慕你的毅力！你可以教教我你怎麼做到每天自律的嗎？」

我這才意識到，原來這就叫自律。

我喜歡學習心理學，喜歡上課，喜歡在課後多學一些，喜歡把學到的嚼碎，寫成文章輸出。除此之外，沒有更好玩的事。圖開心的人做令他開心的事，不需要自我管理，更不是在磨練意志。

我不知道我是不是在用喜歡的方式過一生，現在定論還為時尚早。我只知道，老楊從小一學數學就開心，我從小靠挨打苦哈哈學數學，一度以為自己不配擁有老楊的快樂。

後來我考上大學，遇見心理學，一下子就懂了老楊那句話。

每個人都有一份屬於自己的意義感，它可能不同，但一定有。只看他有沒有幸運碰到。

如果碰不到，有沒有毅力找到？

許多人沒找到，甚至沒找，也能不明不白地把一生過完。

我希望你不要放棄。找下去。

一定會找到。

---

1 數學沒有諾貝爾獎（傳說因為諾貝爾的情敵是數學家），菲爾茲獎是數學界的諾貝爾獎，只頒給四十歲以下的數學家。電影《心靈捕手》裡花了很多筆墨描述這個獎。

2 Extended self，延伸的自我。

兩分鐘的贏家

阿宗是我最無法忍受的朋友。

但我還是忍受他，因為他也是我最酷的朋友。

我見到阿宗的開場白永遠一句話。

「把你的故事寫出來吧，不然太暴殄天物了！」

他操一口襄樊話：「麼（沒）文化，不會寫。」

用我們湖北土話講，他小時候成績差得很。就上了個省內三等學校，還是藝術生。

沒想到畢業兩三年搖身一變，足跡遍布全世界，旅遊部門搶著邀請。穩穩妥妥的環球攝影師，年入百萬人民幣，綽號人贏。

人生贏家。

他變身人贏阿宗之後，我媽依然說：「找另一半一定要擦亮眼睛，有些男人再好也不能嫁，比如阿宗那樣的。」

1

阿宗向來神出鬼沒。

暑假，我在普華永道做審計師，忽然收到阿宗的微信。

「我在北京，明早飛玻利維亞，吃個晚飯？」

年初，歌詩達遊輪開闢四十六天環行南太平洋航線，我是百來個受邀旅遊部落客之一。

阿宗是唯一受邀攝影師，我們一起漂在船上做事，陪阿宗媽卡五星[1]。

下船至今，我閉關寫新書，回西雅圖繼續攻心理學和會計學位，申請四大，做旅遊部落客。

他去芬蘭拍極光，去印尼拍星星，去美國拍日食，去四川拍熊貓。

我們又已經小半年不曾碰面。

我說：「好啊，我趕緊把手頭的工作弄完，我們公司樓下見？就是央視大褲衩正對面那棟。」

三十分鐘後。

「到了。」

我急忙收電腦，進電梯。

在大廳裡三層找外三層找，不見人影。

我說：「你人呢？」

他不吭聲消失就算了，還大半天才回訊息，留我踩著高跟鞋在人流裡乾著急。

「我剛剛等你的時候看到大褲衩旁邊有四棟沒竣工的樓，距離剛好，感覺能拍地標，就爬上來了。」

我一臉黑線，說：「好拍嗎？那我也上去。」

「你別來。」

他連忙阻止：「這樓還沒蓋好，地也沒鋪，也沒牆，還巨高，賊危險。我剛剛開門，門把手連門一起被擰掉了。我怕一會兒有人找事，我帶著你不好逃……」

我勾勒了一下場景：一個小眼胖子一把擰掉一扇門，賊頭賊腦溜進建築工地，在沒牆沒地板的高空之上時刻準備拔腿逃命……

成龍的電影才敢這麼拍，我打消入夥的念頭，改做知心姐姐。

回覆：「哦哦哦，那我去7-11買點吃的，你拍好了下來給你充饑。注意安全。」

阿宗出現的時候，左右手各拎一個三腳架，身寬體胖，氣喘吁吁面紅耳赤一陣小跑。

越過我也不停步。

我小跑追上去。

「怎麼了怎麼了！真追上來找你賠錢了嗎！」

下班時間交通尖峰在身旁，馬路上，汽車們亮成一條紅紅黃黃的霓虹小溪，北京城變成一座巨大的停車場。

我和阿宗一前一後逆流小跑。

有人側目，奔跑的阿宗也不管。

他一邊跑一邊回答。

「今天撞大運，肯定要出現厲害的日落！我剛剛構思了一哈（下）子，要是能在對面那棟大樓上取個大褲衩日落，加上這條街上慢慢亮起車燈的車流、路燈、店家，弄個延時出來絕對厲害！」

他在說十幾個街口外的阿諾藥業。

我被他帶出了襄樊話，在東三環北路上邊跑邊喊。

「現在克（去）爬那棟樓？你莫（別）光看到近，實際上遠滴狠（遠得很）！」

他倒比我清楚，回喊。

「日落還有二十分鐘開始，跑跑鍛鍊身體，趕不上去球（算了），趕不上吃飯克！」

還真給他趕上了。

大樓戒備森嚴。

他像一個訓練有素的詹姆斯．龐德，因為常年不修邊幅，冬天衝鋒衣夏天破T恤，很不時尚，只能當鄉村版〇〇七。

他熟練地收好器材，矇混過保全，研究了一下大樓布局圖，繼續狂奔。

轉眼之間，阿宗已經找到兩個完美的架相機制高點。

只見他從背上的超大黑書包裡抖出一堆工具，全部裝好，然後一屁股坐在地上，開始喘氣。

我喘得直不起身，按住膝蓋。

我問：「你要拍多久？我怕再晚餐廳就取消我們的訂位了。」

「十五秒一張，九百六十張。」

我：「……」

夕陽開始了，果然是北京城難得一見的紅霞漫天。

我忍了三秒，嚥下一句「你知道我中午飯都沒跟同事吃！坐在辦公室裡一邊啃早餐剩的半張煎餅一邊在大眾點評北京餐廳早早訂位！覺得你難得來北京我不能虧待你！然後一下午一邊餓肚子一邊安慰自己沒事晚上吃好的補回來……嗎！」

懷著內傷，我說：「那我先走了啊，本網紅晚上要線上直播健身，等不到你拍完。」

阿宗背對著我搗弄相機，好像沒有聽見。

我知道又到了我說一句話，平均問三遍等十秒，才能等到他「嗯哼」之類的敷衍的時候了。

我在翻臉之前果斷地走了。

深夜兩點半。

我在被窩裡，刷到阿宗一分鐘前更新的社群動態。

一張相機照片，相機螢幕是漫天橙紅裡的大褲衩，定位藥業大廈。

「收工！今天運氣不錯，撞大運撞上北京這種夕陽！」

我回了一個微笑揮手再見的表情。

阿宗私訊我。

「另維，我今天絕對是專門找你吃飯的！」

我回覆：「滾。」

我沒有生氣，我早已歷劫成仙。

在船上和這個人朝夕相處了四十六天之後，無論他怎麼出鬼主意，我都已經波瀾不驚。

2

那時候船過赤道無風帶，水天一色，湛藍得漫漫無垠。

天上無雲，海上無波。

我們背上相機拍船頭。

船頭風最凜冽，人只消靠近那一帶，立刻被吹得說不出話，一張口風就灌滿嘴巴。衣角和髮絲紛飛，搖搖欲飛。

歌詩達大約出於安全考慮，整個船頭都圍上了巨大的塑膠擋板。

塑膠擋板斑駁，船客們鏡頭伸不出去，放在它後面，一片模糊。

船客們興致勃勃來，敗興而歸。船頭很快人煙稀少了。

阿宗說：「我要一個船頭景。」

他上上下下打量，觀察地形，一絲不苟。

突然一下子，他胳膊一伸腿一蹬，翻身站上欄杆。

如此，人剛好比塑膠擋板高出一個頭，相機架在擋板沿上，問題完美解決。

我連忙學樣。

調試相機，站上欄杆。

——好一張太平洋上的乘風破浪！

馬上我又十分可惜。

「……構圖不夠完美哎，鏡頭要是能再多框進六分之一的船頭就好了，可惜我們已經爬到最高處了。」

我說完，沒聽見阿宗的回音，扭頭看他。

瞬間嚇出一身冷汗。

——人呢？

我嚇得差點摔下去。

抬頭，阿宗正又胳膊一伸腿一蹬，屁股坐上了擋板，整個身子落在安全罩之外。

船本來就晃，他迎著風，身體都沒辦法固定，再赤手舉相機，根本什麼也拍不了。

我想喊：「下來吧，太危險了！」

不敢喊，怕一驚著他，真把他驚得掉下去了。

只能屏住呼吸，見證他收起相機，挎在脖子上，然後挪動屁股，小心翼翼探出一隻手，抓不遠處的桅杆。

那桅杆在狂風中呼嘯。

一個沒抓穩，掉下去被吸進船底四分五裂，絕對是一瞬間的事。

阿宗抓緊桅杆，靈活一哧溜，手腳並用，像無尾熊一樣繞上桅杆。

固定住了！

他麻利架好相機。

我這才敢大口呼吸，大聲叫喊：「你不要命了！」

阿宗拍完照片，低頭俯視我，還是那口懶洋洋的襄樊話：

「這兒角度好。」

阿宗的照片拿出來，正是我想要的多六分之一的船頭。

怎麼拍出別人拍不出的風景大片？

王安石在九百六十三年前就教過世人祕訣了。

「世之奇偉、瑰怪，非常之觀，常在於險遠，而人之所罕至焉，故非有志者不能至也。」

道理我懂，志我有，也不算膽小，可是面對根本沒有可能到達的地方，我自然而然的想法是：

「好可惜呀！」

而阿宗想方設法，創造可能性。

後來我漸漸發現，阿宗沒有想方設法，不是在挑戰自己，也根本沒有「加油哦，你可以的！」的下決心過程。

他是本能。

前方有瑰麗，他本能地，哧溜一下就上去了，像有神明或者魔鬼在拉他的手。

3

阿宗環航南太平洋的時候，二十六歲，已經是中國最好的星空攝影師之一。

歌詩達愛極了他拍的影片，十三萬人民幣的船票贊助他兩張，叫他帶上助手，工作任務是用四十六天拍一段幾分鐘的影片，歌詩達只要使用權，並且另行支付使用費。這待遇有且僅有阿宗一個。

畫畫班上的兒時玩伴謝毛毛，大學畢業後，在新加坡做鐵路工人。

阿宗把他招回來，傾囊相授，組成阿宗團隊，一起上船。

於是，我們三個襄樊娃子，在阿宗的帶領下，滿船上竄下跳，不分晝夜。

我們一邊找地方架相機，一邊見識更多阿宗神奇的本能。

夜裡一點拍星星。

阿宗要穿過一條不起眼的甬道，去一條人跡罕至的小樓梯，躲避光害。

他擰開門把手。

只見地板上布滿凌亂衣衫，順著往上望，乖乖，偷情的義大利人和中國大媽正一絲不掛、紋絲不動、驚慌失措看著我們。

阿宗說了一句襄樊話，面不改色走了。

他說：「借過。」

我和謝毛毛捂著臉跟在後面。

我又漸漸發現，阿宗的橫衝直撞不是莽撞。他腦子相當有數。

所有客房的布局、引擎和排汙口在哪兒，他上船前就搞得一清二楚。

他腦子裡有個亞特蘭大號3D全景圖，裡裡外外三百六十度無死角旋轉剖析。他說船上沒有更好的角度，就沒有更好的角度。

阿宗飛無人機，一樣的風格。

船上的乘客，都是有四十六天的閒，還有十三萬人民幣的錢的人。富爺爺闊奶奶站在甲板上拍日落，簡直是一場奢華攝影設備展。

他們什麼刁鑽新奇的設備都有，加上近百家旅遊媒體和攝影部落客，甲板上簡直天天有人在飛無人機。

很快結論就出來了：船上飛不了無人機，一飛就炸機，葬身大海，沒有例外！

阿宗背了四個無人機上船，不著急飛，每天敞開落地窗在房間打遊戲，凍得訪客們直流鼻涕。

忽然他遊戲不打了，站起來：「走，飛飛機克。」

我說：「你遊戲裡的人想打死你。」

他說：「這天氣飛無人機帥得很，趕緊趕緊！」

話音未落，已經連人帶設備沒影了。

阿宗飛無人機，掏出一面小紅旗，一看旗幟飄揚的方向和強度，就知道能不能飛。

他觀察完風向和風速，還結合船速做算術。

他教我：「船上風大，無人機一上天就會跟著風往後跑，船又在往前開，加上訊號干擾，只能全手動操作。你要觀察，現在船在往南半球開，風向西北，船速多少，風速多少，只要這三項資料在這個範圍裡，都可以試試起飛。要抓緊時間，這種機會可遇而不可求！」

我說：「大哥，你不是成績超差還是美術生嗎，怎麼會物理？」

無人機在他的解釋聲中「唰」一下飛上天空，轉眼消失在視線裡。

他說：「網路上看的。」

阿宗不僅上網看，他還善於抓住一切機遇學習。

後來我參加大疆（無人機品牌）的品牌活動，阿宗叮囑我他們的專業飛手不少是工程師出身，對機器性能和極限極其瞭解，要我抓緊機會多問，那些比他們給的錢值錢。

好多人混到阿宗這個份上，出席商業活動露個臉就走了，阿宗賴在工程師身邊研究機器。

海上航拍果然意外重重，阿宗幸運了幾回，無人機終於失控。

大家都在惋惜大師的機器也要葬身太平洋了，阿宗沒放棄也不著急，他一邊追飛機一邊大喊謝毛毛。

一早守在船尾的謝毛毛聞聲，手裡的毛毯一甩，就把無人機撲了下來。

我越瞭解阿宗越發現，他應對意外的辦法比意外還多，都是安排好了再出手冒險。

他坐在甲板上檢查無人機，報了幾個確認損毀的零件，叫謝毛毛去取工具箱。

我們拉他吃晚飯，他坐上餐桌旁若無人地換零件、修機器。

那股鑽研又專業的勁，我如果不是一早認識他，一定會誤以為他是個學霸。

4

旅行體驗師們抱怨這行苦，常說別的工作都是越老越值錢，新媒體卻日日面臨淘汰：一月份會拍照修圖寫攻略還能混，三月客戶就想要影片了，影片還沒太學會，又有新玩意先出來了，「這回活動我們只要航拍部落客」……搞得大家紛紛活在一覺醒來，營生手段已經被淘汰的恐懼中。

阿宗不恐懼。

甭管什麼新玩意，市面上流不流行，但凡是拍攝工具，阿宗都能想方設法弄到手，整日把玩。

上船時，我們一人得了個全景相機，我見鏡頭太魚眼把人拍醜了，馬上失去興趣。

阿宗那個像黏在他手上一樣，被他雙眼放光捧著讚美：「這視角厲害啊！」

阿宗頭銜不少——中國最早一批延時攝影師，中國最早一批航拍攝影師。

你認識他之後就會明白，他不是故意的。

只要是能幫助他拍出好照片的，別說是攝影器材了，什麼刁鑽詭怪的十八般武藝，他都不放過。

比如潛水。

我們在塞班潛水。

當地教練說：「這一帶除了藍洞都安全，藍洞盡量算了。那兒雖然景觀特別，洞口洋流太複雜，好多人游到那兒就被沖走了，死亡率最高。」

不出所料，阿宗只問一句。

他問：「好拍嗎？」

教練說：「美極了，天上的光打在水面上，從洞裡往上看，簡直是一塊巨大的天然的深藍色寶石，穩穩妥妥的世界級奇觀，大自然的瑰寶！」

阿宗和徒弟謝毛毛檢查好潛水服，縱身一躍。

教練跟了一圈回來，讚不絕口：「兩個都是好手，都歡迎留下來跟我一起當教練！」

比如登山。

我們在巴布亞紐幾內亞，看見了計劃之外的活火山。

阿宗原計劃潛水，穿的是拖鞋。

火山不久前才小噴過一次，山下的湖泊還冒著煙兼滾泡泡，腳下的火山灰很燙。

同行的都叫拖鞋阿宗別硬來，阿宗望了望心心念念的火山口，背好無人機，耳朵一閉：爬！

阿宗踩著燙壞的拖鞋在活火山頂飛無人機。

我爬不動了，拉著土著導遊在半山腰氣喘吁吁，想著就擱這兒架相機得了。

阿宗在火山口大聲喊我，很興奮，還是那口裹樊話：

「這兒角度好！」

我對導遊說：「見笑了，那是我最不珍惜生命的朋友。」

導遊咧開嘴，露出鮮紅的牙齒笑了。

「那孩子雖然鞋沒穿合適，但他找來的登山棍，身上背的水源，登山的動作、節奏，儲存體力的方法，都堪比專業選手。我更擔心你。」

好吧，就算阿宗不瞎玩，也有處理嚴峻的能力，但他那面對生死的態度，實在太不端正了。阿宗隨身攜帶很多紀錄片，如果你看過他那個超大硬碟，也會覺得，他已經收集了全世界所有的好紀錄片，並已然如數家珍了。

去世界三大活火山島國——萬那杜之前，阿宗帶領我和謝毛毛在房間狂看火山紀錄片，一邊看一邊手舞足蹈講解，用裹樊話：

「鬥（就）是這兩個人，專門拍火山紀錄片滴（的），他們拍完老地球上所有的著名火山！——看到沒有？火山星子蹦出來，蹦到跟前這兩個人退都不帶退一步，厲——害得很！後來有一回他們拍到火山爆發，沒來得及跑，直接被岩漿吞老！那一部片子我也有！」

我說：「好慘啊……」

他說：「慘什麼！多酷！」

「……」

這就是為什麼我媽強調，阿宗這種人再好玩，也絕對不能當丈夫。

偏偏阿宗擁有最完美的愛情。

5

阿宗早婚，媳婦叫爾秋。

阿宗怕媳婦。

那時候在船上。

有一天，阿宗一個人坐在餐桌邊發呆。

他在起航儀式上上過台，歌詩達特意邀請的著名攝影師，大約不少船客有印象。

他往餐桌一入座，不一會兒就來了個妝容精緻的妙齡女郎，大大方方拉開他對面的椅子，坐下來，支著下巴笑盈盈打招呼。

電光石火間，阿宗像是屁股上長了彈簧，整個人「蹦」地彈起來。

還摔了一跤，摔了跤也不停，就那麼一拐一拐，急急忙忙走了。

太沒禮貌了吧。

女生一個人坐那兒好尷尬。

我趕緊裝沒看見，繞過去嘲笑阿宗。

我說：「你至於嗎？」

阿宗說：「船上這麼多人拍照，萬一拍到傳到秋兒那兒去了，麻煩。」

我說：「這麼小機率的事件你都能怕成這樣？而且你多大的人了，成年人在餐廳裡吃一頓飯，又不是從你房間裡出來，從房間裡出來還能是聊工作呢，幾句話解釋清楚的事。」

「麻煩。」

阿宗覺得那也麻煩。

我難得逮到機會損他，絕不放過：「你曉得你剛才多彆扭嗎？哎喲，沒拍下來給大家看簡直要成我人生一大遺憾了！」

要面子的阿宗想甩掉我，一路小跑去甲板，邊跑邊冒襄樊話：

「拍星星拍星星。」

我跟在後面喊：「晚上八點你拍個啥星星！」

阿宗至今住在襄樊。

襄樊節奏慢，成年人聚在一起，習俗是吃晚飯卡五星到九點十點鐘，然後要麼繼續奮戰到凌晨，要麼換個地方唱歌喝酒。

爾秋規定阿宗十二點前到家。

阿宗每回出門，不管在哪兒，玩得多嗨，十一點半準時屁股疼，做啥都坐不住，直摸車鑰匙。

新來的教育阿宗：「媳婦你要教育她聽話，不能叫她騎到你頭上，變成習慣了那還得了？大老爺們，還是成功人士，不能弄得沒有家庭地位！」

兒時玩伴們會攔住新來的：「莫為難他，阿宗怕媳婦。」

阿宗怕媳婦，在襄樊這堆兒時玩伴裡盡人皆知。

盡人皆知的還有阿宗的愛情故事。

阿宗剛上高一的時候，學校的街舞社招新人，阿宗排隊報名，一眼看上排在他後面的爾秋。

阿宗急忙表白，爾秋急忙說No。

爾秋漂亮，成績年級前三十，還從小彈鋼琴。傳說中的書呆子女神，連拒絕阿宗的理由都是「我不想影響念書」。

阿宗不知是哪根筋還沒發育好，聽不懂拒絕，照追不誤。

早上給人家送早餐，晚上給人家提開水，一下課就跑去人家教室門口晃。

爾秋一說：「同學，你能不能別這樣對我了？」

阿宗就很興奮，女神跟我說話了！

連忙撲上去回答：「同學，我真的特別喜歡你，你給我一次機會吧！」

一天接一天。

十六歲阿宗為追爾秋幹過的傻事，寫出來比家鄉那條漢江還長。

聽說爾秋報了藝術班學音樂，阿宗連忙變成美術生報同班。

兩個人都在街舞社跳breaking，阿宗就進步神速，積極競選社長。

當上社長之後，主要心思是研究如何給爾秋行便利，給爾秋謀福利。

爾秋不見他，不要他的東西。

他就趁爾秋不在，偷偷把早飯放在她課桌抽屜裡，晚飯時間跑去偷人家開水瓶，裝滿水再給放回去。

十六歲的爾秋全年最大的困擾，應該就是如何甩掉這條黏屁蟲了。

可惜那個時候沒有「知乎」，爾秋無法集結萬千網友的智慧科學有效地甩黏屁蟲。

阿宗也無法集結萬千網友的智慧科學有效地追女神。

所以整整一年後，阿宗還在鍥而不捨地用傻瓜的方式表白。

他跑到江邊喝得酩酊大醉，喝醉了就有膽子給爾秋打電話。

他在電話裡對著漢江大聲喊：「我真的真的好喜歡你啊！你為什麼永遠不給我一次機會呢？」喊著喊著就號啕大哭。

爾秋大半夜在電話那頭聽他哭，覺得好可憐啊，追了那麼久還追不到，太可憐了，也跟著哭。哭到不知道什麼時候睡著的，掛電話的。

第二天爾秋看到他，胳膊上有傷，想起昨晚，突然心很痛。

阿宗走過來，認真看著她。

他一個字一個字地說：「你別哭，我這次真的是最後一次問你，你拒絕我之後，我保證以後再也不纏你！求你別哭了！」

爾秋還在心疼他的傷呢，聽他這麼前所未有地嚴肅，直接心碎了。

這就是兩因素情緒理論[2]裡典型的錯誤歸因[3]啊！

爾秋把她的同情當愛情了。

這不對！

可惜這時候我也還是中學生，還不能用大學學到的心理學知識，科學有效地幫助爾秋懸崖勒馬，迷途知返。

高一暑假，爾秋就這樣誤入歧途。

她用收件匣只有三十則容量的 Nokia 手機發了一則至今還在的簡訊。

「我答應你。」

二〇〇七年八月二十六日，五點二十分。

這個魔法般閃著光的時刻，這則簡訊，改變了兩個人的一輩子。

很多年後，當阿宗成了神祕的著名職業攝影師，還發了福，整個人圓圓肉肉，表情不多話也不多。

你一定已經想像不到，在二〇〇七年那個陽光明媚的夏天，那個瘦瘦的街舞團小痞子，第一次蹦向他的小女朋友的樣子。

那笑容，臉上的每一根筋都開花了。

6

高二開學。

阿宗弄了個本子，用他那手雞爪子爬出來一般的字，寫戀愛日記。

寫得歪歪扭扭，但堅持寫，日日寫：第一節課爾秋笑了，第二節課老師叫爾秋回答問題了，第三節課陽光灑進教室了，有一縷剛好散在爾秋的頭髮上，美極了……什麼芝麻綠豆大的事都不放過。

還非叫爾秋給他回信。

睡一覺起來，又不准爾秋回信了，不可以影響她讀書。

爾秋成績好，班導師盯得很緊。

為了不讓班主任拆散他們，爾秋比任何時刻都用功學習，一邊學一邊鼓勵貪玩阿宗，在一起就要共同進步。

一會兒哄他，考試進步十名，週末就一起逛街買文具；一會兒又說，考進全班前二十，放學就跟他切磋 breaking。

高二一年，被迷得暈頭轉向的阿宗成績突飛猛進，進步獎品拿到手軟，一度變成優等生。

藝術生的高三是最苦的。

冬天，藝術班「傾巢」搬去武漢，在一所破舊的廢棄學校全封閉集訓。

爾秋被關了起來。

阿宗跑到外面報補習班，每天早出晚歸，每次歸來必定捧著熱騰騰的武漢小吃——豆皮、熱乾麵、麻辣燙，塞到爾秋手裡，日日不重樣。亮瞎全體其他考生的眼。

可是，被關起來的爾秋沒辦法知道一件事。

她不知道，貪玩阿宗每天出去上課，除了帶小吃之外，還泡網咖打遊戲。

高三打遊戲，這讓畫畫成績很好的阿宗因為學科沒念好，被很多好大學關在了門外。

爾秋考得好，阿宗追隨她，去了離她不遠的三等學校。

打遊戲的後遺症依然在。

阿宗太貪玩，上大學後，遊戲打得越發沒有節制，還因為遊戲語音，認識了女的，跑去跟人家網友見面。

爾秋哭了，哭著說再也不要在一起了。

如果你看過阿宗後來在沼澤上探路，在冰川上爆胎，在雪山頂上挨餓受凍十幾天，一律不急不徐，會覺得阿宗這輩子什麼也不怕。

我知道他怕什麼，他怕爾秋哭。

爾秋一哭，他的世界就塌了。

二十歲的阿宗什麼也不要了，他下跪。哭著求爾秋回來。

爾秋擦乾眼淚，原諒了他。

阿宗再也沒有不眠不休地打遊戲。

這事過去六七年了。

現在的阿宗，在襄樊買了一戶大公寓，超級大，主臥室裡的Kingsize（超大號）床、嬰兒床和嬰兒玩具區加起來，才剛剛占到一半面積。

房間還很多，阿宗有個專用的書房，各種器材擺了一屋子。

所有的房間，牆上都掛了許多阿宗的作品。

世界屋脊的風光照，環球旅行婚紗照，大小錯落有致。品味很好。

可是進門處有半面牆，畫風突變，像是穿粉紅色裙子的櫻木花道亂入《蒙娜麗莎》一樣不和諧。

那牆上紮滿了紅色氣球和彩帶，還拿大紅色充氣條在中間彎出一道醜陋的「happy marriage」，特別詭異。

我看不下去，對他說：「你身為一個攝影師，怎麼能容忍自己的新房有如此不和諧之畫面？」

阿宗在削蘋果，一塊一塊切下來放進碗裡。

阿宗說：「我跟我媳婦保證過要弄滴。」

我說：「啥時候？」

「高二，高三，不對，高二，忘見老（忘記了），反正鬥（就）那時候。」

蘋果削好了，阿宗端起碗，蹦蹦跳跳地跑去找正在餵奶的爾秋。我跟謝毛毛被他扔在客廳裡。

現在，爾秋生了個兒子，相機鏡頭一對著他就笑。

我每回回家鄉都愛不釋手。

我回家鄉不多，他們總記得接我，接到我就出去四處玩。

阿宗、爾秋、謝毛毛和我，我們四個坐在阿宗的巨大號SUV裡，搶著玩兒子。

阿宗最敢玩，把兒子裝在正副駕駛座中間的儲物箱裡說：「嘿嘿嘿，剛好裝下！」

爾秋看到了就追著打。

大多數時候，阿宗和謝毛毛在前頭開車，我和爾秋在後座溫柔地玩兒子。

爾秋會輕輕拍著懷裡還只有幾個月大的兒子，小傢伙有像爾秋的眼睛，用阿宗的目光驚奇地看世界，不一會兒就累，頭一歪就睡。

爾秋就把軟糯糯的小傢伙抱在懷裡，一邊拍他的背，一邊柔聲柔氣地和我聊天。她最近愛感悟一些懷孕、生產、餵奶方面的注意事項，要給我打預防針。

我總覺得這事還離我太遠，左耳朵進右耳朵出，一轉頭，看見她低頭望著兒子的溫婉的側臉。

我那一顆「世界這麼大起碼還需要我再玩十五年」的石頭心，會在這一刻動容。

爾秋高一的時候是 breaking dancer，從髮型到衣著，特別瘋狂。

現在她紫烏黑的麻花辮，穿著長裙，溫柔地看襁褓裡的孩子。

她現在有我見過的最恬靜溫婉的側臉。

我總是忍不住想，這個世界對她多溫柔，才能讓時光雕刻出一張這麼溫婉的側臉。

我忽然想起，阿宗生平第一次摸相機，不過是並不算久遠的二〇一二年。

那時候他們升大三，剛鬧完危機，阿宗第一次帶爾秋出遠門。

爾秋說，你別把我拍醜了。

阿宗默默聽了進去，默默存錢買了一部 Canon 600D，默默找了個攝影論壇，一邊讀相機說明書學習光圈快門和 ISO，一邊在論壇上，研讀網友的攝影心得。

阿宗帶爾秋去麗江、瀘沽湖和大理，沿途翻爛了相機說明書，瘋狂拍照五千張，把爾秋和雲南都拍得很美。

7

阿宗的雲南照片發在論壇上，獲得了一些網友肯定，興趣大發。

爾秋見他的注意力終於偏離打遊戲了，連忙想方設法，鼓勵他好好玩攝影。

大學的後半段，阿宗就這樣愛上了攝影。

他四處找地方拍照，拍完襄樊拍湖北，跑到神農架原始森林裡，一待好幾天地守星空，回家之後，又興致勃勃地剪三天兩夜，做出一套延時攝影影像。

影片傳到網路上，又被稍稍轉發了幾天。

阿宗喜得每天春光滿面。

二〇一三年，延時攝影在中國還是個新奇的東西。很快，有景區私訊給阿宗，問他接工作嗎，他們想要一套展現景區風光的延時攝影影像。

阿宗拿著他已經過時了的 Canon 600D，蹦蹦跳跳跑過去。

他第一次用攝影賺錢了。

還有西藏的旅遊公司給他發了全職 offer，叫他過去拍西藏。

阿宗大學還沒完全畢業，就拿著第一桶金買了火車站票，雄赳赳氣昂昂地去拍西藏。

沒想到入職不到一個月就被人開除了。

阿宗當時，已經下了好好拍西藏的決心。

加上覺得回去丟臉，阿宗變成無業遊民之後，沒有離開西藏。

他找到一家青年旅社，一張床位一天二十元人民幣，長住下來。

藥王山，南迦巴瓦峰，唐古拉山脈……

阿宗拿著他的破電腦，搜維基百科，搜紀錄片，一座一座學習西藏的山巒。

他學完了就爬，爬完了再學。為找到最佳的拍攝點，紮個帳篷，裹床被子，守在三腳架前幾天幾夜。

等日出，等日落，等雲海，等星星。

當時的阿宗，身上還有幾萬塊錢人民幣，以他那時候每一分錢都計較的花錢方式，再生活幾個月問題不大。

可是阿宗越拍，靈感越多，竟產生要用他那台過時相機，展現出整個西藏星空之美的野心。

器材不夠用了。

阿宗需要軌道，一台軌道七八千塊錢人民幣，阿宗沒有。

沒關係。

論壇上搜一搜原理，淘寶買來人民幣一千出頭的零件，自己組裝一個，雖然醜重，但是能用，背著上山去。

坐吃山空不夠用了。

阿宗咬咬牙，跟藏民買下一台已經開了十五萬公里的二手車。

一來，上山可以睡車裡了；二來，可以偷載客弄點收入。

此時的阿宗，已經對周圍山脈的拍攝點瞭若指掌。

他在青旅門口貼小海報：攝影師親載絕佳拍攝點之旅！包來回！

阿宗辦事周到，沒有幾個月的工夫，口碑傳出去，平均十五天能賺個一萬人民幣。

車錢回來了，還把器材稍微更新了一下。

阿宗嘿嘿笑著給剛剛畢業回到襄樊的爾秋報喜。

這是他報告給爾秋的部分。

他沒報告的，就是一本慘烈故事集了。

阿宗在西藏有嚴重的高山症。

剛開始爬雪山、守星星、拍照片的日子，動不動就胸悶喉嚨疼。

有一回感冒了，發高燒，燒到不能拍照片，只好去診所看病。

去之前，阿宗左研究右研究，發現怎麼治都挺貴。

於是阿宗跟大夫說：我打一針退燒針就行。

阿宗打完退燒針，背起三腳架和自製軌道就走。

藏區大夫追出門，追了好遠，拍著他的肩膀叫他先別拍照片了，先回家好好休息。

塞給他幾包葡萄糖，不要錢。

阿宗吃完葡萄糖，在他的人民幣二十塊錢一天的青旅單人床上昏睡了三天三夜，受鄰床幾個窮遊背包客的照顧，活了過來。

繼續爬山。

阿宗的車破，西藏的山路又不好走，爆胎跟吃飯一樣尋常，補都補不及，活生生把阿宗訓練成了修車師傅。

可是有一回車壞在無人區裡，實在修不好了，阿宗不敢亂走，窩在車裡靜靜守著。

不知怎麼睡著了。

是不會說漢語的藏民把車窗敲得「咣咣」響，把他敲醒，用微笑和手勢領著他回到村子。

阿宗開車載客，遇到好遊客，那簡直是一群菩薩。

知道阿宗夜裡要拍照，他們主動攬下開車任務，叫阿宗在後座睡覺。

末了還給他食物，幫他搭帳篷。

阿宗感激他們，沒什麼別的回報，開設山頂免費攝影課，知無不言。

也有時候，好不容易載到客人要賺吃飯錢了，人家要賴不給錢，還仗著人多威脅阿宗。

阿宗只當撞見了網路上說的「垃圾車人」，背著滿身垃圾負能量到處找地方倒。阿宗能做的，就是在遇到之後，不讓他們把垃圾倒在自己身上。

所以阿宗笑笑說算了，只當交個朋友，還祝他們旅途愉快。

最窮的時候，阿宗在藏區的村子裡，每天吃麵條，除此之外，什麼都吃不起。

他坐在餐館裡看別人吃，見人要走了，就上去問別人還吃不吃，對方一擺手，他馬上端過來狼吞虎嚥。

阿宗就這樣補給營養，防止身子再次垮掉。

西藏再艱苦，只要能爬山，能在山頂裹著被子用三腳架守星星，阿宗無所謂別的。

他就真的像《月亮和六便士》裡的思特里克蘭德在塔西提島時一樣，窮到不行就出來工作，只要能賺到畫筆和顏料的錢，他什麼都無所謂。

賺到之後更什麼都無所謂了，大門一關，一天接一天地畫畫。

只要能畫畫，思特里克蘭德們的靈魂就能像烈火一樣點燃生命。

8

那時候，爾秋大學畢業回了襄樊。

小城裡的姑娘，談婚論嫁的年齡，在家長和街坊鄰居的淫威下，誰不得找個工作穩定的，事業單位的，跟了就下半生不愁的。

爾秋不。

爾秋去銀行實習，爾秋找穩定工作，支援阿宗從事攝影。

大學畢業第一年，三百六十五天，阿宗至少三百天在西藏山頭紮帳篷。連履行異地戀義務的視訊聊天，都是奢侈。

爾秋鼓勵他，像高二管教他學習一樣，變著法地給他打氣，堅定地要嫁給他。

那是他們在一起第七年。

精挑細選十萬張照片。

一個人拍完又一個人製作。

十個月風餐露宿。

半條命搭進去。

——鑄一部僅僅十分零六秒的延時攝影影像。

阿宗的《西藏星空》誕生了。

那是中國第一次有人，用延時攝影，把整個西藏的雲海和星空記錄下來，端給了世界。

網路時代真好啊，像歌手薛之謙說的，社交媒體讓才華難以被埋沒。

阿宗的作品發出來，微博七萬次轉發，全網播放突破兩億，成了好多網友去西藏的原因。

央視未經授權用了七秒，還在阿宗的維權電話裡說出「中央電視台用你幾個素材怎麼了？」，被阿宗錄了下來，引起網路輿論的軒然大波。

網友們一邊倒地幫阿宗討說法，李開復和行銷人們都自發地發聲了。

整個事件在微博熱搜上掛了幾週。

阿宗很感動，也很害怕。

越來越多的人看到了《西藏星空》，包括攝影界公認的神——Ling。

阿宗見了大神，連忙拜師學藝。

此後每一部作品拿出來，都是在展示一次品質的提升。被商業客戶和旅遊部門捧著鈔票追著請。

如果你把阿宗的作品全都連起來看一遍，會發現《西藏星空》拍攝手法單一，畫面剪輯生硬。

比起他後來的遊刃有餘，與其說《西藏星空》是一部攝影作品，不如說它是一場少年人的執拗與熱烈。

粗獷，粗暴，一幀一幀全是世人沒見過的極地。

極地的星空和雲海，在阿宗的鏡頭裡，是他生命和靈魂的交付。

很震撼。

同時也代表不了他現在的專業水準。

可是每回阿宗做作品展示，總要從《西藏星空》開始。

每次我都想告訴他，那是減分行為，他後來的每一部作品都輾壓《西藏星空》，十倍百倍輾壓。

可惜他對《西藏星空》感情太深了，至今還每年回一次西藏。我一直沒好說。

二十四歲，阿宗跟爾秋求婚了。

爾秋不想進攝影棚，阿宗問：「那你想要什麼？」

爾秋也是敢說，把世人的著名終極夢想說了。

「我想跟你一起環遊世界。一邊環遊世界，一邊自己拍婚紗照。」

阿宗說：「好。」

阿宗策劃環遊世界，簡直不讓爾秋受一丁點苦，全程吃好的住好的，預算一百萬人民幣。

還沒算完，歌詩達遊輪開闢八十六天環遊世界航線，他們找到阿宗，送船票送溫暖，換阿宗拍一部航海的風光紀錄片。

我們的著名星空攝影師阿宗，二十四歲，接了工作，帶著幾箱婚紗和一個爾秋，上船環遊世界去了。

他們環遊世界，拍婚紗照，還倒賺一筆錢之後，在模里西斯舉行了盛大的婚禮。

婚後安家，無論是鍋碗瓢勺嬰兒床，還是好車和大房子，只要爾秋說好，阿宗百把萬百把萬人民幣甩出去，一眼也不眨。

阿宗的價格越來越貴，嚇跑了很多客戶，工作還是接不完。

阿宗媽開始動不動被人圍起來，爭相詢問：「如何培養出優秀的兒子？」

阿宗媽大手一揮：「我沒培養，都是秋兒培養滴！」

二〇一七年，在一起第十年。

那個不要臉的臭小子二十七歲了。

爾秋給他生了個這兒也像他那兒也像他的兒子。

9

我總是替阿宗著急。

我說：「帶著秋兒來北京吧。你現在事業前途無量，襄樊資源有限，耽誤你了，全中國只有北京有你需要的一切。你看看那些年輕的，想奮鬥的，一個兩個誰不是死也要死在北京。」

阿宗說：「不克，北京累。」

我說：「北京再累，有你在西藏爬雪山、偷載客、躲狼群、受凍挨餓撿飯吃累？」

「那不一樣。」

阿宗不善言辭。

我三番五次的勸諫，每每到這裡戛然而止。

雪山沒問題，無人區不在話下，雙腳踏遍沼澤、火山和大海，都不算累。

而北京，被迫吃著本就和自己八字不合的學歷的虧，為別人眼裡的好生活奮鬥，重複著自己也不知道為什麼做的工作，和不喜歡的人阿諛奉承到凌晨兩三點，因此不能和老婆孩子在一起。

在消耗中漸漸長出麻木的臉，那麻木的臉嘴巴一張，滿口的戶口和房價……都是阿宗受不了的累。

西藏那一年，阿宗為了躲避網紅景點，一個人跑到無人區的雪山頂上捕捉星光和銀河。

忽然，阿宗確信他看到了，在那個深夜裡閃閃發光的，不只有頭頂的漫天繁星，還有綠幽幽的眼睛。

一雙，兩雙，數不清多少雙了。

牠們全都不遠不近。

野狼群。

阿宗的心臟嚇進了喉嚨口。

他連滾帶爬回到車裡，鎖好門窗。

三腳架和被褥都在外面，他想出去收回來，可想起那些綠眼睛，不敢動。

他也不敢啟動引擎，怕驚動狼群，也怕車子沒電。
夜越來越冷。
他在一片漆黑裡，什麼都不敢做。
不知過了多久。
月亮上來了，月光照進破車廂裡，熒熒地裹著蜷縮在角落裡受凍的阿宗。
無人區沒有訊號，他聯絡不上任何人。
車外是狼嚎，一聲接一聲，長夜不知何處才是盡頭。
阿宗在自己身上摸啊摸啊。
摸出錢包，錢包裡鼓鼓囊囊塞了好多大頭貼，都是他和爾秋的。
他把它們全都拿出來，借著月光一張張翻，一張張看。
高一，高二，高三，大一，大二，大三，大四。
男人粗糙的手指，放在了小小的大頭貼上的臉上。
那漫漫長夜裡發出光亮的，阿宗也分不清，究竟是月亮，還是大頭貼上笑得春光燦爛的女孩。
阿宗是有一回喝多了偶然提起這件事的，我連忙叫他重點說說當時的心情和感悟。
他沉思半天說出來四個字——「特別想家」。
我叫他來點細節描述和心境變化。
他想了半天。
「鬥是特別特別想家。」

阿宗現在待在家裡的時間很長。

爾秋生產前後，他寸步不離守了兩個月。

我見過最多的場景，是我和謝毛毛在阿宗家玩，到了出門時間，阿宗去叫正在照顧兒子的爾秋，臥室門一打開，一家三口就坐在嬰兒地毯上玩起來了。

生命多可貴，愛情多可貴，平凡多可貴。

鬼門關回來的阿宗最知道。

10

至今住在襄樊的阿宗，有拍攝工作就出遠門，拍完就飛回襄樊。

每天睡到自然醒，媳婦一摟，下樓吃碗牛肉麵，日暮裡走走濱江大道。

照顧高中同學家的飯館生意，隔兩天吃一頓宜城大蝦，叫上一幫朋友，吹江風喝啤酒，從下午五點吃到十一點半。

虛度時光，毫不心疼。

朋友都是十幾年的老朋友。

不是中學同學，就是當初街舞團的好夥伴們。他們好多已經長成了發福的中年人了，說的還是十年前阿宗追爾秋的糗事。

說到興頭，酒杯一碰，一桌人笑得人仰馬翻。
最近爾秋過生日，阿宗請當初幫他追爾秋的高一同學慶生。一請三十來個，全部坐在他們大公寓的大客廳裡，圍著爾秋嘻嘻哈哈鬧到天亮。二十七了，家庭生活單純得跟高中生一樣。
小城裡上班沒啥事，下班提前跑，還不管去哪兒抬腳就到。
這種日子只能在小城過。
擱在北京，誰要跋山涉水吃一頓沒有意義的飯。
哦，對了，阿宗會。
他遇到環境好的拍攝地，會把爾秋帶上，一收工就領著她到處吃好吃的。
好多人混進大城市，生怕鄉音土氣叫人瞧不起。
阿宗環遊世界三個月，把歌詩達請來的五湖四海的歌手、畫家、美食家、海洋生物學家、世界自然文化遺產專家們，全都帶出了襄樊口音。
現在，大多數商業攝影請不動阿宗，大價錢請到了，他也只肯負責最初的素材拍攝，按天收費，不管別的。我親眼見過他拒絕一百萬人民幣預算的廣告片。
阿宗說，收他一百萬人民幣，改來改去能耗十個月，有那精力不如上山拍星星。
阿宗現在能擁有很多了。
而他要的依然很少。
我誇阿宗：「你這日子過的，我寫小說都不敢這麼編。」

他趁機說我：「是你生活成本太高，看你北京那個五十來平方公尺的小塊地，就耗了你多少。」

「我那是全北京最貴CBD好嗎！」

「有襄樊好？」

阿宗經常來北京談案子。

多的時候一個月三四次，事情辦完就走，有時甚至清早抵京夜裡飛走，十二點前到家。

阿宗在北京，吃住都體面，不虧待自己，也不虧待朋友。

你要請客，他手一擺：「花不了幾個錢。」

他們最近愛傷感北上廣容不下肉身，三四線容不下靈魂。

阿宗不看心靈雞湯文，他默默在這中間找了個屬於自己的平衡。

我每回回家鄉都要感嘆一遍阿宗，這世上還真就有人這麼活著。

九〇後，沒上過好大學，在二十五歲之前，帶媳婦環遊完世界，又帶媽環遊太平洋，年入百萬人民幣，買房買車。

完全憑自己的雙手，讓生命裡最重要的兩個女人都過上了好生活。

住在最想住的小城，謀生工具剛好是畢生追求的理想，走哪兒都受人尊重，沒有朝九晚五過一天，教科書般的自訂模式玩家。

如果不是在我身邊，我真不相信可以有人這麼活。

11

那時候我們在船上拍星星。

起航那幾天，近百個旅行體驗師加兩千船客，一看見船上有星空，全都出來拍星星。

午夜的甲板水洩不通，頂級設備在三腳架上，像一花田向日葵一樣，壯觀地排了一排。

馬上有人下結論了。

「光害嚴重，拍不了星星！」

「船太晃了，弄不了長時間曝光！」

人群一撥一撥地走。

走到最後，竟真的只剩下阿宗帶著我跟謝毛毛。

阿宗默默地找，找到光害最小的地方，爬上去架三腳架。

三腳架打晃，他東試試西試試，把周圍能利用不能利用的都拿來試一試，一會兒在下頭拴個重物，一會兒調整相機設置。

黑夜裡，星空下，他彎腰弓背爬來爬去，在凜冽的海風裡出了汗。

我以為他很焦躁，但很快我趁著星光看清了，他的眼睛在發光，嘴角在笑。

他竟玩得不亦樂乎。

我問：「好玩不？」

「好玩。」

我說：「這有啥好玩的，折騰一晚上拍不了一張照片。」

「咋了，還不允許人有點愛好？」

輪到我笑了。

我說：「你這是 growth mindset 啊。」

他問：「啥？」

「成長型思維。」

史丹佛有個心理學教授，她把小孩們放在一起玩拼圖，發現有些小孩失敗之後，很受傷，有些小孩卻異常興奮，覺得這個挑戰好有趣。

這件事觸發了她對人類思維模式的研究。

她把人的思維模式分為兩種，成長型思維和固定型思維。

固定型思維認為失敗就是不行，就是沒天賦。理所當然地放棄。

成長型思維不僅不怕失敗，還熱愛失敗。他們覺得失敗讓一件事更有挑戰性，更好玩。

在他們的潛意識裡，能力和聰明才智不是註定，努力和毅力會改變結果。

他們是對的，心理學已經透過腦研究證明：固定型思維在失敗後大腦活動如舊，而成長型思維不停想辦法解決問題的時候，神經元在釋放更多神經傳遞素。神經元之間聯繫增加，他們真的變聰明了[4]。

心理學家追蹤觀察成長型思維小孩，他們長大後，的確普遍比固定思維的孩子們更成功。

我說：「成長型思維被心理學家認為是成功人士都不謀而合，共同具有的素質。潛力不小啊，小子。」

阿宗不僅拍到了星星，還拍到了赤道太平洋上，漫天繁星中，一顆流星劃落。

阿宗在船上，拍到的遠遠不只星星。

成百上千的飛魚爭先恐後飛出海面，齊翱的海鳥，群遊的海龜，鯊魚，海豚，抹香鯨，雲端繚繞的海島，全都在他的鏡頭裡存著。

四十六天環航南太平洋，歌詩達要求他在第四十三天做一個作品分享會。

幾乎所有船客都來了。

兩千多人把遊輪上最大的三層豪華放映廳坐得滿滿，阿宗站在舞台上，穿一件沒有形象的機能外套，用巨大的電影院螢幕播放他的8K影片。

船客們沸騰了。

「小夥子，推薦一下你的相機！」

「小夥子，你怎麼拍到的？我們也帶了設備，沒守到你鏡頭裡的東西呀！」

阿宗傻呼呼地回答：「我等的，天天站在船邊等，就等到了。」

這真是阿宗最大的缺點。

我教育阿宗，當今這個勵志雞湯時代，人家吃一塊錢的苦回來能吹到一百塊錢，就你傻。

你要是學會了怎麼把自己吃的苦拿出來熬雞湯，財富至少再擴大十倍。

我來說說阿宗是怎麼等的。

午夜十二點，阿宗和謝毛毛在甲板上拍星星，拍到兩三點收工。

清晨四五點，是甲板上守日出的時間。日出拍完差不多八點。

八點之後的天空，若有雲，必定扛上三腳架，去他一早挑好的地方拍延時攝影。

雲要動起來才好看，可是在有些詭異的地方，雲不肯動。

我說：「悲劇悲劇！」

阿宗說：「雲不動我動。」

他和謝毛毛構思了一下，把三腳架一放，彎腰十五秒拍一張，拿起三腳架挪一公分，再十五秒拍一張，再挪一公分，從船左邊挪到船右邊，不能間斷不能慢，因為畫面一斷後期製作就不流暢。

我去替他們拿早飯，路上碰到熟人聊忘記了，一小時後回去，他們還在挪。

沒有雲拍的時候，他們就把相機架在船兩邊，守海洋生物。

阿宗和謝毛毛，一人兩個機位，分別守住船左和船右，一看見海面有異動，就衝上去調整鏡頭捕捉。

不能走開，不能走神，他們要的全是可遇而不可求的瞬間。

赤道無風帶的那種熱，我不知道你們體會過沒有。

太陽近得跟一口鍋爐扣在頭上一樣，整個甲板一絲陰涼也沒有。

附近的島民不是黑人，全給生生曬成了黑人。

沒有風，航速快成那樣居然沒有風。連地理書都說那種溫度和日照不適宜人類生存。

輪船經過赤道那十幾天，所有人都躲在船艙裡吹空調，落地窗全部拉上幾層窗簾。

阿宗坐在甲板上，拿條毛巾掛在頭上，一邊冒汗挨烤，一邊盯海面。

烤到光線不夠好了，他就拎起三腳架，換個地方，調試機器，準備拍日落。就這樣一天一天。

晨光星光，太陽月亮，一天接一天。

影像裡那兩秒鐘的飛魚群躍，他守到第四十一天。

他們愛說，旅行體驗師就是傳說中的dream job。

我接過的工作，包括去洛杉磯購物、去猶他滑雪、去拉斯維加斯飛無人機。

連陣雨哥都說，憑什麼你這種也叫工作，對我們這種真正認真工作的人太不公平了。

他從對這份工作望而生羨，到望而生畏。

因為他看到我在社群平台和微博裡的美麗風景背後，五六點起床趕行程，趕到景點立即拍攝，拍完立刻換下一個景點，午夜收工，回飯店修圖寫文案發微博。時時刻刻滿腦子構思素材。

三五天一個行程，沒有週休，沒有下班。

想想你平時心血來潮旅遊一趟再寫一篇攻略要折騰多久，讓你白天玩晚上寫第二天聞雞起舞交給客戶挑刺，並像上班一樣循環往復到永遠呢？

好多人立志做旅行家，要創作名留青史的好內容，做著做著，能糊弄過客戶已經謝天謝地。

好多人摸清楚怎麼回事，就毫不留戀地不幹了。

什麼人長期過這種生活會快樂呢？

被赤道上的太陽烤得掉皮，只要手裡有相機，眼前有風景，就能掛條毛巾坐在那兒嘿嘿笑的人。

你三番五次引誘他，「難得上公海，走走走，去賭場」，他沉浸在剪影片的快樂中，根本聽不見的人。

花幾天幾夜爬上山頂拍星星，星星沒出來，紮個帳篷睡在冰雪上的人。

星星還沒出來，再等一夜。

再再等一夜的人。

阿宗這樣的人。

世人口若懸河，到處「種草」，心願清單存得手機裝不下。

你問他們究竟想過怎樣的一生，他們張口結舌。阿宗抬起頭，眼睛裡只有星星。

12

第四十三天的阿宗攝影分享會。

老阿姨舉手提問。

「小夥子，你才這麼點年紀，就做了這麼多事，未來有什麼打算嗎？」

阿宗向來口語能力欠佳，這一次，他居然表達清楚了自己。

他站在台上，簡明扼要，擲地有聲。

他說：「我要拍中國人的ＢＢＣ紀錄片。」

後記

我實習的最後一天，阿宗又來北京了，照舊只待一天。

他來看電影。

我問：「你專程飛到北京看電影？」

他說：「嘿嘿嘿，是首映禮，BBC上了個環球紀錄片的院線電影，叫《地球：神奇的一天》，裡頭中國的鏡頭都是我拍的。」

我：「玩得行呀，多少鏡頭？」

阿宗二十七歲，笑得臉上的每一根筋都在開花。

「嘿嘿嘿嘿，足足兩分鐘！」

---

1 湖北襄樊特有的一種三人麻將。

2 Two-factor Theory of Emotion，當代心理學界普遍認為，人的情緒產生分兩步，生理先產生反應，大腦再根據人當時所處環境和情況進行判斷，情緒是大腦判斷的結果（Schachter）。例如，你心跳加快手心出汗，此時你剛好在一條眼鏡蛇面前，大腦會認為這種情緒叫害怕，你在怕蛇。同樣的心跳加快手心出汗，如果發生在你狂跑一萬公尺之後，大腦會認為這是運動所致，你沒有情緒。這個幾十年的公認觀點最近有爭論，感興趣的人可以翻一下 Lisa Barrett 二〇一七年的新書 *How Emotions Are Made: The Secret Life of the Brain*。學術書籍，不是很好看。

3 Misattribution of Arousal，社會心理學研究成果，在愛情中大體指人們常無意識地把環境等並非愛情引起的反應歸結為愛情。經典實驗包括吊橋效應，即女人在危險的吊橋對面給男人留電話，男人事後請求約會的機率比他們心跳恢復後再留電話高出三十%（Schachter&Singer 1962）。以及女孩和男孩約會時給男孩一杯雙倍咖啡因咖啡，告訴他是無咖啡因咖啡，男孩會把心跳加快和精神越來越好的原因歸結為對女孩感興趣，從而判斷自己非常喜歡女孩。這也是心理學家會建議感情淡化了的老夫老妻一起做刺激的新事物的科學原理，人們會下意識把由新環境引起的生理刺激歸結給身邊人，從而判斷是愛情回來了。

4 Growth mindset and fixed mindset，成長型思維和固定型思維，是史丹佛大學心理學教授 Carol Dweck 的研究成果。她發現，相信「天賦決定論」的固定型思維學生考試失敗後，會認為自己能力不行，失敗是對他們自尊的傷害，他們更有可能在往後的考試中作弊，厭學。而成長型思維學生，相信做錯題是一次能力提升的機會，學會了，他們就會變聰明。家庭教育被認為是使人思維不同的重要因素：經常表揚孩子聰明、漂亮的家庭，給孩子以聰明是先天的暗示，使他們更容易產生固定型思維。所以家庭和學校不該表揚孩子聰明，尤其不該表揚不學習還成績好的孩子聰明。能培養成長型思維的表揚方式有：①你付出了這麼多努力，你真棒；②你把失敗當作學習的機會沒有放棄，你真棒。美國部分中學已經把成績單上的「F」（failed，失敗，不及格），改成了「Not Yet」（還沒有完成），以此培養孩子的成長型思維。如果沒有成長型思維家庭環境，我們自己給自己這樣的思維暗示，是同樣的作用。對該研究感興趣的讀者，推薦 Carol Dweck 的書 *Mindset: The New Psychology of Success*。另外 Dweck 教授還是出色的演講家，用詞簡潔精準，語速適中，推薦她的 TED Talk 和訪談，是很好的英語學習資料。

少年，請熱愛你最後的莽撞

我第一次見杜辭的時候，他二十一歲。在人群之中，滿眼的少年氣。

我們一起在普華永道工作。

他不斷扭頭看我。

終於他逮到一個空檔。

說：「我給你一張我的名片吧。」

1

我們遇見的故事是這樣的。

都說諮詢部最高端大氣上檔次，我溜進去參觀，由入職培訓時認識的內蒙古人阿貝帶著。他長得黑黑壯壯，像個疙瘩塊。

阿貝引我走進一間小會議室，馬上就和一屋男生打成一片。

我問：「你剛剛跟我講的同學就是他們咯？」

他點頭。

我說：「你們對外經濟貿易大學好厲害啊，一下進來六個！」

我們說到這兒的時候，我看見杜辭在人群之中，很想接話，但話題很快切換掉了，他沒接上話，一直留著欲言又止的表情。

他高高瘦瘦，眉目清秀，皮膚細膩，渾身都是領帶西褲也蓋不住的少年氣。一看就是曾在高中裡受盡矚目的白衣少年。

終於找到一個機會。

他連忙低頭掏名片。

我心裡好奇，實習生也有名片？

他說：「我今天剛印的。」

然後頓了一下，很失望地說：「大概忘在寢室了。」

我說：「沒關係呀，我叫另維，你呢？」

「杜辭。」

他自我介紹了，但還是心事重重。

直到我們聊到上班好遠的話題，杜辭才有了興致。

他說：「我每天上班要坐一個小時的地鐵！」

好慘，我露出同情的表情。

他補充道：「我還不是直達，要從海淀黃莊轉四號線。」

我這才察覺，杜辭不是要表達自己慘，他連眉梢都是驕傲的。

我說：「海淀黃莊？那不是北大附近嗎，好想進去看看未名湖呀！」
阿貝說：「北大校園不好進，尤其是暑假，為限制遊客，進出門都要學生證。」
這一瞬間，杜辭終於突然來了精神，眼睛抑制不住地熠熠發著光。
他的表情比平時更雲淡風輕。
他說：「我可以帶你進去。」
我說：「哇，你是北大的呀！」
「嗯。」
杜辭答得淡淡的，眼角露出了如釋重負的笑容。

2

杜辭很討經理喜歡。
經理姓尤，大他五歲，下了班脫了商務裝，就是個活潑愛運動的小哥哥。
杜辭帶他去北大打球，他帶杜辭參觀大神好友的優酪乳公司。
普華的經理的大神好友。
杜辭一聽，以為會去一棟CBD摩天大廈。
沒想到是在一個不知名的偏僻舊樓裡，還只是其中一層的一小部分。

優酪乳哥叫王青城，高個子，看起來並不太老，但已經有了皺紋和啤酒肚，杜辭因此把他歸類為「中年男人」，感覺他是和自己隔了長長一代的老前輩。

王老前輩很隨和、很謙虛，一邊向杜辭介紹小公司的各個部門，一邊說歡迎他指教。

杜辭看到黑板上寫到一半的網路行銷方案，這不正是自己在行銷選修課上學過的嗎？

他慷慨地指點江山，市場容量，市場管道，專業術語們不停從嘴裡冒。

又說起優酪乳的發酵原理。

這可是杜辭的專業，他連水都來不及喝，又連忙當眾講授起來。

王前輩誇他：「不愧是學化學的，年輕有為，前途無量。」

杜辭又著急了。

他可不僅僅是學化學的。

他們怎麼可以忽略自己是在哪裡學的化學？

杜辭四處嗅機會，實在嗅不到，自己主動開啟話題。

「前輩，您能給我一張您的名片嗎？」

他接過名片，有模有樣拿出自己的。

說：「這是我的名片。」

杜辭的名片上，除了名字和 QR code，只有一行字。

——北京大學化學與分子工程學院，大學生。

不是逆襲的研究生，是根正苗紅的大學生。

一定要區分開。

杜辭立刻，收穫了意料之中的反應。

「喲，北大的呀！」

杜辭淡淡地謙虛地一帶而過該話題。

吃飯的時候，王前輩問杜辭：「畢業之後打算哪裡高就，對優酪乳感不感興趣？」

杜辭沒聽懂飯桌上的客套，認真回答。

「我目前只考慮去知名外商做諮詢，諮詢可以讓我深度瞭解各行各業的大公司。我還年輕嘛，想去能開闊視野的地方。」

經理掏出手機，驚呼「柯瑞今天大三元啊！」，打了圓場。

杜辭默默不爽，我還有好多厲害的想法沒開始說呢，怎麼就打岔了。

3

杜辭回到寢室，在 LinkedIn 搜尋並添加收到的名片。

這是他剛學會不久的人脈累積大法，像個大人。

他覺得王前輩混了小半輩子，還只蝸居在破樓裡做優酪乳，應該讓他見識一下優秀年輕人的生活，看一看自己豐富的課餘經歷和學生會光環。

然後杜辭受傷了。

王前輩居然也是根正苗紅的北京大學畢業。

還有哥倫比亞大學碩士學位！

更加亮瞎眼的是，王前輩二十一歲的此時，在哥大交流，在華爾街實習，完爆了杜辭的二十一歲。

可是這樣一個金光閃閃的他，現在居然在賣優酪乳。

還是淹沒在超市優酪乳架上的不知名品牌。

在此刻杜辭的眼裡，名校光環，象徵著人生的無限可能，象徵著巨大的責任。

名校畢業，應該去改變世界，應該視天下蒼生為己任，治國齊家平天下。

如果有誰畢業做了對不起這光環的事，那是要受譴責，上新聞的。

——北大就開個公眾號啊？北大畢業就賣個優酪乳啊？北大畢業就賣個豬肉啊？

那北大畢業應該幹什麼？

五四運動嗎？

要他說，他又說不清楚。

太迷茫了。

因為心氣高，看到什麼都覺得配不上自己的人生。

因為一無所有，又看到什麼都羨慕。

杜辭刷王前輩的社群個人頁，停不下來。

王前輩看起來喜歡攝影，家裡有一排鏡頭，每次出門挑著帶。他還有最新款的大疆無人機、GoPro，還有自己見都沒見過的全景相機……各式各樣的高級設備放了一架子！

杜辭一個一個認真放大了看。

「我也喜歡攝影啊，可是這些鏡頭這麼貴，我只能在網路上看看。你看他發的照片，這效果！不愧是1.4的光圈啊！我天天拿個破手機，下一百個應用程式調，也調不出人家隨手一按的效果……我什麼時候才能有自己的單眼啊……」

王前輩隔一陣就曬一串旅遊九宮格，度假酒店的窗外曲徑通幽。

「你看看人家這飯店環境，這才叫洗滌靈魂的度假——國慶的時候我們寢室一起去鼓浪嶼，快捷酒店裡四個大男人擠一間房，床都不夠睡，還不如寢室，再破至少每人一個鋪！

「他的衣服都好高級啊，我最近越來越發現，好衣服穿在身上就是顯得人有品味！

「他還出國打獵！我這輩子都沒見過真槍長什麼樣子！

……

「他這麼有錢，還是北大的，還是哥大的，人還那麼謙虛……我丟死人了。

「我什麼時候能有他一半的滴水不漏啊……」

杜辭越說越沮喪。

可是，誰又能生下來就滴水不漏呢？

我們的杜辭，在一個巨大的轉換期裡，一會兒為終於要告別食堂裡五塊錢人民幣吃不完的大魚大肉，告別四個人擠一間沒有隱私房租一年一千零五十塊人民幣的寢室而興奮，一會兒又捨不得它們。

一會兒極度驕傲，覺得大千世界在等我闖。

一會兒極度沮喪，覺得自己一無所有。

他左右搖擺，每一天都像生活在雲霄飛車上一樣，上上下下很難受。

二十歲出頭的人，總是太糾結還未擁有的東西。

他們似乎永遠想不到，只要基礎打得好，他想要的，不管是相機、衣服、旅行，還是說話做事像個成熟的大人，要不了幾年全都會有。

會一去不復返的，是他此刻擁有的富有。

意氣風發的目光。

帶稜角的高傲。

面對世界沒來由的自信。

好像永遠也用不完一樣的年輕。

一往無前的勇氣。

……

4

我樓上的李凱文，二十二歲畢業那年，整個社群平台都立刻知道他在全球最大的中國國際貿易中心三期上班。

社群平台流傳一篇文章：「如果在北京與我相愛，我們要一起踏香山落葉，看景山日落……」

他轉發：「如果在國貿三期與我相愛，你只能陪我加班。」

加上深夜一點的「北京．國貿三期」的定位。

他每一則狀態必掛這個定位。

酒吧聚會，他勾搭新來的妹子，一個大三在學的新浪HR實習生，膚白長髮軟萌。

第二天領妹子去國貿三期喝咖啡，路過一個公車站，車駛進來，他停步讓車，妹子順勢要上車。

他拉住她：「我這種人怎麼可能搭公車？從來看不懂好嗎。」

妹子居然上鉤了。

他們火速睡覺，火速分手。

他在社群平台轉發幾首傷情的陳奕迅，無奈地說：「沒辦法，太忙了，我這樣的人只配擁有無果的愛情。」

聚會遲到。

李凱文道歉：「不好意思，來晚了，剛剛和聯想的CEO吃飯，不好意思先走。」

新聞播報「震驚！某某創業公司某輪融資千萬人民幣」的消息。
他最淡定：「我投的。」
國際名車傳出即將被國產車收購的風聲。
他更加不以為意：「case 都快 close 了，我親手做的收購。」
……
李凱文出差，飛的是頭等艙，住的是麗思卡爾頓酒店。
在他只在業內享負盛名的國貿三期裡低調的精品投行裡，他唯一的不滿意，是外國人大老闆都待他彬彬有禮，他的中國人小老闆卻天天追著他罵。
小老闆罵人真難聽啊。
他熬夜幾週，辛辛苦苦寫完金融模型。
小老闆看了半天，看出其中一頁有幾個數字沒對齊，立馬把東西扔在桌上。
「What the fuck is this？我是花錢請你來吃屎的嗎！」
他擬好了一〇七頁的債券發行說明書交上去。
小老闆看了半天，看出 word 文件裡，有一個應該是藍色的標題被李凱文做成了藍綠色。
「再出這種差錯滾回家去！想來國貿三期的有本事的人，能從這兒排到北五環外！」
李凱文一面默默詛咒小老闆，一面默默發誓，以後自己爬上去了，一定不做這種可惡的變態，一定要當體恤新人的上司。
更可惡的是，小老闆是對的。

李凱文第一次負責專案，見甲方的負責人 Ashly 是自己公司跳槽過去的，師出同門，以為終於要感受到親人般的溫暖了。

很快他發現，Ashly 是他見過的最難對付的人。

因為她曾經是李凱文，最清楚作為一個新人，哪裡容易出錯，哪裡不太容易搞清楚。

她精準地抓到李凱文的把柄，在關鍵時刻掏出來，以此為藉口，要求公司打折。

為了能占一點折扣便宜，絲毫不在乎李凱文為了這份工作，付出過多少心血與努力。

平日裡善待李凱文的美國人大老闆要求犯錯的人承擔責任，李凱文眼看就要被開除了，是罵人的小老闆挺身而出，替他迎頭擋了一刀。

李凱文這才發現，小老闆罵他，但從來不真的罰他。

而李凱文在他手底下，那些能叫他丟工作的馬虎，真的迅速一一消散了。

現在的李凱文，再也不說「我投的」「我收購的」了。

他知道在名牌公司裡上班，不代表自己就是名牌。

他住的五星級不是自己的，他坐的頭等艙也不是自己的。

只有他潛心學來的本事別人拿不走。

這是一段多麼令人欣慰的成長故事。

現在的李凱文，能靠自己的經濟實力住五星級了。

他在公司當了有子弟兵的小主管，在東三環貸款買了房，想要的生活都一點一點握進了手中。

你知道越來越好的李凱文失去了什麼嗎？

李凱文變成李 Senior 之後，發現新人們都太欠打磨了，狀況百出，而最快最有效的成長途徑正是自己走過的那一條。

李凱文變成他二十二歲最討厭的那種小老闆，把挨過的罵一一傳遞給新的二十二歲們。

他認得他們背地裡不滿的眼睛和聚眾吐槽的表情。

他遠遠看著，默默想。

「年輕人，我都是為你好啊，等你走到我這一步就明白了。」

現在的李凱文，謹言慎行，滴水不漏，滿嘴都是「向您學習」「感謝指教」，在合適的時候拍一些恰到好處的馬屁。

意氣風發的年輕人看到他，又羨慕又不屑。

「切，油膩的中年男人。」

李凱文不老，他才二十多歲，奔三。

因為常年健身，身材保持得也比同齡人好，沒有啤酒肚。

只是那一年的意氣風發，勇敢無畏，那眼神裡不可一世的自信，不知去哪兒了。

5

只消到二十五歲，少年人便再不敢以少年人自居。

嘴巴裡日日談論的，都是不久之前還覺得又遙遠又不屑的市儈。

「Linda 你怎麼跳槽去中資投行了？你這種人明顯外資才是領地啊，而且你不是一直想進外資投行嗎……」

「外資不解決戶口啊，先去中資把戶口熬到手，再看機會吧。」

「那你都三十五歲了吧。」

「那也沒辦法啊。」

「哥買到車了！工作以來最開心的一天有沒有，終於不用擠地鐵了！下午你們幫哥盯著！哥去租車位，取車，買車罩，去去就來！」

他們調侃上班鄙視鏈：擠地鐵的瞧不起擠公車的，開車的瞧不起擠地鐵的，走路上班鄙視一切，恭喜龍哥又晉一級。

……

「晉級的龍哥居然是全組最晚到！」

「唉，這一路跟停車場似的！」

沒什麼不好，人總是要長大。

只是，在每個人飛快跑去長大，並為嫌棄長大得太慢倍感煎熬之前，我想叫住他們，說一句等一下。

等一下，你看看國際貿易中心街頭那些精緻且疲憊的身影。

等一下，你看你羡慕他們的時候，他們也在羡慕你。

6

有一天，我和杜辭、阿貝他們一起下班。

路過世貿天階購物中心對面的伊頓幼稚園。

杜辭驚呼：「在這麼寸土寸金的地方開幼稚園，真浪費！」

馬上他又大聲恍然大悟：「哦，開在這裡是對的，你們想啊，我們以後在這裡上班，上班的時候可以順道送孩子，下班一出門就能接他們走，有什麼事兩三分鐘就能從辦公室趕來……」

幾個身穿西服，手拿公事包的男人匆匆路過。

聽到杜辭的話，他們同時轉臉，意味深長地看了他一眼。

他們在笑他呢。

他們在說：「孩子，醒醒吧。

「你不會每天下班順路接你三點放學的孩子，你會加班到夜裡十點半，好不容易能享受一下叫車回家報銷的公司福利了，你打開叫車軟體，系統告訴你這附近有八十七個乘客正在排隊，你目前排位八十八，請稍安勿躁。

「你會每天在公司樓下的地鐵口排隊，花一小時回到你沒這麼寸土寸金的邊角旮旯，那個邊角旮旯也得耗掉你半輩子薪水。

「地鐵裡人頭攢動，大冬天悶得你汗流浹背，你排隊進電梯，把汗濕的球鞋換作存放在辦公室裡的皮鞋，人模狗樣開始一天又一天。

「你也不會把孩子送進這家鬧中取靜、地段完美的幼稚園。

「你一個月薪水七八千，別人假期旅行，你全拿來考證照，再咬牙熬兩年職稱，月薪漲到一兩萬人民幣。那所幼稚園每個月學費一萬六人民幣。

「你盼著發薪水，錢在口袋裡放兩天，忙不迭還信用卡。

「你終於明白，那所幼稚園不是開給在國際貿易中心上班的人的，它是開給國際貿易中心的業主們的。

「而這裡的單位十五萬人民幣一平方公尺，不是你努力考上北大，過五關斬六將進了知名企業，做了諮詢，穿上炫霸酷跩的西裝，出入高端大氣的辦公大樓，就能獲得的。

「……」

他們笑說，一無所有的畢業，一無所有的奮鬥日子，看起來那麼長，那麼遙遙無期。其間辛酸，絕不是你這個還未出校園的毛頭少年能想像的。

你嘴巴裡的閃著光的未來，在見過未來的過來人看來，好笑得跟夢話一樣。

杜辭站在我面前，用二十一歲的眼睛瞭看國際貿易中心，那麼野心勃勃、無畏和自信。

因為是北京大學的學生，在普華永道實習，他每天都在上下班一小時的地鐵裡閃閃發光。

他覺得整個國際貿易中心都是他的。

可是他置身其中，一定看不見，他掙扎苦痛的階段有多短暫。

他在社群動態裡放肆寫：年方二十一，道阻且長，野蠻生長。

他覺得自己好年輕，二十歲出頭的歲月長得沒有盡頭。

事實呢。

上幾節課，屁股還沒坐熱，和前女友糾纏一下，話還沒說清楚，已經畢業，不得不搬出一千零五十塊人民幣一年的寢室，註銷五塊錢人民幣一盤紅燒肉的食堂飯卡，跌跌撞撞適應新生活。還沒適應，世界已經把人拎著跑了起來。

親愛的杜辭啊，我該怎麼告訴你呢？

你很快會買得起一台好相機，一個曾經覺得遙遠的包包，你也會很快發現，需要你那份薪水負擔的，居然那麼多。

你還沒喘過氣，忽然發現你聽不到誰和誰分手了。你的世界充滿了參加不完的婚禮，發福的老同學。

你就算沒有孩子，也有同學的孩子朝你天真爛漫嘻嘻笑，你逗弄他們，再也不會覺得自己是少年。

你轉過身，新一輪職場新鮮人來了，你覺得自己還是昨天那副青澀模樣，可是他們已經連忙劃開一條線，你是前輩、組長。

你要做表率，不能像他們一樣。

人生的每一個階段都很短。

這一段最短，從靠近你到改變你，不過畢業兩三年。

7

杜辭和金桐西路上的西裝擦肩而過，他還不知道，在他迫不及待想要跑向公事包們，過上他們的生活的時候，公事包們也想丟下公事包，再擁有一次他手中的少年勇氣。

他還不知道，他此刻經歷的動盪、一無所有和一往無前，是他青春最後的狂歡。

所以杜辭啊，抓緊時間，愛你初出茅廬的莽撞吧，在球場上奔馳吧，為心愛的女孩追趕大街上的計程車吧，相信不切實際的幻想吧。

長大之後，成熟之前，再好好鬧些老去之後能笑著講起的笑話。

再用你無畏的眼睛，大聲說一遍那句馬上就再也說不出的錯覺。

年方二十一，道阻且長，野蠻生長！

兩千萬人的城市，我們都有自己的位置

1

週六，我帶著孩子，在北海公園上蹦下跳。

九歲的孩子們體力太好了。

他們跳上假山，鑽進小竹林，漫山遍野地跑。你追我趕，又叫又鬧。

我這個體校長大，最近又日平均健身兩小時的體能，也只能勉強跟上。

好多同事已經放棄，大汗淋漓，大聲朝自己的孩子喊，「跑累了過來休息！」然後三三兩兩坐上山頭的涼亭。

這是普華永道的企業社會責任活動日。

四大好像都有專門的企業社會責任部，審計師賺錢，他們專職研究怎麼花。

不僅花錢，還週週發郵件給全體員工，號召大家週末多多參與志工活動，服務社會。

我這回是帶在京農民工子女，週末遊北海。

2

我注意到那個小孩，因為他總是一個人。

七八歲的身材，擰著眉毛背著手，不苟言笑，若有所思，像個大人。長得很漂亮，像縮小版的藝人吳亦凡。

穿了一件一塵不染的白T恤。

我走上前，問：「小帥哥，你怎麼又一個人？你的志工老師呢？」

追上來的是個中年女人，紮馬尾辮子，精神狀態相當年輕，她氣喘吁吁抓著我，說了幾遍「不好意思」。

她身邊牽了五六個小孩。

一對一幫助農民工子女，是公司的常規社會責任活動。

每個大人負責一個孩子，誰負責誰，公司會分配好，提前一週把名單放在群發郵件裡，反覆提醒大家查看。

週六早上八點，一大車的孩子來到北海公園，站在公園門外。

審計師們大聲叫自己的孩子，孩子舉手，兩人就這麼火速配對成功。

我見她一個人帶這麼多，有點奇怪。

我問：「您的同事呢？要不要幫忙，我的小孩子很乖，再帶一個不費勁。」

中年女人說了幾聲謝謝，擺擺手。

「這群孩子你可不會帶。」

原來她是孩子們的帶隊老師，姓吳。

原來還有五六個孩子，有的愛哭，有的愛打人，有的不理人，總之是不好帶，不敢分配給年輕的志工們，只好全由吳老師自己拉著。

小孩就是那個不理人的。

吳老師說：「他最不好管，你跟他說話他不搭理你，也不看你，上課一不留神就溜到桌子底下，跟不上大家的節奏。

「今年有一天在辦公室裡罰站，老師們出去一會兒回來，他把包暖氣葉片的外殼撕了個七零八落，真不知道腦子裡在想什麼，同學們都叫他破壞大王。

「有老師懷疑他智力或心理有問題，我們正在觀察，看看下一步建議家長採取什麼措施。」

我有點心酸。

相似的兩張臉，吳亦凡在舞台上振臂一呼，一呼萬應，小破壞的小童心卻沒有人懷著無限耐心努力走近。

我從小是班裡的搗蛋鬼。

不寫作業，上課看小說寫小說，沉迷網遊，趁老師轉身板書一溜煙兒跑出教室打籃球，再大一點，晚自習在教室裡煮火鍋……

好多老師遇上我都氣急敗壞，三天兩頭打電話給我媽，叫我媽把我領回去，去看心理醫生。

我媽就領著我在江邊散步，帶我吃好吃的，讓我跟她分享一下我鬧事時的心理活動，陪我笑得前仰後合。

告訴我寫小說沒錯，人就是要有屬於自己的領地。

告訴我「你看尊重他人自己多快樂」。

告訴我她知道我想做大唐官府的首席弟子，如果我表現有進步，她就幫我做師門，助我一臂之力。

……

我媽教會我，肯定、傾聽、理解與陪伴能治癒搗蛋鬼。

後來我上大學，在心理學系裡證實了，她是個野生的科學好媽媽。

我蹲下身打招呼：「你好呀，小破壞！」

他看我一眼，皺著眉頭，走了。

3

不一會兒我又看到了小破壞。

他一個人站在大白塔旁邊，踢石子。

太陽曝曬著他，他皮膚那麼白，也不知道躲在樹蔭裡保護一下，就那麼曬著。

我蹲在小破壞旁邊，一起曝曬。

我說：「聽說你上課愛鑽在桌子底下。」
他不理我。
我繼續說。
「我像你這麼大那會兒，也最愛上課搗亂了。
「我看不懂為什麼其他小朋友都自動聽從一個不認識的人的話，就因為他自稱老師。
「我不懂為什麼他教的東西我就必須學會，他安排的作業我就必須寫。
「我搞不懂的事情，就不願意做。」
他還是不理我。
我自說自話：「你知道賈伯斯嗎？他說我們這種不懼倫理綱常的小孩最聰明。」
他看我一眼，皺著眉頭，又走了。
我拍照，一轉身撞到了小破壞。
他居然在我身後。
一晃眼下午了，太陽不再刺眼，小破壞分外白皙的皮膚在金色餘暉裡泛光。
他仰著臉。
「你手裡拿的什麼呀？」
我蹲下來說：「照相機呀！」
他又問：「照相機為什麼這麼大？」
我回答：「因為這是單眼，裡面要裝稜鏡，它能讓你從小孔裡看到的畫面，就是照片出來的樣子。小相機做不到。」

他看著小孔，又問一串為什麼。

我給自己挖了個坑，連忙一邊維基百科知乎加百度，一邊微信聯繫攝影系的同學，四處尋找答案。

努力去守一個怪孩子的友好和好奇心。

小破壞拿著我的相機，拍照，換鏡頭，一個一個認上面的按鈕。

我們玩了一會兒，他還是不笑，但問題越來越多。

他問：「你在按什麼？」

我答：「我在調 ISO。」

他又問：「ISO 是什麼？」

我還沒說話，不遠處有人招手，活動結束了。

大家集合，拉起普華永道的大旗，合影留念。

4

小破壞說：「另維老師，你還會教我照相機嗎？」

我說：「當然啦，下次見面的時候我還教你！」

他問：「下次什麼時候見面？」

我答：「就是我們下次見到的時候呀，你還會認出另維老師嗎？」

我學著他的童音，造型誇張地朝他笑。

公司裡的企業社會活動種類繁多，下週是跳蚤市場，再下週是大學生職業生涯指導，關注農民工子女的活動，不知道什麼時候才能輪轉回來。

就算很快，我也應該已經實習結束，回西雅圖了。

所以，這是一段美麗的一期一會吧。

要跟一個八歲的孩子解釋清楚太難了，所以我給他一個模糊的時間概念，繞開話題。

我們笑著擊掌道別。

5

日暮的時候，我要走出北海公園叫車。

找不到大門在哪兒，誤打誤撞，撞上了正排隊上大巴士的孩子們。

有個小女生，還依依不捨著不上車，到處收別人站在路邊派發的傳單。

好多人拿了傳單要丟進垃圾箱，她就站在垃圾箱邊攔截。

她攔截了一大疊，小心翼翼放進書包裡。

我記得早些時候，大人們要帶她坐船，她不肯坐，只肯站在人多的地方撿傳單。

我當時試圖管她。

我問：「小頑皮，你拿這些做什麼呀？」

她很驕傲：「我拿回家給我媽媽賣錢！」

此刻，她最先看到我，招著手向我炫耀她的戰利品——沉甸甸一書包的傳單，開心極了。

小破壞從車裡跳出來，跑到我面前，抓我的衣角。

「你是來找我的嗎？」

他大聲問我，我沒想好怎麼答。

還好他也沒在意。

他繼續發問：「可是我要跟吳老師回家了，明天可以嗎？」

我說：「明天我要加班呢。」

審閱報告下週一就要交給客戶了，我們組週日要加班檢查格式。

而那句「下次見面的時候」，翻譯過來，是再見，是再說吧，是我也不知道，是……不會。

我沒想到孩子還聽不明白。

有點內疚，有點苦惱。

小破壞又問：「那下週六呢？我是男的，你是女的，我去找你吧！你的家在哪兒呢？」

我想了想：「我加你個微信吧，我們慢慢溝通個好時間。」

小破壞說他沒有手機。

而我方才一邊說一邊打開微信，被這個好奇的小破壞踮腳看到了螢幕。
他看到我資料裡的所在地，寫著西雅圖。
他變了臉。
「西雅圖？你的家在美國啊？」
我誇他：「你這麼小就知道西雅圖在美國啦！」
他沒有理我，收回腦袋，轉身走了。

6

我想起小破壞失望的冰冷的眼睛，夜不能寐。
我爬起來，翻公司內部網路，下載《普華永道企業社會責任報告書》，研究這個活動的合作方是誰。
活力社區。
我打開微博，搜尋，活力社區。
找到一個官方微博。
我發私訊。
「您好，上週我作為普華永道員工參加了活力社區的北海公園活動，獲益匪淺。

「我大學是會計和心理學雙學位，在學校接觸過過動症兒童，在美國有七年的志工服務經驗，有基本的兒童和青少年交流經驗，以及良好的志工服務常識。

「此外，我還是一個作家、自媒體人，如果有用得上這方面的地方，我很期待能互相交流和學習。

我聯繫上了吳老師。

「是這樣的，我想找一個孩子，你們叫他小破壞……」

我們約好在昌平定福黃莊村裡的活力社區見，下週六一早。

為了從那道逡巡不散的失落背影裡解脫。

我要背著我所有的相機、鏡頭和無人機，找小破壞去。

7

據說十一年前有個美國人，路過望京邊上的一個流動人口村。

看見適學的孩子們不上學滿村跑，覺得這是巨大的社會隱患。

於是他發起了市民募捐，籌款租下幾間房子，自己漆牆收家具，建了個慈善社區。

他招募大學生和上班族志願教課，村裡的孩子們自願來聽。

後來美國人回家結婚了，社區流傳了下來，在北京、上海的城郊村裡發展出十幾個網站。

北京城郊有很多待拆的流動人口村，定福黃莊村是其中一座。
過一座臭水溝橋就是村子，裡面的路太窄太陡。
兩邊全是推車攤，計程車司機不想開了。
我下了車。
我到的時候接近晌午。
大太陽烤曬著鵝黃色的土路，三輪車一過就一臉塵土。
村子裡居然沒什麼人。靜謐，荒蕪，衛生狀況堪憂的小餐館門可羅雀，門裡門外閒晃的全是孩子。
店面們正張羅著午飯。
燒餅，麻辣燙，拉麵，居然都只賣一兩塊錢人民幣。
我忍不住拍下麻辣香鍋店，發給杜蘚。
杜蘚跟我吹噓，北大食堂的麻辣香鍋最實惠，沒有之一，幾十塊錢人民幣一幫人吃到撐，比起我們上班的國貿中心，簡直是世外桃源。
而我發給杜蘚的照片，上面寫著：自助麻辣香鍋，十塊人民幣。
杜蘚回了個爆炸的表情：看著就不敢吃。
房子全是殘磚破瓦的平房，帶斑駁水泥的紅磚裸露在外，上頭貼著徵人啟事：保全，保潔，手工，協警。
小路彎彎繞繞，房子大同小異，我隨便走進一條，就迷路了。

平房外零星站著無所事事的中年人，一個穿破袖T恤的人問我：

「沒見過你，你是志工老師嗎？」

他居然能一眼猜出我是志工老師。

我點頭。

男人馬上咧嘴笑起來，「那你在找活力社區了？」

他主動帶我去，七拐八繞，忽然在面前的巷口看到了「活力社區」四個字。

寫在A4紙上，貼在磚瓦牆上，畫著箭頭，指著一條小巷子，小巷的盡頭，我看見了活力社區的招牌。

那小巷子四面都是人家，家家戶戶門外都扔著雞蛋灌餅攤車。

男人輕車熟路走進巷子。

一個兩三歲的小女孩跌跌撞撞衝了出來，大聲喊：「爸爸！你看我畫的畫！」

男人抱起她，笑咪咪逗了一會兒。

他轉身跟我道歉：「不好意思啊老師，俺們這兒大人一個個賊忙，天沒亮個個都趕著出去，天不黑不回來，沒個時間管娃娃。

「娃娃們三點放學，放學沒事淨瞎跑，煩人得很，謝謝你們受過教育的老師來幫忙看娃娃！」

我想起剛剛心裡的小心思，默默吐了吐舌頭。

8

活力社區在一棟樓裡，占了一層樓的幾間房。

據說是用善款租來的，租金少得跟沒有差不多，還能給牆塗色和畫卡通，是房東說要積德。

房間雖然陳舊，但被精心打理得五彩繽紛不刺眼，房間依次是幾間教室、圖書室、遊戲室和辦公室。

書架，玩具架，牆上的黑斑一目了然。

孩子們待在裡頭玩，個個都被教得很講禮貌，想玩玩具，想用黑板，全都取了東西先跑去辦公室問許可。

從三歲到十三歲，無一例外。大概是很珍惜這塊小天堂。

我見到吳老師，連忙問：「小破壞呢？」

吳老師把我領到一戶平房前，繞過雞蛋灌餅手推車。

裡頭的大人說：「小破壞一家兩三天前回安徽老家了。」

我問：「什麼時候回來？」

吳老師說：「每一個離去的孩子，我們都不知道什麼時候回來，還會不會回來。所以才叫他們流動人口下的流動兒童。」

這裡的孩子，就算出生在北京，戶口也全在老家。

他們留在老家沒有爸爸媽媽，帶來北京沒有學籍。

很長一段時間，他們全都不上學，是一個路過的院士看見一村子的適學兒童無所事事，就地辦了個給無學籍人士的愛心小學。

院士路子廣，這小學上過電視節目，還是北航的幫援基地。

吳老師說，這裡的孩子比起很多地方，已經足夠幸運了。

只是他們在這裡，至多待到小學畢業。

北京的教育無法應付老家的大學入學考，所以村子裡乾脆沒有國中。

我問：「怎麼解決？」

吳老師說：「社會問題，哪兒那麼容易解決，我們都只能盡綿薄之力。」

我的一包鏡頭找不到喜歡它們的小破壞，全都頹喪著臉。

吳老師說：「沒關係，我們這裡還有很多需要照顧的孩子。」

9

村民很愛戴志工老師。

我帶完孩子出來，天色已暗，看見一戶平房門前正大排長龍。

一個剛從老家來這兒的馬姓婦女要開雞蛋灌餅攤了，從前沒做過，正在學習，街坊鄰居們七手八腳地傳藝，教了她好幾天。

現在灌餅做出來，街坊鄰居免費試吃，吃完了提意見，以便改進。
一個村民見我出來，立刻把我叫過去，讓我排在他前面。
別人看見了，都轉身讓我排在他們前面，一會兒就把我推到了第一個。
我拿到馬婦女的人生第一塊雞蛋灌餅，咬了一口，差點吐出來。
死麵，無味。
我老老實實說：「不好吃。」
一條長隊伍頓時又熱鬧起來：
「小馬從來沒做過灌餅，第一個肯定不好吃，你給老師先吃，沒安好心！」
「你狗東西，狗嘴裡吐不出象牙！」
……
他們你一句我一句，哈哈大笑。
他們笑起來，一點形象也沒有，人聲鼎沸，彎腰叉背。
我常常在繁華的街頭瞧見他們，從清晨到午夜，守在小推車旁邊販賣小東西。
你粗看一眼，他們臉上全是淒苦和風霜，忙碌，手腳麻利，語速飛快。
原來他們在自己的領地裡，這麼快樂。
他們一群一群從老家來，住在一起，學新事物，互相幫扶。
勤勤懇懇存積蓄，鼓勵孩子多跟只有在北京才能遇上的志工老師好好學習。
晚霞在這裡，和景山頂上一樣紅。

北京，也是他們充滿希望的北京。

孩子們就更有趣了。

志工老師是北師大一個女學生，姓丁，每週來教一次PPT。

孩子們頑皮，丁老師管不住，竟當場哭了，哭著走了。

孩子們就湊在一起，像大人一樣天天開會，商討如何向老師賠禮道歉。

他們又是求助學校老師，又是上網搜尋，齊心協力做了個PPT出來。

回顧丁老師的好，在末頁集體簽名保證，再也不惹丁老師生氣了，請丁老師原諒他們，不要哭鼻子了。

孩子們去找丁老師，一起把PPT播放給她看。

丁老師看到「老師你不要哭鼻子了」，感動，哭得稀哩嘩啦。

孩子們跟著哭，一屋子人抱在一起哭。

10

公司樓下有一道風景。

清晨，我去得再早，一排早餐三輪車也已經整整齊齊停在了人行道上。

而且，每家都是已經在那兒很久了的樣子。

灌餅、煎餅、掉渣餅、小籠包、油條、胡辣湯、豆漿、銀耳湯、稀飯全都準備好了，散發著香氣，冒著熱騰騰的煙。

商販多是夫妻檔，最多帶個年紀稍大的兒子，以三輪車為單位，圍著早餐快手快腳地張羅，一邊製作一邊售賣。

每天此時的地鐵金台夕照站D出口，一群一群衣著莊重的白領，黑壓壓從地鐵裡湧出來，湧去三輪車隊，熙熙攘攘地迅速拿早餐，掃條碼，轉身走進玻璃牆擦得反光發亮的摩天大廈。

這一段人潮接近尾聲的時候，商販們開始收攤。

不賣了也要收攤。

他們從九點二十分開始收攤，撿垃圾，掃地，到集體消失在公司樓下的人行道，一共花不到十分鐘。

九點半。

很準時地，城管人員出現，身穿制服，在這條街道大搖大擺地優哉走一趟。

因為沒什麼可逮的，逛上一圈，很快就收工了。

清潔隊的大爺和阿姨，因為沒什麼可打掃的，拿著掃帚和簸箕裝模作樣。

公司不打卡，上班時間默認為九點半。

我因此總惦記著一定要在九點二十分之前到，為了早餐。

一切就這樣，奇妙地平衡著。

形成，延續，匯聚成生活洪流裡不起眼的一角。

九點半之後，大褲衩外這一小段東三環北路，還是北京繁華、無塵、車水馬龍的地標路。

11

去過活力社區之後，我再看見北京街頭的三輪車小吃，都倍感親切。

時不時提前一個小時到公司樓下，站在三輪車邊，一邊吃早餐，一邊和商販聊天。

我最喜歡劉大娘家的白菜小籠包。

我誇大娘的小籠包真新鮮。

大娘驕傲地說：「那當然，我們的小籠包都是夜裡準備好材料，四點半來國貿中心點火，現蒸現賣的！」

凌晨四點半在這條街上開工，那是怎樣一番景象呢？

我好奇，第二天摸黑起早，一探究竟。

天是全黑的，世界已經被霓虹燈、路燈和交通號誌燈照亮。

天空居然零星有星星。

路上沒有車也沒有行人，北京還睡著。

三輪車攤是這座城市第一個醒來的部分。

他們排成整齊的一排，一邊麻利幹活，一邊大聲聊天。

五點二十分左右，天會突然亮起來。

街道冷冷清清的，還是沒有人。

漸漸出現的是清潔隊工人，大都上了年紀，著一身橙衣，拿著掃帚緩慢行走。

早餐一鍋一鍋地出爐，劉大娘們用小塑膠袋把它們裝成份。

我說：「劉大娘我幫您！」

她擺著手叫我專心吃我的，別打岔，燙著我了她可賠不起。

她嗓門大，特別愛笑，說話清清脆脆的，一邊說一邊露出熱情的笑容，手也不停著，麻溜地舀起豆漿，夾起油條，拿起小籠包蒸籠，一眨眼東西就全在塑膠袋子裡了。

偶爾零星有行人了，晨練的老人居多。

他們給了零錢，拎走早餐。

上班族還在路上。

因此劉大娘還不忙。

她的話匣子一打開，就關不上。

她說：「包子好吃吧，俺們來北京十年了，就靠俺和老公這炸油條包包子的手藝，都是回頭客！」

她說：「俺原來在十里堡賣，那兒拆遷了，老鄉介紹俺來這兒，俺們這一排都是老鄉，一個村兒裡的，斷斷續續都來北京打拚，也住在一起。」

她說：「待會兒到了九點半，你們娃娃們都上班走咯，俺們也就收工一起回家咯。俺們路上就把菜買咯，再回家洗菜切菜，忙到個下午一點睡個覺，睡飽咯夜裡十二點多起來朝這兒趕。」

她說：「乖乖，你沒見過我們車隊喲，一路上壯觀咧！」

她說：「俺倆女兒，大娃十一歲，小娃八歲，大娃剛送回老家，乖乖可了不起咧，昨天還擱電話裡說『媽媽我要考到北京來跟你團聚！』……咱老家村裡土生土長的娃娃，哪兒知道什麼北京喲，都不肯上學！」

八點了，越來越多的人路過劉大娘的三輪車，停下。

一個清潔隊大爺在攤前徘徊了好一會兒。

逮到一個空檔，他上前問：「白菜肉包子好些錢（多少錢）一籠？」

劉大娘答：「六塊人民幣。」

大爺說：「哪兒要介麼（這麼）貴！」

在國貿中心嫌六塊錢人民幣一籠肉包子貴，我驚了一下。

又想起定福黃莊村裡遍地一塊錢人民幣的燒餅，明白了原因。

我見這周遭遍地一塵不染，而老大爺頭上的汗還沒乾盡，想買給他。

還沒想好怎麼說，劉大娘已經俐落裝好了一籠。

「拿去吃，不收你錢！」

大爺說：「這不能好意思！」

劉大娘說：「不好意思撒（啥）呀，又不是天天白送你包子吃，嘗一回我們當家的手藝咋地（咋樣）咯！」

北京的清晨越來越敞亮，熱鬧了。

我心裡暖了一下。

我叫了兩籠包子，站在劉大娘攤上就著蒸籠吃，一籠還沒吃完，八點半，白領的上班尖峰時間到了。

各種西裝套裝們從地鐵裡魚貫而出，劉大娘夫婦的三輪車立刻被團團圍住。

這座高速運轉的城市的一日拼圖，又完成了一部分。

我說：「劉大娘再見！」

朝辦公大樓走去。

「小姑娘，你還有一籠包子沒動呢，等等俺給你裝上！」

「吃不完啦，您自個兒留著吧！」

我揮揮手，心情格外好。

12

我在〈少年，請熱愛你最後的莽撞〉裡面說：不是我們考上好大學，找到好工作，這座城市就是我們的。

最好的年輕裡，我們要用微薄的薪水負擔無限。

我們在國貿中心上班，可是國貿中心的一切都很遙遠。

這並不是結局。

就算我們不會把孩子送進人民幣一萬六一個月的幼稚園，不會住進人民幣十五萬一平方公尺的社區，但我們會因為奉獻，被需要，被尊重，被愛護。

這座城市，也還有六塊錢人民幣買得起的快樂。

兩千萬人的城市，我們全都擁有不同的位置。

哪怕這位置最終要歸於平凡，也還有平凡世界裡的英雄詩。

後記

我想為新書補一張凌晨四點的三輪車早點照片，實習結束後又跑一趟，只見東三環北路空空如也。

凌晨車隊連同我的白菜包子就這樣不知道去哪兒了。

悄無聲息。

我想起我和劉大娘的對話。

我說：「大娘，這樓上的工作沒什麼好羨慕的，不如您呢！您看，我在這兒站了三十分鐘，大概二十個人買早餐，平均每人消費十三塊錢人民幣左右，假設尖峰期乘以三，一週三十天，刨去你週末休息，一個月怎麼著也有人民幣七八萬的營業額了。您知道這樓上的上班族月薪多少嗎，頭一年稅後五千多人民幣，不如辭職跟您做呢！」

劉大娘說：「小姑娘，差遠了，你們受尊重。哪兒有人尊重俺們呢？這兒趕完了那兒趕，說不準明天就不准俺們擺了。人哪，最幸福的還是受尊重。」

尾聲

我要畢業了。

寢室樓又入住一批新生，十八歲們來來去去，陽光恣意灑在他們臉上，比陽光更恣意的是他們飛揚的面龐。

宿舍一樓有一架三角鋼琴。

每年初秋的時候，它最熱鬧，新來的小孩，誰路過都要躍躍欲試一下。有些特別會彈的，會很快出挑出來，成為這棟樓裡的小紅人。

這一次是個叫 June Hyun 的小男孩。高個子，單眼皮，皮膚白白的，韓國人。

大概是離家讀書前有練琴的習慣，他每天都在鋼琴前坐好些時候。

十八歲的女孩停下來，看了好一會兒，鼓起勇氣上前說話。

「同學，你這首曲子我也練過，可是你的版本好聽好多。」

「我改了一些。」

「太有才華了！你……方便發一份譜子給我嗎？」女生遞上手機。

男生接過手機，頭埋得很低，臉有點紅。

「我叫 Luna，住三樓，很高興認識你。」女生笑盈盈地，伸出手。

「June。」

石窗櫺外灑進來的日光，從來都沒有變過。

又是一輪大好時光。

大一的學業還是那麼緊繃。

教授講得快，聰明人都在拚命學，鋼琴前悠然自得的少男少女，很快被作業壓得喘不過氣。

他們坐在寢室桌前熬夜，在圖書館熬夜，在實驗室熬夜，作業鋪了一桌子，天都亮了，學不會的還是學不會。

女生的夢想很大，想旅行，想寫歌，想彈琴，想讀很難考的商科和心理學……想法這麼多，卻連作業都寫不完，能力搆不著野心，一夜接一夜著急得哭。

她哭，這麼痛苦的日子什麼時候才是盡頭啊！

……

相同的情節永遠在重複。

後記1 十八歲：祝賀你高中畢業，不聽話的大人

這是我剛滿十八歲的時候，寫的高中生活總結和大學生活目標。
那時候我熱衷於規劃未來，給自己規定了六個「希望」。
那時候我還沒見過美國是什麼模樣。

現在是二〇一〇年七月十九日下午兩點，我結束上午的直播工作，回家煲湯燒菜自我解決午飯後，愜意地躺上床，打開枕邊夾了書籤的《馬丁·伊登》，喝一口茉莉蜜茶，窗外的天一片澄藍。

距登機還有三十天。

日子充實而自由，長假很長。

一、我希望你不負過往的努力

過去一年都在漂泊輾轉。

北京，武漢，上海，香港，襄樊，一座城市連一座城市。

我租住社區裡廉價的地下室，寄住大學女生宿舍，躺在火車上度過一夜一夜又一夜，偶爾回家。

我要備考，趕考。

家鄉的新東方（教育機構）沒有國外考試部，於是我背井離去，多少年來波瀾不驚的校園生活，小城故事，在頃刻間天翻地覆。

我和陌生的人一起上陌生的課，簡陋潮濕狹窄的房間裡，我窩在床上夜以繼日地背單字，我的生活只剩一大疊厚得令人髮指的ＯＧ[1]和題集，原本還算優勢的英語課打擊得我體無完膚，我每天都在不停聽完全不知所云的聽力，對著答錄機大聲自言自語，拚命訓練三十分鐘五百字以上的打字速度。

我打中文很快，但一換成英文，手指就不聽使喚。

我對著明明會做，卻時常因為看不太懂而出錯的數學題欲哭無淚，對著最擅長的作文，因為沒辦法用另一種語言寫出漂亮句子抓爛了頭髮。熬不過去的時候，我就把留學路上已經攻克的關卡一個一個寫在紙上，數一遍，告訴自己已經走很遠了，馬上就考試了，勝利就在不遠方。

十七歲這一年，因為發生了太多事，日子漫長得好像怎麼也過不完。

但還是過完了。

從漫長的黑暗裡探出頭來，突然終於喜歡上了一直都自卑又普通的自己。

二、我希望你繼續寫下去

查分數，寫陳述報學校，簽收 I-20，一個人再跑北京面試簽證。VISA 到手的時候，已經停筆將近一年。感覺一生都沒有停過這麼久。

終於登錄個人網路空間，重新盤算起已經落了灰的寫作計劃。

我一直相信，七歲的中國少年作協，八歲的魯迅文學院，一連串三四年的「中國少年作家杯」，高中的「新概念作文大賽」……所有的獎項、發表與肯定，「小」字當頭是唯一的原因。年齡的噱頭寫在姓名前面，文章的品質便不再是人們關懷、關心的了。

好在，我清楚自己真實的水準。

二〇〇四年我給自己取了「另維」這一名字，從路邊論斤賣的舊書攤拾起一本叫《心情花園》的小雜誌，順手翻到末頁的約稿信，腦子裡莫名其妙蹦出一句「這我也能寫啊」開始，好像無所事事的生活一下子就充實了。

放學不回家，滯留在租書店裡收集雜誌內頁的約稿信，買本子，寫小說，放學回家用電腦打出來，發郵件，一邊等消息一邊寫新小說，沒完沒了。一天接一天躲在自己的小世界裡馬不停蹄。

我唱歌不好，不愛逛街，卡五星學不會，喝酒也不行。KTV、出去玩、聚餐……他們培養感情的一切項目都使我出醜，連跟女生手挽手都會莫名尷尬。我像一個小病孩，融不進我出生長大的家鄉。我羨慕護著我的、誰都喜歡的人精兒同桌夥伴古小吉，可是我成不了她。

我只能把自己關在寫作的小世界裡，守著孤獨的小領地默默長。

我在投稿論壇裡認真學習他們強調的格式。

打開我的電子信箱，標題上的「【投稿】」字元垂直排列，無比整齊。我把它們一一投出去，然後看它們一封接一封石沉大海。

不是不難受，不失望，不質疑自己。

好在，熬到十二歲下半年，我發現自己已經對石沉大海麻木了。

怎麼中稿我不知道，但我知道，不管怎樣，我不要我寫的故事一邊只在班上傳閱一邊還得提防班導師沒收，自娛自樂還要忍受被班導師突然出現在窗邊連著本子一起收走撕掉的恐懼。

如果它們能變成鉛字，出現在報刊攤、書店，出現在襄樊以外的更大世界，被更多人看到，班導師就再也沒有辦法憑一己之力毀掉我的心血了。

我太知道我想要什麼了。

於是我繼續打字，發郵件，寫小說。寫小說，打出來，發郵件，沒完沒了。

漸漸地，我開始收到退稿信。

我收到的第一封退稿來自當時還在《星光少女》的小獅。

他回覆，「文字靈氣還是有的，但情節的編纂和敘述能力有待提高」，他給了我一個笑臉，一句加油。

我至今都清楚地記得，那一刻我坐在書房那台笨重的金長城電腦前，多麼感動和感激。

那是我的起點。

低、差，但至少自此有了條模糊的路。

十二歲快結束的時候，我終於得到了第一份以另維為名的稿費。

爸爸把匯款單拿進房間，說「你看這是什麼」的時候，我跳得地板都要塌了。

五十五塊錢人民幣，我甚至不捨得將那張標有「稿費」字樣的匯款單兌成現金。

我因此結識一個編輯，小心翼翼加上網路好友，厚臉皮一點，給他的稿子便都能親自問出結果。

我開始漸漸摸出門道，編輯和寫手之間的。

十五歲，我因為社群網站裡的編輯和寫手好友比現實生活中的朋友更多了，只好將寫作用的帳號和生活用的帳號分開，一個網名另維，一個保持著正常網名。

發郵件等消息的生活狀態，也漸漸轉為月頭被約稿，月尾被催稿，用稿通知幾天就來了，我每個月都能因此得到些小額收入。

志同道合的朋友塞滿了社群平台，我用這些資源申請做了雜誌的兼職編輯，每天都守著雜誌的公共信箱，接收、審核著最初那種寫著「【投稿】」字樣的郵件，一封一封全是小朋友們充滿期待的雀躍的心。

收稿，看稿，呈交稿，拿薪水，繼續收稿。

寫稿，交稿，收稿費，被要稿，繼續寫稿。

兩條線交叉纏繞，生生插進我的高中校園生活裡，奇妙的生活狀態，一邊給予一邊吞噬著我的生活。

一年又一年過去了。

如今，我的退稿率遠小於過稿率，我甚至不再為單筆兩三千塊錢人民幣的稿費悸動，我的寫稿生活每個月都在井然有序地迴圈，並且很奇妙地，開始被極小一撥人記得。

還好，我依舊清楚，我僅僅是獲得了一種附加生活，芸芸眾生，我並沒有寫出什麼不得了的名堂。

我今年十八歲了，也不知道自己還能在這條路上走多久。

我所知道的是，我過去一直很努力，我現在依舊在努力，我將來會更加努力。

陌生的國度，我希望好好吸收，收集全新的素材，在大學四年裡出一本對得起自己的好書。

三、我希望你繼續好好愛籃球

如果你注意過我，便能輕易發現，我的愛好欄裡有且只有一樣東西——籃球。

雖然琴舞皆沾，寫許多文章，我心裡並沒有能與籃球並駕齊驅的愛好。

國中那幾年，幾乎全給了籃球。

十一歲想去體校的籃球興趣班，媽媽說女孩子好好學跳舞，打什麼籃球。

還好我有錢。

兩百四十塊錢人民幣，我拿了小學三年級全市作文獎的金獎獎金，偷偷交了學費。還在交完之後，跑去體育用品店買了全套設備——斯伯丁籃球、球鞋、球衣。那是我有生以來第一次花自己賺的錢，底氣十足的感覺爽爆了。

錢都交了，媽媽也沒辦法，只能放我去。

從此，每個週六日上午九點，我都會去籃球館打球，從櫻木花道一般地站在場邊牆上運球、單手運球、單手變向，到加入大部隊，跑著全場「8」後轉身、上籃、投籃、摸高，一氣呵成。

我們或站成一排或排隊奔跑，上午的陽光透過鋁合金窗打在地板上，下訓後鬧作一團，互相踩腿放鬆肌肉，又嬉笑著用造型怪異的扁拖把一邊蘸汽油一邊拖球館。

那是我無論如何也不能忘卻的美好。

迷戀籃球場，迷戀NBA，迷戀一個又一個令人嘆為觀止的球星，從艾佛森到歐尼爾到如日中天的科比，那麼多個日子我蹺課看球，中午不回家看球，我那麼喜歡如此喜歡籃球的自己。

可惜身高毀所有。不得不在國中畢業就告別體校，尋找其他的人生路。

好在，因為真的付出過，懂過籃球；在一系列出國考試之後，終於提升和證明了英語成績；又有不少在文字創作上的經驗，三樣加起來，我通過了騰訊NBA文字主播的應徵。

我喜歡這種一環套一環的良性影響，像車輪一樣軲轆轆轉動起來，把自己的生活小天空一點一點滾大、滾開。

更喜歡的是，終於又有了一次機會，表達與分享對籃球的熱愛。

我剛剛完成的第一場試播，像我的第一篇小說一樣爛。

播的時候急得要哭了。

播完之後放鬆下來，終於有空隙可以趴在桌上好好哭出來。

但都沒有用。

哭沒有用，感到羞恥沒有用，妄自菲薄沒有用，唯一有用的，是重整旗鼓，查漏補缺，真正地提升實力。

這一套，早就從「寫文投稿石沉大海」到做「長線寫手和雜誌編輯」裡學會了。

人啊，受過挫折的地方都會變堅強。

如果這一生有機會通過試播，為即將開始的留學生活再添一塊嶄新的拼圖。如果有幸做一名NBA直播員，我一定會好好用功。

因為愛籃球。

因為年輕不會長久，花出去的時間，一秒也不想白費。因為不能辜負給我機會的人。

因為我一接近籃球，就好快樂。

四、我希望你把生活過得豐富有趣

我一直相信，感情是種一旦經歷多了就會麻痺的東西，我必須珍惜感情裡的青澀、純淨和美好。

這是我寫少女小說的生命線。

我希望坐結行亦結，結盡百年月；我希望女子不來，水至不去，尾生抱柱而死；我希望一生一世，只此一雙人。

除愛情之外，我渴求一切經歷。

詭異的，驚喜的，快樂的，痛苦的，無論什麼，通通來過。人生是因為經歷一筆一筆豐盈和精彩的。

我做過很多了。

我去蛋糕店打工，學會調製奶茶和各種顏色迷幻的飲品；我在車展和頒獎晚會上做接待人員；我主持一些小節目小活動；我在街舞團跳爵士，也三不五時去幫幼時的古典舞老師看看小學員，我接觸拉丁嘗試摩登舞；我想盡一切辦法旅行。

閒散在家的時候，我跟著鐘點工買菜做飯，學習她們的拿手好戲；在這屋裡彈彈鋼琴，那屋裡勾抹古箏，對著幼時留下的壁鏡把杆跳舞；興致來了便製作一些蛋糕店裡學來的小點心；用最大段的時間看書，想怪問題。

總之，世界太好玩，無論在哪裡，都停不下來。

生而為人，我真幸運。

日本的松子如果能來找我就好了。

我馬上要去更大的世界了。

希望在那裡，看更多書，去更多地方，遇見更多形色不一的人，玩出屬於自己的豐盈富饒的僅此一次的年輕，累積出寫都寫不完的素材庫。每一天都不虛度。

生命長度有限，但寬度無限。

我希望自己活得很寬很寬。

五、我希望你用功學習，考進商學院

但，以上都是調味劑，都不應該是我接下來的人生主題。

我常問自己，我究竟想成為怎樣的人？我到底想過怎樣的人生？

好的大學，最後四年或者六年校園生活，精修所有功課，盡最大可能挖掘圖書館的價值。

踏入社會，哪怕無法迅速在嶄新的起跑線上衝出頭，至少要用大學和大學成績單證明：我有能力有毅力，付出比別人多得多的、有效的努力。

這些答案一直很明確。

我已經聽說了，我想進的華盛頓大學商學院，校內錄取率20%。

我未來遇見的十個人裡，八個會倒下，我絕對不做那八分之一。

大學啊。我已經攢足了氣力，每一分每一秒都要比80%的人更努力。

如果失敗了呢？

人生沒有失敗怎麼行，路有那麼長，一口氣就跑完了，太無聊啦。

小另維。你會遇到好多困難。你想要的都不容易。

你這麼年輕，你千萬別放棄。

列好目標，不要迷茫。一秒也不要。

把生活節奏，學習和工作的精力分配掌控好。

如果不能比別人優秀，你至少要每一天，都比昨天的自己更優秀。

六、第六個希望留白，我也不知道你即將遇見什麼，那就祝你享受未知吧

總結了一遍，這十八年我在襄樊，不算白活。

但它們不過地基。

二〇一〇年，北京首都國際機場，一張飛往西雅圖的單程機票。

我真正的人生就要開始了。

＊＊＊

隔了近十年，再看這篇高中生的大學規劃，有些震驚。

我整個人，居然沒怎麼變。

原來人未來會長成什麼樣子，過去的每一天都是暗示。

我很愛寫總結和列計劃。

小時候有個南廣（中國傳媒大學南廣學院）的導演系老師告訴我，她班上的學生，每一屆新生的第一堂班會，她都會發給每個人一張漂亮的紙，叫他們寫下自己大學四年的目標。

畢業的時候我要成為一個怎樣的人。

所以大三結束我要做到哪些事。

所以大二結束我要變成什麼樣子。

所以大一我打算怎樣過。

她每一年暑假前的最後一堂班會，都會把這張紙發給學生。

白紙黑字在手上，問問自己過去一年都做到了嗎？未來一年有什麼要修改的嗎？

紙上的內容，一生一共有三次機會修改和調整，用一次少一次。

畢業的告別班會，老師會把這張紙作為禮物送給每一個人。

有人欣慰，有人痛哭。

同樣四年，有人成了十八歲時渴望的自己，有人辜負了十八歲的自己。

不管結局如何，日子都是一去不復返的，誰也不能重新來過。

我想：這樣的大學班導師我也想要啊！

可是我沒有，怎麼辦呢？

自己來。

從此，我養成了每年一總結，每年一規劃的習慣。

在新年第一天，一個人安安靜靜坐下來，打開手帳，一條一條羅列這一年想做的事情，像個小儀式。比如，想去普華永道實習，想去首爾大學修韓語課程，想旅行五次，想讀二十本課外書，看五十部電影，想寫一本書。

然後，把這些事情塞進日曆裡。

怎麼塞呢？

拿普華永道的實習舉例子吧。稍微搜一下，就知道普華的全職實習一年開放兩次——寒假和暑假，寒假我在上課，計劃刪除。

時間線公開透明，暑假實習七月開始，六月出結果，五六月面試，三四月開放網路申請。

如果打算四月網路申請，我至少要從二月底開始寫題庫，每週一套。記在二月的日曆本上。

如果七月到九月在北京實習，最好五月開始打聽租房，才有可能避開旺季抓瞎，選擇多，價格好。五月日曆本再記一項。

一年二十本書，就是平均大約十八天一本，也就是說我只剩十七天的時間讀完一本書。如果一本書五百頁，今天就要讀完三十頁。

……

如此規劃一下，一年還沒開始，已經快要排滿了。

每個月，每一週，每一天怎麼過，都在本子上清晰表現。

我在〈心理學：如何快速學會自律〉裡寫過，社會心理學家鮑邁斯特有個自我調控理論，說人的意識思維容易忽略沒有具象化的東西，因此人的目標越具體，執行起來越容易。

我暑假要進四大，我今年要讀二十本書……這些模糊的概念在大腦裡，很容易被無限滯後。等人們在最後關頭想起它們，往往已經為時過晚。

如果把目標拆分成一件一件具體可行的小事，塞在每一天的待辦事項裡，大腦處理它的方式，自然而然就不一樣了。

試試吧。

規劃人生聽起來很玄妙，其實不難。

過好每一天便是了。

---

1 Official Guide，出國考試的官方指南。

後記2 十九歲：大學生活日記

這篇文章，是許多年以前，我在一本叫《小說繪》的雜誌的專欄。後來社交媒體興起，它又去了好多少年人的抽屜。

你好，我叫另維，十九歲，大學在學。

這裡是西雅圖的深夜兩點半。我和往常一樣，複習功課至天亮；與我工作的留學諮詢的客戶視訊聊天一個半小時，確定她的大學申請狀況；出門去教堂做禮拜；帶上午飯前往圖書館，與同學開小組討論會；結束後回寢小睡一會兒，天快黑了，端著一杯咖啡，返回圖書館繼續昨天沒寫完的作業。

窗外淫雨霏霏，哥德式的建築群落之間，渾身濕透的烏鴉落在屋簷，狼狽地擺動翅膀，海鷗長鳴著斜劃長空，破雨而行，一跳又一跳的小松鼠從我眼前出現了又消失，也不知道在找什麼，要去哪裡。

我抬頭，在玻璃窗裡看見了自己。長髮，淡妝，沒有皺紋，和一年前那個獨自拖著兩個二十三公斤的巨大旅行箱，第一次降落在太平洋對面的小女生，並沒什麼兩樣。

1

閉上眼睛，襄樊四中裡的一切都還歷歷在目。

小城裡唯大學入學考是尊，而我夢想留學。我對流程一知半解，又不想把自己的命運撒手扔給仲介，不負責任又浪費錢。

於是我註冊小馬過河論壇，追夢論壇，如饑似渴地瀏覽、儲存大學的介紹。許多功夫花費出去了，發現網路上的資訊眾說紛紜左右矛盾，只好自己上學校官網查證。

那年在湖北讀高中，唯一的學英語途徑是學校課本，那麼多看不懂的詞句，都只能一邊查字典一邊在論壇上詢問。

國外網站慢極了，每次都煩躁得想罷工。

我爸媽不同意我留學。

總說我高中成績這麼差，又有跳舞和寫作的特長，考個藝考，以後做個發表少女小說的舞蹈老師，嫁個好人家，不是很好嗎？

可那不是我想要的人生啊。

我高中還沒畢業就知道自己不想要那樣子的以後了，為什麼還要聽從他們的朝那兒走呢？

還好我早年愛寫作，從「新概念」到《萌芽》，再到出版不溫不火的小說，人民幣好幾萬稿費在存摺裡，從來沒花過。

如今一股腦拿出來，每一分錢都是我離家北上的底氣。

報名托福、SAT培訓班，租好新東方教育機構附近的廉價地下室，就這樣隻身北上進京。

以三線小城十七歲女孩的眼光來看，北京花錢如流水，眼看著存摺的數字一天天減少，滿心滴血。

但還好心裡裝著明確的目標。

眼裡有光，生命充滿希望。

那時候的每一天，都只能靠希望拯救。

托福班上名校大學生居多，SAT班則充滿了家境優渥、見識極廣的高中生。

課間幾番閒聊，大家都是從小有專人規劃好：國二下鄉做志工，國三參加美國夏令營，高一上托福課，高二加AP課，然後由專業的諮詢師代為選校，準備資料……

我才意識到自己跑了這麼遠，連人家的起點還沒跑到。

還在為自己的勇敢出走而沾沾自喜。

還記得心裡那段不曾中斷過的退堂鼓。

——堅持不下去了，真的。又不是不走這條路就沒有學上。

也記得在狹小陰暗的地下室小隔間裡的硬板床上，牙齒廝磨的聲音。

——可這才是我心裡想走的路啊。

以一天五百個單字，循環往復背不停為起點，昂貴又難買的幾千頁的習題終日研習；熬夜刷考試席位；字斟句酌地寫個人陳述。

在將近半年的漫長等待裡束手無策，鼓足勇氣撥打國際長途詢問，卻半天吞吐不出一句意義明瞭的話。

一條路，好不容易一鼓作氣走完半程，卻像被人一把扔進無垠的曠野，不見來路不見歸途。

還是大學入學考容易啊。

可惜高中沒好好學習。

現在說什麼都晚了。

2

還記得那年盛夏清晨五點的北京地下室，隔間裡炎熱異常，隔間外全是北漂們起床趕路、小孩哭鬧的聲音。

記得十七歲一個人在香港街頭，餓著肚子摸索、計算從飯店到考場的路。

記得錄取信遲遲不來的一月底，他們在歡度新年，我三天兩頭從申請全軍覆沒的惡夢中醒來，茫然地聽著窗外的煙火與鞭響。

記得抱著簽證資料，在大使館前瘋狂加速的心跳，和前功盡棄的恐懼。

記得拖著大箱子走進國際航班登機口後的悄悄回頭，以及視線盡頭因為沒有護照被保全人員攔在外面的媽媽，和她久久佇立的並不奪目的身影。

她是看到我拿著F1美國學生簽證回家，才同意我留學的。

爸爸甚至猜想過我是在哪兒弄到的假資料，想騙家裡人一大筆錢然後天南海北逍遙去。

他們都習慣我是個劣等生了。

他們居然不知道人類一旦真正有了強烈的目標，可以爆發，可以創造偉大的奇蹟。真可憐。

3

留學夢變成留學生活的現在，我過去經歷的許多絕望感覺，已經通通無跡可尋了。

我的記憶好像也跟著刪除乾淨了一樣。

到底有沒有我描述得那麼艱難，體會不到了。

後來的日子太繽紛，沖淡了小城的寧靜和過渡期的動盪，一切一切。

遇見許多剛剛從世界各地聚來一處的十八歲少年，一起說著蹩腳的英語，日日鬧笑話。

去餐館吃飯，吃不慣飯裡詭異的teriyaki醬、墨西哥辣椒醬而向店員索要醋（vinegar），卻因為太過緊張把「Do you have vinegar?」錯說成「Do you have virgin?」。你有處女嗎？

託同學帶一杯可樂（coke），卻把音發成cock，男性生殖器。把店員嚇得不輕。

去公園晨跑，聽到迎面而來的黑人大哥熱情洋溢的「Hey, bro, give me five!」，鬱悶地掏出五美元給他……

每一天都在灰心又興奮地驚嘆，原來世界這麼大。

原來混血兒是可以滿大街都是的，原來有這麼多少年，小時候只要閉著眼睛跟著父母，就可以在好幾個國家生活，從小因為語言障礙哭著長大，十八歲出現在大學校園的時候，已經三四國語言隨意轉換。學個五語六語也不在話下。

原來世界上有這麼多截然不同的思想和政治立場，各有各的道理，誰也沒錯，只是不同。

原來專業可以不用大學入學考分數一錘定，而是給人足夠的胡亂選課時間，從中瞭解自己的興趣，挖掘自己的天賦，再用過程中的好成績另行申請。

原來再出國這麼容易，出國交換項目多得數不完，隔兩個學期就大擺諮詢台爭搶著鼓勵你去遠方看看。還給獎學金，還更便宜。

原來有這麼多長得好看，滿身名牌，還高中就又創業又成績好又課外活動一堆的人。原來有這麼多早就把人生規劃得清清楚楚的人。原來有這麼多從一出生就開始世界各地隨便去的人。原來那些擁有很多的人，會那麼謙遜、平和。

原來人跳出小圈子，會感到自己再厲害都不算厲害，再有錢都不算有錢，再努力都不算努力。

會自卑，會絕望，會不知道去哪兒找自己的位置，會想不到怎樣堅持生活下去。

會在這之中漸漸蛻變，開闊，融入。

我就這樣，迅速學會做飯，買菜，繳水電費，拼裝家具，修馬桶，開車……真真正正地獨立生活。

漸漸被潛移默化出平日拚命學習、工作賺錢，然後夏天去阿拉斯加，冬天奔佛羅里達或夏威夷的度假概念。

……是太多、太多如果不遠走，三十歲也悟不出的成長，半生也到不了的地方，一生都結識不到的人。

這全部的相遇，都漸漸融化成了我的一部分，在我的眼睛裡、內心裡、言談舉止裡一朵一朵地開花。

4

日子很完美了嗎？

辛苦的還沒開始說呢。

大多數時候，我每天的睡眠在三到四個小時之間，一般是凌晨兩點以後到五點。其他時間基本都在馬不停蹄。

不知從何時起，只要和父母視訊，爸爸就會不厭其煩反覆叮囑，要多睡睡好啊，要按時吃飯啊，不要太累啊，睡覺比什麼都重要啊……

爸爸似乎從來都不懂我——

你十九歲，這麼一個充滿希望的好年紀。你早上醒來，決心要看一整天課內書，你發現自己還有點睏，你說，那就再睡個五分鐘吧。

你在半小時後迷迷糊糊起床，刷牙洗臉收拾東西半小時，然後出門吃早飯，拖拉去自習室時已將近上午十點。

你看看四周，上個廁所喝喝水，拿出手機看時間又順便看看簡訊、社群網站甚至微博，然後你驚訝地說，呀，怎麼剛翻開書本，一上午就過去了。

你去吃午飯，接著你睏了。

你想，睡半個小時下午精神好，效率才會更高呢。

下午四點，你醒了，你決定省下去自習室的時間，立刻馬上好好學習，你又上個廁所喝喝水，沒看兩頁書，室友來了，他叫你出去打球逛街，你說，我要念書啊。

「你們你說他說他說你說」一小時，他走後你再意猶未盡地看看手機，還沒看完你又餓了，原來是晚飯時間到了。

你吃罷晚飯，想起一天過去什麼也沒做，真的著急了，終於在自習室裡安安靜靜看了兩小時書。

踏夜回寢室的路上，你滿足地想，今天還是挺有效率的嘛。

回寢室後，你又接受一番「學霸啊，學術帝回來了啊」的讚嘆，帶著「我有在好好學習」的美好幻覺睡覺了。

哦，對了，有些人還會用打遊戲嘉獎自己的奮鬥，好吧，你打遊戲到凌晨，幸福地睡著了。

不知不覺，你這個自以為一天學了十小時的人，發現那些真正一天學十小時的人滿手機會。每天都在去念頂級名校、入職場拿高薪，還是創業追夢之間痛苦糾結。

你看得滿心難受，你對自己說，比不了啊，人家媽媽是老師，先天後天的學習機會都好，自然比我強。

你又發現下一個飛黃騰達的同學，他爸爸的弟弟的二表哥的三叔好像是個官還是商，你罵罵咧咧，官二代富二代，這個比較老爸是誰的時代。

再接下來，你終於發現一個什麼身家背景都挑不出來的人了。

你仰天長嘆，命啊命啊，這都是命啊，他就是被蘋果砸到的牛頓，而我一生註定平庸，唉。

你發現了很多不公不正，唯一沒發現的是那些年裡的每一天，你對自己說「再睡五分鐘」時，別人已經悄悄下了床，而那偏偏就是一切差異的起源。

你看不見每分每秒，日積月累的過程，你只看見它們造成的後果。

你看見大家紛紛幾棟房幾輛車了，你還在為生計奔波犯愁。

你越發埋怨起來，你怨天怨地怨爹怨社會，為什麼老天不給機會。是的，你總是能找到完美的藉口和理由，然後有一天你一覺醒來，你四十歲了。

爸爸，我不要那樣的四十歲，因此，我絕不過把我引向那樣一天的十九歲。

大學的開學典禮上，老師說了這樣一段話，我一直記得。

「在你開始你的大學生活前，我希望你們想清楚你準備來這裡做什麼，你們是成年人，是自由的，可以選擇拚命學習，像你們的校友ABCDE一樣去改變世界，也可以選擇每天坐在教室最後一排玩數獨遊戲，but I believe this was not the reason why you worked so hard to get into this university。」

但我相信，這不是你曾經那麼努力，要考這所大學的原因。

吃吃睡睡，刷刷微博，無數個日夜我拚命、拚命、拚命考上大學，不是為了這些。

所以，爸爸，不要試圖阻止我一天接一天近二十個小時的清醒。

我不累，不睏，我若想睡想吃想刷微博，大可退學回家去，在家裡做這些沒有憂慮，成本低廉。

我要的，是把所有的年輕都用來向前跑，看著自己一點一點堅強、獨立、寬闊。

我要的，原本就是這般與輕鬆絕緣，但越來越自由的人生。

我至今還在收這樣的私訊：「另維學姐，我讀了你的熬夜故事，深受鼓舞，我想請教你如何熬夜！」

我每次都不知要從哪裡解釋起。

我的日子，有兩幕我一直記得。

第一幕我十五歲，高一，清晨六點起床洗臉。

襄樊四中的早自習是六點四十五分，我把水撲在臉上，哼著《凌晨三點鐘》滿不在乎地隨意揉搓，然後我看到鏡子裡的自己，水珠落在臉頰上，晶瑩剔透，皮膚吹彈即破。

我開心地拍乾水，心想，我皮膚真好啊，連著一週忘塗寶寶護膚霜，一點不受影響，這就是傳說中的天生麗質了吧。

絲毫不覺得是年齡使然。

第二幕我二十二歲，在西雅圖，彼時我已經深諳高效熬夜的規律，知道只要把睏勁兒忍過去，整個後半夜都會精神奕奕。

我那些天同時找工作、寫新書和上課，連續幾天每天睡兩個小時。還清早爬起來，換好衣裳，去商學院徵才活動做志工。我為自己的無敵自律傾倒。

可是，化妝的時候我被鏡子裡的人嚇到了：皮膚暗沉，黑頭粉刺明顯，痘痘在臉上三三兩兩一簇一簇，整張臉看起來紅一塊黃一塊白一塊。摸一下糙手，香奈兒的粉都蓋不住。

我停下手，盯著不知什麼時候冒出來的毛孔，覺得那些像是被針一下一下扎出來的洞，每一個都是一張血盆大口，要把我吞噬。

那天下午，我沒有寫作業，把賺來的錢理一遍，跑到商場買了一大堆護膚品，面膜，膠原蛋白和美容儀，從此再沒有一天在護膚上馬虎，再也不寫鼓吹熬夜的文章。

文章寫了就永久了，時間也跟著封停了，但人是一直在變的。

我早就不熬夜了啊！

如今，我每天的第一目標是早睡早起。

因為習慣把事情提前安排妥當，幾乎沒有了要拖延到最後一晚的時候，我不需要一天二十小時的清醒和馬不停蹄了，我每天十二點前睡覺。

我健身。護膚品不惜成本。每天喝膠原蛋白。

對飲食的控制，更是到了瘋狂的地步。雞蛋只吃蛋白，鮭魚只吃有機，牛奶只喝有機加零脂肪，連吃大米的習慣都改了。偶爾犯戒，一定要在手帳上給自己畫一筆。

我大概，也終於要走「青春不再，健康第一」的路線了。

我那麼用力地追求過年輕那幾年的精彩。

可惜青春再精彩，人還是會老的。

我們每個人的結局都是垂垂老去，關鍵是，怎樣老去。

把青春糊弄瀟灑完，然後一輩子能說的就那幾年的那幾件事，一輩子都以為人的青春一結束，生命就只剩下結婚生子養老送終。還並沒有不錯的物質基礎讓過程舒適。於是一總結人生，張口閉口「成年人的生活都充滿無奈」。

把青春認認真真累積完，視野、手頭都寬了，人自由得像天空中的飛鳥，到處都是待開發的新地圖，也可以結婚生子安安穩穩，但那不過是眾多選項之一。生活之豐富，遠遠超過二十出頭的窮酸日子。抬頭看周圍，也全是活出了一百種活法的隨心所欲之人。

生活的精彩從來不會隨著青春結束而結束，只要你有資本。

而那資本的累積，回過頭看，最辛苦好像也就那麼兩三年。

大一大二成績好，活動好，還四處實習，是超負荷，但分水嶺基本上在大三就出現了，有的人知名企業保送研究出國創業任選，有的人看看自己，還跟高中生沒什麼兩樣。

物質基礎？前者自然而然就富饒了，後者依然跟高中生一樣，仰仗家人。

我上個月接到普華永道的電話。

說我實習分數很高，按規定可以跳過所有校園招募流程，直接來一場三十分鐘的合夥人面試。

可是經理們把我的分數提交晚了，合夥人面試期已經結束。

我沒有心塞，娓娓說明我的時間安排，商討解決方案。

合夥人面試改成了合夥人視訊通話，在西雅圖時間的週三下午六點。

我早起，健身，早餐，上課，寫作業，繼續上課，然後寫作兩個小時，半個小時收拾屋子，提前十五分鐘設置好電腦，等待面試。

結束後飽餐一頓，回到圖書館寫作業。十一點回寢室，睡覺。

我再也不是會因為一場面試，一週都心神不寧、效率不高的小女生了。

我的生活節奏掌握在自己手中，很難被打亂。

到今天，我終於承認，我在〈如何不虛度年輕時光？——名校大學生是怎樣學習的〉和〈後記2 十九歲：大學生活日誌〉裡寫的那種不能睡覺的忙碌，是因為我不懂得管理時間，高效生活。

可是，這些生活的經驗，誰又是生下來就會的呢？

誰不需要經歷痛苦、迷茫、眼高手低、能力跟不上野心的過程，在中間摸爬滾打，千錘百煉，懂得了什麼重要什麼不重要，學會了怎麼自律和管理時間，才得以涅槃重生呢？

他們問我怎麼熬夜了皮膚還能好，怎麼熬夜了第二天還有力氣，答案是，年齡使然。

我如今已經不再覺得自己青春逼人，張口閉口「此刻便是我最好的年輕」了。

更已經好久不熬夜，不需要熬夜了。

這文章中的不知疲倦的兩年，我充滿感激，也不後悔。

少年啊，你也會老的。我祝你老得不悔。

你真幸運。

命運的畫筆正在你手中。

參考文獻

如何不虛度年輕時光？——名校大學生是怎樣學習的

- Squire, L. R., & Zola, S. M. （1996）. Structure and function of declarative and nondeclarative memory systems. Proceedings of the National Academy of Sciences, 93（24）, 13515-13522. doi: 10.1073/pnas.93.24.13515.
- Rizzolatti, G., & Fabbri-Destro, M. （2009）. The Mirror Neuron System. Handbook of Neuroscience for the Behavioral Sciences. doi: 10.1002/9780470478509.neubb001017.
- Myers, D. G. （2013）. Psychology. New York, NY: Worth.

心理學：如何快速學會自律

心理能量

- Gailliot, M. T., Baumeister, R. F., Dewall, C. N., Maner, J. K., Plant, E. A., Tice, D. M., ... Schmeichel, B. J. （2007）. Self-control relies on glucose as a limited energy source: Willpower is more than a metaphor. Journal of Personality and Social Psychology, 92（2）, 325-336. doi: 10.1037/0022-3514.92.2.325.

自我耗損

- Mead, N. L., Alquist, J. L., & Baumeister, R. F. （2010）. Ego Depletion and the Limited Resource Model of Self-Control. Self Control in Society, Mind, and Brain, 375-388. doi: 10.1093/acprof: oso/9780195391381.003.0020.

心理能量

- Gailliot, M. T., Baumeister, R. F., Dewall, C. N., Maner, J. K., Plant, E. A., Tice, D. M., ...Schmeichel, B. J. （2007）.

Self-control relies on glucose as a limited energy source: Willpower is more than a metaphor. Journal of Personality and Social Psychology, 92（2）, 325-336. doi: 10.1037/0022-3514.92.2.325.

巴夫洛夫的狗

- Pavlov, I. P.（1927）. Conditional reflexes: An investigation of the physiological activity of the cerebral cortex. London:H. Milford.

自我調控理論

- Baumeister, R. F., Heatherton, T. F., & Tice, D. M.（2006）. Losing control: How and why people fail at self-regulation. San Diego: Academic Press.

視線之內有手機的影響

- Thornton, B., Faires, A., Robbins, M., & Rollins, E.（2014）. The Mere Presence of a Cell Phone May be Distracting. Social Psychology, 45（6）, 479-488. doi: 10.1027/1864-9335/a000216.

記憶

- Squire, L. R., & Zola, S. M.（1996）. Structure and function of declarative and nondeclarative memory systems. Proceedings of the National Academy of Sciences, 93（24）, 13515-13522. doi: 10.1073/pnas.93.24.13515.

電梯實驗

- Asch, S. E.（n.d.）. Group forces in the modification and distortion of judgments. Social Psychology., 450-501. doi:10.1037/10025-016.

棉花糖實驗

- Mischel, W., Ebbesen, E. B., & Zeiss, A. R.（1972）. Cognitive and attentional mechanisms in delay of gratification. Journal of Personality and Social Psychology, 21（2）, 204-218. doi: 10.1037/h0032198.

我讀過最好的《社會心理學》讀本

- Aronson, E., Fehr, B. A., Akert, R. M., & Wilson, T. D. （2017）. Social psychology. Toronto: Pearson Canada.

心理學：工作和健康，真的需要二選一嗎

威斯康辛大學健康心理學實驗

- Keller, Abiola, Kristin Litzelman, Lauren E. Wisk, Torsheika Maddox, Erika Rose Cheng, Paul D. Creswell, and Whitney P. Witt.「Does the Perception That Stress Affects Health Matter? The Association with Health and Mortality.」Health Psychology 31, no. 5 （2012）: 677-84. doi: 10.1037/a0026743.

交感神經系統

- Jamieson, Jeremy P., Wendy Berry Mendes, and Matthew K. Nock.「Improving Acute Stress Responses.」Current Directions in Psychological Science 22, no. 1 （2013）: 51-56. doi: 10.1177/0963721412461500.

self-compassion 自我同情

- Neff, K. （2015）. Self-compassion: The proven power of being kind to yourself. New York, NY: William Morrow, an imprint of HarperCollins.

減肥是最簡單的自律練習題

Alternative Analysis

- Analyses of Alternatives. （2017, September 26）. Retrieved March 22, 2018, from https://www.mitre.org/publications/systems-engineering-guide/acquisition-systems-engineering/acquisition-program-planning/performing-analyses-of-alternatives.

fat cell 脂肪細胞

- Freudenrich, P. C. （2018, March 08）. How Fat Cells Work. Retrieved March 22, 2018, from https://science.

howstuffworks.com/life/cellular-microscopic/fat-cell1.htm.

來一盤好玩的心理學

internal attribution and external attribution

• Heider, F.（1958）. The Psychology of Interpersonal Relations. New York: Wiley.

後見之明

• Fischhoff, B.（2007）. An Early History of Hindsight Research. Social Cognition, 25（1）, 10-13. doi: 10.1521/soco.2007.25.1.10.

Simulation Heuristic

• KaŠeman, D., & Tversky, A.（1981）. The Simulation Heuristic. Ft. Belvoir: Defense TecŠical Information Center.

賭徒謬誤

• KaŠeman, D., & Tversky, A.（n.d.）. On the psychology of prediction. Judgment under Uncertainty, 48-68. doi: 10.1017/cbo9780511809477.005.

Free Will

• Bargh, J. A.（2007, November 16）. Free Will Is Un-natural. Retrieved March 21, 2018, from https://acmelab.yale.edu/sites/default/files/2008_free_will_is_un-natural.pdf.

ego 自我

• Miller, D. T.（1976）. Ego involvement and attributions for success and failure. Journal of Personality and Social Psychology, 34（5）, 901-906. doi: 10.1037//0022-3514.34.5.901.

斜槓青年：怎樣一個人拿五份薪水

self-complexity

- Linville, P. W.（1985）. Self-Complexity and Affective Extremity: Dont Put All of Your Eggs in One Cognitive Basket. Social Cognition, 3（1）, 94-120. doi: 10.1521/soco.1985.3.1.94.

斜槓青年

- Alboher, M.（2007）. One person/multiple careers: A new model for work/life success. New York: Warner Business Books.

這個時代，沒有鐵飯碗，也沒有不務正業

一九〇〇年美國人口和農民人口占比

- US Census Bureau.（1970, January 01）. Library. Retrieved March 22, 2018, from https://www.census.gov/library/publications/1901/dec/vol-01-population.html.

二〇〇八年美國人口和農民人口占比，二〇一三年美國人口和工人人口占比八%

- 2012 Census Highlights.（n.d.）. Retrieved March 22, 2018, from https://www.agcensus.usda.gov/Publications/2012/Online_Resources/Highlights/Beginning_Farmers/.

用喜歡的方式過一生是怎樣的感覺

Terror Management Theory 恐懼管理理論

- Greenberg, J., Pyszczynski, T., & Solomon, S.（1986）. The Causes and Consequences of a Need for Self-Esteem: A Terror Management Theory. Public Self and Private Self, 189-212. doi: 10.1007/978-1-4613-9564-5_10.

extended self 延伸的自我

- Belk, R. W. （1988）. Possessions and the Extended Self. Journal of Consumer Research, 15（2）, 139. doi: 10.1086/209154.

兩分鐘的贏家

- Dweck, Carol S. Mindset: The New Psychology of Success. New York: Ballantine, 2016.

後記1　十八歲：祝賀你高中畢業，不聽話的大人

自我調控理論

- Baumeister, R. F., Heatherton, T. F., & Tice, D. M. （2006）. Losing control: How and why people fail at self-regulation. San Diego: Academic Press.

If you are still looking for that one person who will change your life, take a look in the mirror.

——Unknown

你還在尋找那個會改變你一生的人嗎？
看看鏡子。

——佚名

NOT THE END

高寶書版集團
gobooks.com.tw

GLA 049
畢業就在夢想的路上，強大！
斜槓青年23歲年薪百萬的密技，學習＋規劃＋自律，30歲前實踐夢想

作　　者　另維
特約編輯　林婉君
助理編輯　陳柔含
封面設計　林政嘉
內頁排版　賴姵均
企　　劃　何嘉雯

發 行 人　朱凱蕾
出　　版　英屬維京群島商高寶國際有限公司台灣分公司
　　　　　Global Group Holdings, Ltd.
地　　址　台北市內湖區洲子街88號3樓
網　　址　gobooks.com.tw
電　　話　(02) 27992788
電　　郵　readers@gobooks.com.tw（讀者服務部）
　　　　　pr@gobooks.com.tw（公關諮詢部）
傳　　真　出版部(02) 27990909　行銷部 (02) 27993088
郵政劃撥　19394552
戶　　名　英屬維京群島商高寶國際有限公司台灣分公司
發　　行　英屬維京群島商高寶國際有限公司台灣分公司
初　　版　2020年06月

Original title: 每一天夢想練習 By 另維

國家圖書館出版品預行編目(CIP)資料

畢業就在夢想的路上，強大！：斜槓青年23歲年薪百萬的密技，學習＋規劃＋自律，30歲前實踐夢想／另維作; -- 初版. -- 臺北市：高寶國際出版：高寶國際發行, 2020.06
　面；　公分. --

ISBN 978-986-361-848-5(平裝)

1.成功法　2.自我實現

177.2　　109006554